本书出版由吉首大学国家民委中华民族共同体研究基地、湖南省铸牢中华民族共同体意识研究基地和吉首大学民族学“双一流”学科赞助

治理与认同

10—18世纪酉水流域基层社会研究

彭永庆 著

Governance and Identification

Research on Grass Roots Society in Youshui Basin from the 10th to the 18th Century

中国社会科学出版社

图书在版编目（CIP）数据

治理与认同：10－18世纪西水流域基层社会研究／彭永庆著．—北京：中国社会科学出版社，2022.10

ISBN 978－7－5227－0907－9

Ⅰ．①治…　Ⅱ．①彭…　Ⅲ．①民族地区—社会管理—研究—中国—10－18世纪　Ⅳ．①D691.75

中国版本图书馆CIP数据核字(2022)第184392号

出 版 人　赵剑英
责任编辑　宋燕鹏
责任校对　李　硕
责任印制　李寡寡

出　　版　中国社会科学出版社
社　　址　北京鼓楼西大街甲158号
邮　　编　100720
网　　址　http://www.csspw.cn
发 行 部　010－84083685
门 市 部　010－84029450
经　　销　新华书店及其他书店

印　　刷　北京明恒达印务有限公司
装　　订　廊坊市广阳区广增装订厂
版　　次　2022年10月第1版
印　　次　2022年10月第1次印刷

开　　本　710×1000　1/16
印　　张　18.25
插　　页　2
字　　数　263千字
定　　价　98.00元

目　　录

第一章

绪　　论

第一节　选题缘由及思路

一　选题缘由

位于武陵山区腹地的酉水流域，地处今湘、鄂、渝、黔四省（市）交界处，是一个以土家族、苗族为主体的多民族聚居区。早在五代时期，该地区就形成了以彭氏为中心的“誓下州”体系，直到雍正朝改土归流，彭氏等地方政权在酉水流域核心地区稳定地存在了近八百年。从历史纵向轴上来看，10—18 世纪是酉水流域少数民族社会重要发展时期。在这一时期内，不仅形成了有自身特点的社会体系、文化风俗和生活方式的少数民族社会，而且随着中央王朝羁縻统治的不断强化、文化的接受和内化，这一区域群体形成的民族认同进而上升到国家认同也不断增强，实现了该地区的长期稳定。

长时段关于中国多民族社会的形成和话语体系的构建是中国民族史研究的主题之一。从 20 世纪 30 年代老一辈学者王桐龄、林惠祥、吕思勉、宋文炳、吕振羽、李济等对中国民族史的研究奠定了学科体系和理论方法，即以汉族为中心来讨论各民族融合和交往的历史，到 50 年代为贯彻民族平等政策，建立在民族识别、民族语言和社会调查基础上以族别史为主的研究，积累了大量的少数民族调查资料，80 年代有地域之分的地区民族史、民族关系史和民族专题史等综合研究大量出现，以陈连开、江应樑、王锺翰为代表的民族史研究进一步突出了中华民族凝聚力的主题，费孝通“中华民族多元一体”理论的提出，再次体现了民族研究的现实关怀。随着西方史学和族群认同理论的传入，建立在客观特征论基础上的民族史研究受到了主观建构论的质疑，尤其是缺乏理论阐述和实体论证以王朝为主线的范式叙事，都难以获得学界认同。[①] 费孝通在《简述我的民族研究经历与思考》一文中对民族识别进行了反思，认为从一个民族入手或者以汉族为中心的民族关系史都难以反映中国各民族多元一体的历史实际。[②] 并回答“什么是形成一个民族的凝聚力？一个民族的共同体中能承担多大在语言、风俗习惯、经济方式等方面的差别？民族共同意识是怎样产生的，它又怎样起变化的？为什么一个原本聚居在一起的民族能长期被分隔在不同地区而仍然保持其民族共同意识？依然保持其成为一个民族共同体？一个民族又怎样能在不同条件下吸收其他民族成分，不断壮大自己的共同体？又怎样会使原有的民族成分被吸收到其他民族中去？这些问题将为我们今后的民族研究开辟出广阔的园地”[③]。民族作为长期延续自我认同的一个群体，不同人群在同一地域中交流融合，在生活方式、习俗、心理上趋于一致，其体现着这一民族文化是生活在同一地域社会变迁的结果。对于处于封闭、孤立地域上的群体很容易用族群的客观实体论来论证清楚，但对于地形复杂，并有着长期交往历史的中国各族群而言，不能简单地用主观建构论或者客观实体论来界定其形成，用共有的某一文化现象或文化表征，或者该共同体某一时段或某一分支来总括其特征，必然会遭到主张建构论者的质疑，从而否认客观实体的存在。必须将这一族群的形成放在地域的社会变迁过程中来理解，该地区的自然环境、社会状况、经济活动以及“国家大一统”的进程都与一个族群的形成有着内在的联系。中国幅员广阔，地区差异显著，各地区利用资源维系生存的方式也各

---

① 张海鹏主编：《中国历史学 30 年：1978—2008》，中国社会科学出版社 2008 年版，第 165 页。

② 费孝通：《中华民族的多元一体格局・序》，中央民族大学出版社 1999 年版，第 12 页。

③ 费孝通：《〈盘村瑶族〉序》，《读书》1983 年第 11 期。

异。生境不同，体现在资源利用上的生计方式也不同，形成的民族文化也各异。“山川风气不同，五方之民异俗。”各民族在交流交往时，各自借鉴，相互融合，但在长期的历史过程中依然保持着各自的独特性。“分而未裂、融而不合”的历史实际并不能用来否认“我中有你，你中有我”多元一体的形成过程。土家族社会作为中国一体化社会之一，是以国家“大一统”的过程为基轴而形成的，这一过程在国家与社会、中央与地方以及民族关系的二元结构中得到广泛的叙述和研究，也为进一步深化土家族社会的研究奠定了基础。但其社会的形成有着自身体系和相互关联的历史结构，这也是中国多元的特征之处。本书拟从区域研究入手，着眼于相对自我独立生态系统的土家族主要聚居区之一——酉水流域，考察其社会内部运行的机制及其演化，从历史实体论来回应中华民族多元一体的形成过程，具有一定的现实意义。

二 相关说明

关于时间段的选择。本书主要呈现五代至清初改土归流前这一时期酉水流域基层社会的治理和变迁。该地区在秦汉至唐时期就处于中央集权的地方郡县直接管理，由于文献资料的欠缺，对于该地区的记载多见于朝廷治乱或者官员流放的史料记载，难以窥见其基层社会的内部组织。自五代天福五年（940）楚国马希范与溪州彭氏在溪州之战结束立铜柱铭誓状后，以溪州为中心的酉水流域开始处于以彭氏为首的地方政权代管的中央朝廷间接治理时期，这一地区的基层社会及其人群的活动史料也逐渐丰富起来，从誓下州治理到土司政治，历经宋元明清，直到清雍正时期改土归流。这一时期虽然经历了不同王朝的八个世纪，但从区域社会秩序来看，这一时期一直处于不同势力长期相互制衡的地方政权代管时期，有着自身区域社会的运行机制，其社会结构过程对区域文化的形成有着深刻的影响，其中彭氏地方政权官署所在的永顺老司城遗址与贵州遵义海龙屯土司遗址和湖北恩施唐崖土司城遗址以“中国土司遗产”在2015年被列入世界文化遗产名录。对这一时期的社会过程进行研究，有助于了解这一区域社会的形成和文化特质。

关于民族概念的界定。民族是在一定的历史发展阶段形成的稳定的人们共同体，在历史渊源、生产方式、语言、文化、风俗习惯以及心理认同等方面具有共同的特征。① 作为一个历史范畴，其形成发展和演变受多种因素影响。不同语境、不同学术领域有着不同的认识，欧美学者在心理学、民族学、人类学、政治学等领域，确立了相关的理论基础和研究范式。如安东尼·史密斯（Anthony D. Smith）、纳若尔（Raoul Naroll）的文化论，弗雷德里克·巴特（Fredrik Barth）的边界论；格尔兹（Clifford Geertz）和范·登·伯格（Van den Berghe）的根基论；阿伯尔·库恩（Avnet Cohen）、保罗·布拉斯（Paul R. Brass）等的工具论；本尼迪克特·安德森（Benedict Anderson）、厄尔斯特·盖尔纳（Ernest Gellner）、埃里克·霍布斯鲍姆（Eric Hobsbawm）、安东尼·吉登斯（Anthony Giddens）、布拉克特·威廉（B. F. Williams）等的现象—想象论。一些外国中国史专家如杜赞奇（Prasenjit Duara）、列文森（Joseph R. Levenson）、魏斐德（Frederic Evans Wakeman）、斯蒂文·郝瑞（Stevan Harrell）等，对传统与近现代中国民族认同及相关问题提出了一些新观点，但其“西方中心”的概念体系和解释模式，缺乏具体中国语境的关照。民族研究必须建立在自身的历史传统和社会发展的基础上，中国民族概念在反思斯大林民族定义的过程中也不断得到总结和创新。费孝通提出的“中华民族多元一体格局”理论，包含了民族实体论，民族认同意识的多层次论，56 个民族是基层，中华民族是高层，高层次的认同不排斥低层次的认同，不同层次的认同并行不悖，多元一体格局的形成是一个历史过程等内容。中华民族是一个自觉的民族实体，是近百年中国和西方列强对抗中出现的，作为一个自在的民族实体是在几千年的历史过程形成的。中国是一个统一的多民族国家，“多元一体”是对中国各民族关系、中华民族实体论的概括和总结。费孝通认为，在历史长河中，各民族

---

① 金炳镐主编:《新中国民族理论 60 年》，中央民族大学出版社 2010 年版，第 103—104 页。

分分合合，形成了有中国特点的民族群体，不能简单的用西方的概念来解释中国的民族。①

第二节　学术史梳理

一　区域社会史理论演变

区域社会史是中国社会史的延续和继承。年鉴学派是推动以叙事为主的传统史学向以问题为主的新史学的主要力量，被视为社会史研究的开端。中国社会史的兴起是史学研究发展的必经之路，与西方社会史的兴起有着殊途同归的境况，随着西方社会史著作的引介和西方学者对中国的研究实践，其理论与方法都对中国本土化的社会史研究产生了影响。尤其是人类学与历史学研究理论与方法的相互借鉴，以及多学科发展的相互影响，社会史的研究已呈多元化的趋势。

19 世纪末 20 世纪初，为追求史学研究的科学化和史学学科的完整化，以德国历史学家兰克为首的实证史学理论与方法的建立为史学成为独立的学科体系奠定了基础，随着自然科学和社会科学的发展，在反思实证史学中史料的客观性局限和历史研究呈微观化的必然，在独立封闭的学科体系中，难以通过专题研究达到认识宏观历史和社会规律的目的。是什么在影响历史的进程，以政治事件、个人偶像和编年纪事为主的历史叙事受到社会学、经济学、地理学、心理学等人文科学理论与方法的挑战，亨利·贝尔（Henri Berr）等史学家主张打破学科藩篱和专业局限，拓宽研究领域，建立以史学为中心综合其他学科的一种新的史学研究范式，社会史和经济史的研究首当其冲。社会学奠基人之一的法国社会学家涂尔干（Emile Durkheim）的学生弗朗索瓦·西米昂（Francois Simiand）从社会、经济的角度研究历史，完成《世界危机和长阶段中的经济变动》（1932

---

①　费孝通:《中华民族的多元一体格局》，中央民族大学出版社 1999 年版，第 1—33 页。

年）等一系列著述，建立了从经济学、社会学到历史学的跨学科联系。1929 年以马克·布洛赫（Marc Bloch）和吕西安·费弗尔（Lucien Febvre）为首的史学家在法国斯特拉斯堡大学创办了《经济社会史年鉴》杂志，关注社会科学方法，重视经济史，标志着年鉴学派的成立。①

年鉴学派作为一个不断创新史学研究方法和实践运用的学术群体，主导的理念是以问题导向的分析史学取代传统的事件叙述，以人类活动的整体历史取代以政治为主体的历史。② 在 20 世纪 20 年代到 80 年代的 60 年间，经历了建立、发展到转型的三个时期。从马克·布洛赫等第一代就建立起其主导的史学研究新范式，理论上强调总体史，方法上以问题史学、结构分析、群体研究取代事件、杰出人物的研究，提倡多学科和跨学科研究。③ 第二代以布罗代尔为首对历史时间的思考，继续革新和继承了年鉴学派的传统，并通过对 16 世纪地中海世界的经济、国家、社会和文明的研究，为年鉴学派所倡导的问题导向下的整体史研究树立了一个实践典范，其中对历史时间的认识也为区域史研究中时间和区域的选择即特定的时、空提供了一个开放的思考范畴。人类从事物的变化感受到时间，而事物的变化是有节奏的。这样，时间从延续的角度看就具有了不同的节奏。布罗代尔将历史分为三个层次的时间：第一种是几乎不动的历史时间，人同他周围环境的关系史，即地理时间；第二种是具有缓慢节奏的历史，即社会的历史、亦即群体和集团的历史，通常表现为社会的、经济的、人口的和文化的变动，即社会时间；第三种是传统史学的历史时间，这种历

---

① 姚蒙：《法国当代史学主流——从年鉴学派到新史学》，远流出版事业有限公司 1988 年版，第 20—31 页。

② ［英］彼得·伯克：《法国史学革命：年鉴学派，1929—1989》“导言”，刘永华译，北京大学出版社 2006 年版，第 2 页。

③ 姚蒙：《法国当代史学主流——从年鉴学派到新史学》，第 87 页。

史不是人（抽象意义上）而是个人即事件史的时间，即个人时间。[①] 并指出在考察社会问题时，“结构”是指社会上现实和群众之间形成的一种有机的、严密的和相当固定的关系。[②] 长时段是各种结构和结构群的稳定和很少变动的历史。[③] 通过对不同层次历史时间的研究，尤其是长时段和中时段的关注，将长时段研究与环境、社会、经济、文化和事件之间的互动关系结合起来，以期认识历史的全貌。随着各学科研究的相互影响，尤其是人类学文化研究从功能—结构主义向理解—相对主义的转换，关于文化的阐释以及人的能动性，以结构分析为主的史学研究受到了质疑。第三代勒高夫用“新史学”来囊括二战以来史学的革新主流，并指出新史学试图避开两个危险：一方面避免拼凑理论体系，另一方面又不像实证主义那样单纯信任经验。[④] 为更好地理解人们日常生活的历史，提出有意成为人类学家的史学家应当创立一门历史人类学。[⑤] 随着史学研究从结构分析到文化解释的转向，第三代指出跨学科研究能力本身是最重要的，以实现总体史的追求。虽然随着各学科的发展，对具体问题多学科跨学科的深入研究，对各种历史问题的切实研究代替了总体史的空洞口号，但第三代依然始终保持总体史的方向，使史学朝整体史方向的演进，对特定时空的历史做尽可能完整的总体分析，有助于把握这一历史的真正结构和内容。[⑥] 在反省重结构轻个体所造成史实蒙蔽的批判中，事实上第三代史学研究已呈多元化，正如勒高夫所说，史学研究中一些或多或少已消失的老方法被重新采用，可归纳为政治史的回归、事件史的回归、

---

① ［法］费尔南·布罗代尔：《菲力普二世时代的地中海和地中海世界》第1卷“序言”，唐家龙等译，商务印书馆1996年版，第8—10页。

② ［法］费尔南·布罗代尔：《历史和社会科学长时段》，载蔡少卿《再现过去社会史的理论视野》，浙江人民出版社1988年版，第54页。

③ 姚蒙：《法国当代史学主流——从年鉴学派到新史学》，第111页。

④ ［法］雅克·勒高夫：《新史学》，姚蒙译，上海译文出版社1989年版，第39页。

⑤ ［法］雅克·勒高夫：《新史学》，第40页。

⑥ 姚蒙：《法国当代史学主流——从年鉴学派到新史学》，第123—124页。

叙述史的回归、人物传记的回归和主体的回归。[①] 传统史学依然具有生命力，当然这不是简单的回归，从英国史学家劳伦斯·斯通在总结历史学性质发生的变化就可感知：在主要议题方面从研究人周遭的环境到环境中的人；在所研究的问题上从研究经济和人口的问题到文化及情感；在主要的影响来源方面受到从社会学、经济学、人口学到人类学、心理学的影响；在研究主体上由群体到个人；在历史变迁的解释模式上，从分阶层及单一原因的模式变成了互为关联及多重原因的模式；在方法上从群体的量化变成强调个人的例子；在组织上从分析到叙述；在历史学家的功能的概念化方面，则从科学性走向文学性。这些多层次的包括内容、客观方法及历史写作的风格等的改变在同时发生，之间互为关联配合，没有一个字可以充分形容这些变化，只有暂用“叙述”一词。[②]

年鉴学派的时间理论无疑为社会史研究提供了研究的视角和观察的途径。从宏观上将历史视为一个各方面、各层次的结构整体，这一整体随着时间的流逝会发生局部或整体变动。历史时间的不同节奏即不同层次的结构演进节奏，特定的时空有着自身的结构演进。从具体地域研究入手，即可从微观上实现总体史的研究。之后无论是新文化史的兴起还是微观史学都是在宏观或微观上寻找方法或手段实现历史真实的一面。就方法论上的贡献，正如英国史学家彼得·伯克所说，“与年鉴学派有关的单个创新在同时代都有先例或相同的例子，但其融汇这些创新的做法则是前无古人的”[③]。

---

① ［法］雅克·勒高夫：《〈年鉴〉运动及西方史学的回归》，刘文立译，《史学理论研究》1999 年第 1 期。

② ［英］劳伦斯·斯通：《历史叙述的复兴：对一种新的老历史的反省》，古伟瀛译，载陈恒、耿相新主编《新史学》第 4 辑，大象出版社 2005 年版，第 26—27 页。

③ ［英］彼得·伯克：《法国史学革命：年鉴学派，1929—1989》，刘永华译，北京大学出版社 2006 年版，第 100 页。

20世纪初，西学东渐，梁启超、王国维、胡适等发起的新史学，对史料的甄别和扩大，对历史研究与其他学科的相互关联，都有了新的认识，虽没有运用于实践研究，但是他们关于社会变迁和眼光向下的历史认识成为社会史研究实践的两条主线。开启了新史学视野下第一次社会史研究热潮。[①] 李伯重总结百年中国社会经济史的发展历程，认为中国有其自身的学术传统，即1949年以前居于主流地位的实证史学传统，1949年以后确立的马克思主义史学传统和1978年以后形成的多元化史学传统。[②] 由于不同学术传统下研究的对象和方法各有侧重，“五朵金花”成为1949年后主要的研究对象，底层社会依然得到关注，“以农民战争为轴心的集中研究不仅使学者们在宗教、宗族、人口诸方面收集、整理、积累了下层民众的各种材料，为今天对下层社会的研究提供了大量的素材，而且更大的价值在于使中国史学界的目光聚焦于民间社会，构成了今日社会史、民间史复兴的内在理路”[③]。与历史学关系最为密切的社会学、人类学被取消，但民族学作为历史学科的一部分被保留了下来，国家主导下的少数民族社会调查研究，为民族地区的社会史、民族史研究奠定了基础。80年代来随着改革开放和西方学术的引介，社会学、人类学等社会科学的重建，推动学者将一元化的历史观和知识体系放在相对多元而变动的国际学术框架中考察，并由此产生对于自身学科历史命运的自觉。[④] 与社会科学联系紧密的社会史再次迎来研究的热潮。[⑤] 由于“社会”本身所具有的广泛性和跨

---

① 赵世瑜：《小历史与大历史：区域社会史的理念、方法与实践》，生活·读书·新知三联书店2006年版，第8—15页。

② 张海鹏主编：《中国历史学30年：1978—2008》，中国社会科学出版社2008年版，第234页。

③ 王学典：《近五十年的中国历史学》，《历史研究》2004年第1期，第165—190页。

④ 80年代以来人类学“中国化”和“本土化”的讨论，见王铭铭《人类学在20世纪中国》，载罗志田主编《20世纪的中国学术与社会·社会学卷》，山东人民出版社2001年版，第434—441页。社会史研究也同样面临着自身知识体系的思考，见王先明《中国社会史学的历史命运》，《天津社会科学》1995年第5期。

⑤ 《把历史的内容还给历史》，《历史研究》1987年第1期。

学科研究理念的确立，海外中国研究所确立的范式影响，[1] 关于社会史的定义、研究对象和学科定位一直未有定论。[2] 但是，历史研究不能没有理论和范式的导引，尤不能缺乏材料考证的基础，已成学界的共识。[3] 同时，学者致力于各自学术传承形成不同理解的社会史研究特色，如继承“食货”传统，注重田野调查和文献资料结合，运用历史学与人类学方法进行区域研究的华南学派；以冯尔康、常建华、行龙、赵世瑜等学者为代表从社会结构、宗族、水利和民俗等方面开展研究影响显著的华北学派；以唐力行、叶显恩、王振忠等为代表对古代徽州地区的研究等等。[4] 常建华综述中国社会史复兴十年来的学术历程，认为还历史以血肉的社会生活研究、揭示社会精神面貌的社会文化研究和置社会史于地理空间的区域社会研究是当时研究的三大特征。[5]

90 年代以来，区域社会史成为历史研究的主要趋势之一。“承认历史发展的多样化，承认各个民族、各个地区有不同的发展道路

---

① 海外学者对中国研究所建立的理论和模式认识，如黄宗智的“过密化”、杜赞奇的“权力的文化网络”、施坚雅的“市场体系”，弗里德曼的“宗族社会”，森正夫、滨岛敦俊、冈田宏二等以地域社会的视角开展的中国研究等。［美］黄宗智：《华北的小农经济与社会变迁》，中华书局 1986 年版；［美］杜赞奇（Prasenjit Duara）：《文化、权力与国家：1900—1942 年的华北农村》，王福明译，江苏人民出版社 1996 年版；［美］施坚雅（G. WilliamSkinner）：《中国农村的市场和社会结构》，史建云、徐秀丽译，中国社会科学出版社 1998 年版；［英］莫里斯·弗里德曼（Maurice Freedman）：《中国东南的宗族组织》，刘晓春译，上海人民出版社 2000 年版；［日］冈田宏二：《中国华南民族社会史研究》，赵令志、李德龙译，民族出版社 2002 年版；［日］滨岛敦俊：《明清江南农村社会与民间信仰》，朱海滨译，厦门大学出版社 2008 年版；［日］森正夫：《地域社会”视野下的明清史研究：以江南和福建为中心》，江苏人民出版社 2017 年版。

② 中国社会史存在专史说、通史说和视角说三大类型，专史说认为社会史是历史学的分支学科，在社会史的分支属性和通史关系、专门化和整体性之间各有理解；通史说认为社会史是综合史，是社会生活各方面之史的演变和变革，是在旧有的通史基础上增加新的内容从而重新认识的通史。视角说则认为社会史是一种新的研究方法，或表述为新史学、新范式、新视角。见常建华等编著《新时期中国社会史研究概述》，天津古籍出版社 2009 年版，第 5—10 页。

③ 王学典：《近五十年的中国历史学》，《历史研究》2004 年第 1 期。

④ 代洪亮：《复兴与发展：学术史视野中的中国社会史研究（1980—2010）》，博士学位论文，山东大学，2011 年，第 204—209 页。

⑤ 常建华：《中国社会史研究十年》，《历史研究》1997 年第 1 期。

和发展特点。是区域性研究兴起并成为国际学术潮流的原因，也是历史哲学从线性思维、因果决定论向多元化、或然性转变的产物。”[①]“区域社会史”研究的兴盛受到人类学理论的直接影响，同时也继承了老一辈经济史学者如傅衣凌先生的学统，注意和国际学术界保持良好的关系，通过各种讲习班和研讨班的形式不断扩大自身的影响力。[②] 区域社会史把特定地域视为一个整体，全方位地把握它的总体发展，这即是一种整体社会史在特定区域内的研究尝试，又可以在实践中推动整体社会史研究的深入发展。[③] 对于民族地区来说，通过包括地方史、区域史和民族史等在内的专门性研究去构建和阐释中国历史的多样性、特殊性、复杂性及其内在的相互联系，从而对统一的多民族国家这一历史格局形成更加全面和深刻的理解。[④]

关于区域社会史的研究，不同学科背景下的学者有着不同的认识。人类学注重历史对现在社会结构的影响，而历史学注重历史时期社会的结构过程。如果说年鉴学派为区域社会史的研究提供了理论和方法上的参考，海外中国研究开阔了学者重新认识中国历史的视野，而中国学者在建构学科知识体系的同时，也积极从具体而微的实践研究来回应各自的理解和充实整体史的内容。以中山大学为主的一批学者如刘志伟从制度运作与社会变迁，陈春声从民间信仰与地方社会，郑振满从宗族组织与社会变迁等以华南研究的视角或范式来回应西方中国社会多元话语下的不同空间视域下存在着怎样

---

① 叶显恩、邓京力：《我与区域社会史研究——访叶显恩研究员》，《历史教学问题》2000年第6期。

② 杨念群：《中国历史学如何回应时代思潮（1978—2008）》，《天津社会科学》2009年第1期。

③ 赵世瑜：《小历史与大历史：区域社会史的理念、方法与实践》，生活·读书·新知三联书店2006年版，第27页。

④ 张海鹏主编：《中国历史学30年：1978—2008》，中国社会科学出版社2008年版，第168页。

不同的多元一体过程。[①] 与历史地理学强调有界限的人地关系的区域而言，华南研究则强调区域的历史建构过程，[②] 区域只是认识地方社会模式的手段或方法。“打破传统学科框架，结合历史学和人类学的方法，从具体而微的地域研究入手，探讨宏观的文化中国的创造过程，是华南研究的主要取向。”[③] 王明珂对羌族的研究被视为民族志的历史人类学诠释[④]，为超越族群理论的历史实体论忽略的历史文本的社会记忆本质和近代建构论忽略的历史延续性及真实的面向，提出民族史的边缘理论，将民族视为一个人群的主观认同范畴，人群的主观认同由界定和维持族群边界来完成，而族群边界是多重的、可变的和可利用的。从族群边缘入手，有利于观察和理解族群现象以及与此有关的历史本质。[⑤] 民族史研究的区域转向，注重民众生活与民间知识的揭示，如方素梅的《近代壮族社会研究》、邹春生的《文化传播与族群整合——宋明时期赣闽粤边区的儒学实践与客家族群的形成》等[⑥]，通过多学科的整合力图对民族及其文化进行客观、实体性的证实或证伪，尤其是对民族认同和国家认同的研究上注重建构历史的过程推动了民族史研究的多元化，如博士论文《化外与王化：明清以降清水江流域的宗族与苗疆社会研究》、《边疆建构与社会变迁：宋明以降中越边境广西左、右江上游流域

---

① 刘志伟：《在国家与社会之间——明清广东里甲赋役制度研究》，中山大学出版社 1997 年版；陈春声：《正统性、地方化与文化的创制——潮州民间神信仰的象征与历史意义》，《史学月刊》2001 年第 1 期；郑振满：《明清福建家族组织与社会变迁》，中国人民大学出版社 2009 年版。

② 刘志伟：《地域社会与文化的结构过程——珠江三角洲研究的历史学与人类学对话》，《历史研究》2003 年第 1 期。

③ 程美宝、蔡志祥：《华南研究历史学与人类学的实践》，《华南研究资料中心通讯》2001 年第 22 期。

④ 王明珂：《羌在汉藏之间——川西羌族的历史人类学研究 · 序》，中华书局 2008 年版，第 2 页。

⑤ 王明珂：《华夏边缘——历史记忆与族群认同》，浙江人民出版社 2013 年版，第 77—78 页。

⑥ 方素梅：《近代壮族社会研究》，广西民族出版社 2002 年版；邹春生：《文化传播与族群整合——宋明时期赣闽粤边区的儒学实践与客家族群的形成》，中国社会科学出版社 2015 年版。

的历史与记忆》等,[1] 以至于在研究中对于学者自身的反思能力和理论自觉具有一定的考量，在思考历史记录与叙述行为是怎样被表象化的同时，即在解构整体时的不同要避免忽视实证以及社会科学化带来的史实贫乏。

二 通道与区域选择

如何选择区域，美国学者施坚雅从中心地学说出发，将资源分布和自然地理纳入划分区域的标准，并将19世纪中国分为西北、华北、长江上游、长江中游、长江下游、岭南、东南沿海和云贵八大区域，长江中游又划为五个亚区：长江走廊、北方的汉水流域以及南方的赣、湘、沅三大支流流域。[2] 鲁西奇则将区域、地方和地域区别开来，他认为区域的观念与方法，源于人们认识、把握自己的生存空间，以及生活生产过程中的功能性分划。区域历史地理研究的目标是要理解、认识区域地理面貌及其特征的历史过程。地方史是地方人群对自身历史的叙述与认识。地域的概念及其划定一般是外来的观察者或研究者从外部给予并加以界定的，根据一系列复杂的、变动中的社会关系及其过程来确定的、不稳定的地理空间，地域的观念与方法将“区域”与“地方”两种对应的方法结合起来，地域史研究就是考察其范围内社会体系的形成及其变化过程。[3] 费孝通提出藏彝走廊的概念，建议按历史形成的民族地区来进行研究。[4] 石硕认为从历史—民族区域角度来理解和认识中国的民族格局，建立我国民族研究的宏观整体视野有重要的学术意义。[5] 李绍明、李星星提出了民族走廊和武陵走廊，黄柏权进一步界定武陵民

---

① 李斌：《化外与王化：明清以降清水江流域的宗族与苗疆社会研究》，博士学位论文，厦门大学，2014年；杜树海：《边疆建构与社会变迁：宋明以降中越边境广西左、右江上游流域的历史与记忆》，博士学位论文，中山大学，2011年。

② ［美］施坚雅：《中华帝国晚期的城市》，叶光庭等译，中华书局2000年版，第10—12页。

③ 鲁西奇：《长江中游的人地关系与地域社会》，厦门大学出版社2016年版，第2—12页。

④ 费孝通：《谈深入开展民族调查问题》，《中南民族大学学报（人文社会科学版）》1982年第3期。

⑤ 石硕：《青藏高原东缘的古代文明》，四川人民出版社2011年版，第19页。

族走廊的区域范围。[①] 这种基于"走廊"和"通道"观念和方法的区域研究，对西南研究而言，被视为能摆脱"民族性"的现代叙事，并对"民族认同"的问题有所超越。[②]

三 酉水流域社会研究

学界对酉水流域民族社会历史的关注和研究，与国内民族史研究及其学科体系发展过程大体一致，总体观之，国内学界的研究成果也体现出了鲜明的时代特征和明确的学术关怀。

（一）调查资料的整理与研究

1923 年有北京交通大学经济学学士、永顺邑人刘正学撰写的《永顺风土志》[③]，湘西南有凌纯声、芮逸夫的《湘西苗族调查报告》[④]，石启贵编著的《湘西土著民族考察报告书》[⑤]，川东南地区有 1933 年甘明蜀写的《酉属视察记》和 1935 年陈济涛的《酉阳苗族调查》，[⑥] 鄂西有 1938 年李侠公等完成的《鄂西视察总结报告》。[⑦] 对了解当时的土家族社会提供了民族志资料。

50 年代以后随着民族识别的开展，各民族的资料整理都得到了极大的发展。关于土家族早期的有 1955 年的《哭嫁歌——土家族

① 李绍明认为民族走廊是费孝通根据民族学界多年来研究提出的一个新的民族学概念，指一定的民族或族群长期沿着一定的自然环境如河流或山脉向外迁徙或流动的路线，见李绍明《再谈民族走廊》，"藏彝走廊历史文化"学术讨论会会议论文，成都，2003 年 11 月，第 3—4 页。李星星提出"土家—苗傜走廊"或"巫山—武陵山走廊"，大体呈东北—西南走向的巫山、武陵山、雪峰山及清江、沅江流域。是土家族、苗族等少数民族聚居地，见李星星《再论民族走廊：兼谈"巫山—武陵走廊"》，《广西民族大学学报（哲学社会科学版）》2013 年第 2 期。黄柏权认为武陵民族走廊即今天的武陵地区，主要由沅水、酉水、澧水、清江和乌江等通道构成，见黄柏权《武陵民族走廊及其主要通道》，《三峡大学学报（人文社会科学版）》2007 年第 6 期。

② 张原：《"走廊"与"通道"：中国西南区域研究的人类学再构思》，《民族学刊》2014 年第 4 期。

③ 刘正学：《永顺风土志》，民国十二年铅印本 。

④ 凌纯声、芮逸夫：《湘西苗族调查报告》，民族出版社 2003 年版。

⑤ 石启贵：《湘西苗族实地调查报告》，湖南人民出版社 2002 年版。

⑥ 四川黔江地区民族事务委员会编：《川东南少数民族史料辑》，四川民族出版社 1996 年版。

⑦ 中国人民政治协商会议鄂西土家族苗族自治州委员会文史资料研究委员会编：《鄂西文史资料》（第 1 辑），1985 年。

抒情长诗》[①]，1955 年《云南土家族调查材料》[②]，潘光旦先生的《湘西北的“土家”与古代的巴人》《湘西北、鄂西南、川东南的一个兄弟民族——土家族》《访问湘西北“土家”报告》[③]，对土家族地区进行了系统的调查，是土家族研究的先驱。潘光旦的《湘西北的土家与古代的巴人》在调查研究的基础上首次论证了土家族是古代巴人后裔，为土家族单一民族的确认提供了学术上的支撑。1964 年中央民族学院对龙山草果社、永顺凤栖寨的调查报告，[④] 以村落为单位，对社会概况、生产和物质文化生活都做了描述，不失为早期的村落志。这些调查都是在国家民委推动下形成的成果，民委从《中国少数民族简史》《中国少数民族语言简志》《中国少数民族自治地方概况》《中国少数民族》和《中国少数民族社会历史调查资料丛刊》五个方面，以《民族问题五种丛书》陆续推出。土家族涉及湘鄂渝黔四个省市，以县、行政地区为主的土家族概况也相继推出。《土家族社会历史调查》[⑤] 根据 50 年代调查的资料再次修订而成。内容包括汪明瑀的《湘西“土家”概况》、向乃祺的《湘西“土族”考》和潘光旦、向达关于土家族的调查。同时，各地有关风俗、民间故事、民间文学、民间艺术、神话传说等资料及相关研究都纷纷出版。如杨昌鑫编著《土家族风俗志》[⑥] 和田荆贵主编《中国土家族习俗》[⑦]，这两部编著对土家族社会习俗特点进行了详细的描述，是全面了解湘西土家习俗的两部书籍。刘黎光主编

---

① 武汉大学中文系土家族文艺调查队、中央民族学院分院中文系搜集整理：《哭嫁歌——土家族抒情长诗》，上海文艺出版社 1959 年版。

② 中央民族学院研究部：《云南土家族调查材料》，1955 年。

③ 中央民族学院研究部：《民族问题研究集刊》第 1 辑，1955 年。

④ 中国科学院民族研究所湖南少数民族社会历史调查组编：《湘西土家族苗族自治州永顺县凤栖寨调查报告》，1964 年；中国科学院民族研究所湖南少数民族社会历史调查组编：《湘西土家族苗族自治州龙山县草果社调查报告》，1964 年。

⑤ 《中国少数民族社会历史调查资料丛刊》修订编辑委员会编：《土家族社会历史调查》，民族出版社 2009 年版。

⑥ 杨昌鑫编著：《土家族风俗志》，中央民族学院出版社 1989 年版。

⑦ 田荆贵主编：《中国土家族习俗》，中国文史出版社 1991 年版。

湘西《中国民间故事集成·湖南卷·湘西土家族苗族自治州分卷》①；刘长贵、彭林绪整理的《土家族民间故事》② 是在调查的基础上对川东南地区的民间故事进行了收集整理，李星星的《曲折的回归——四川酉水土家文化考察札记》和李绍明先生的《川东酉水土家》，从社区研究入手，对川东酉水流域酉阳的大溪、酉酬和秀山的石堤三个区进行调查研究。李绍明的《川东酉水土家》被誉为是一本“合符科学范畴的东西”，国内“土家族研究的第一本民族志著作”③。刘芝凤著《中国土家族民俗与稻作文化》探讨了土家民俗与稻作文化的关系。④ 邓红蕾著的《道教与土家族文化》，从研究土家族巫与道教的源流关系，分析了土家巫的文化现象。⑤ 面对土家族地区纷繁复杂的文化事象，学者们也力图从土家族各种事象的相互关联来突出土家文化的整体追求。如孟立军等著《 嬗变、互动、重构——土家族文化现象研究》⑥，向柏松所著《土家族民间信仰与文化》⑦ 和朱炳祥的《土家族文化的发生学阐释》⑧。

（二）关于史料的整理与研究

这里不包含清以前的地方志及相关古籍史料，在梳理地方史料的整理，笔者更着意于地方对应以及与本研究相关的史料整理。最早的是谢华《湘西土司辑略》⑨，之后有湖南省少数民族古籍办公室编辑《湖南地方志少数民族史料》《土家族土司史录》《中国少数民族古籍土家族古籍之一：摆手歌》《中国少数民族古籍土家族古籍之二：梯玛歌》《历代土家族文人诗选》《晚秋堂诗词选》和彭

① 刘黎光主编：《中国民间故事集成·湖南卷·湘西土家族苗族自治州分卷 上》，1989年。

② 刘长贵、彭林绪搜集整理：《土家族民间故事》，重庆出版社1986年版。

③ 李绍明主编：《川东酉水土家》，成都出版社1993年版；李星星：《曲折的回归——四川酉水土家文化考察札记》，上海三联书店1994年版。

④ 刘芝凤：《中国土家族民俗与稻作文化》，人民出版社2001年版。

⑤ 邓红蕾：《道教与土家族文化》，民族出版社2000年版。

⑥ 孟立军等：《嬗变、互动、重构——土家族文化现象研究》，民族出版社1993年版。

⑦ 向柏松：《土家族民间信仰与文化》，民族出版社2001年版。

⑧ 朱炳祥：《土家族文化的发生学阐释》，中央民族大学出版社1999年版。

⑨ 谢华：《湘西土司辑略》，中华书局1959年版。

武文著诠《溪州铜柱及其铭文考辨》[①]，收录的土司的诗词对人物的心理把握具有参考价值。湖南图书馆编《湖南氏族迁徙源流》，根据湖南图书馆所藏家谱、地方志、文集及新中国成立前湖南省文献委员会《氏族志》原始资料，对全省300多个姓氏、近万个家族进行了梳理。[②] 符太浩著《溪蛮丛笑研究》，其运用历史人类学理论和方法对《溪蛮丛笑》校勘、注释、说解，对了解南宋时期的湘西社会具有史料价值和启发。[③] 邓辉的《土家族区域考古文化》[④] 系统整理了土家族地区的考古成果，具有重要的参考价值。周明阜等编著的《凝固的文明》[⑤] 和田仁利编著的《湘西土家族苗族自治州金石通纂》[⑥]，整理了湘西自治州的考古成果和遗存的金石碑刻，尤其是田仁利地毯式的对全州境内的搜集整理，对缺乏史料的地方研究极有帮助。吉首大学游俊教授主编的"土司文化研究丛书"共计11册，围绕老司城遗址展开的系列研究，资料搜集翔实、研究内容全面、是一套全面了解溪州彭氏土司的丛书。王焕林的《里耶秦简校诂》[⑦] 和陈伟主编的《里耶秦简牍校释（第1卷）》[⑧] 对里耶秦简的解读，对了解秦代迁陵县地方社会很有帮助。鄂西有《鄂西少数民族史料辑录》[⑨]、《容美土司史料汇编》[⑩]，详细地收集了正史及方志中关于容美土司的资料，以及容美土司的著作家谱。王晓宁编著《恩施自治州碑刻大观》，记录了恩施土家族苗族自治州目前发现的

---

① 王承尧选注：《土家族土司史录》，岳麓书社1991年版；湖南省少数民族古籍办公室主编：《中国少数民族古籍土家族古籍之一：摆手歌》，岳麓书社1989年版；湖南少数民族古籍办公室主编：《中国少数民族古籍土家族古籍之二：梯玛歌》，岳麓书社1989年版；彭勃等辑录，祝先注注：《历代土家族文人诗选》，岳麓书社1991年版；田星六：《晚秋堂诗词选》，丘陵等选注，岳麓书社1992年版；彭武文著诠：《溪州铜柱及其铭文考辨》，岳麓书社1994年版。

② 湖南图书馆编：《湖南氏族迁徙源流》，岳麓书社2010年版。

③ 符太浩：《溪蛮丛笑研究》，贵州民族出版社2003年版。

④ 邓辉：《土家族区域的考古文化》，中央民族大学出版社1999年版。

⑤ 周明阜等：《凝固的文明》，青海人民出版社2006年版。

⑥ 田仁利编著：《湘西土家族苗族自治州金石通纂》，湖南人民出版社2015年版。

⑦ 王焕林：《里耶秦简校诂》，中国文联出版社2007年版。

⑧ 陈伟主编：《里耶秦简牍校释（第1卷）》，武汉大学出版社2012年版。

⑨ 鄂西土家族苗族自治州事务委员会：《鄂西少数民族史料辑录》，1986年。

⑩ 中共鹤峰县委统战部等编辑：《容美土司史料汇编》，1983年铅印本。

新中国成立前的所有重要的石刻碑记。其内容可分为农业、教育、姓氏、源流、宗教信仰、公约制度、道路交通、风景名胜、称颂等。[①] 谭庆虎、田赤校注《卯洞集》校注,《卯洞集》是明代学者徐珊所撰,共四卷,记录了嘉靖年间在辰州做官时被派往卯洞督促皇木采购的经过及所想所感,对研究酉水上游地区的人文及木材流动历史,极有价值。[②] 张兴文等《卯峒土司志校注》[③] 根据卯峒向氏十七世孙向群泽手抄本点校注释,是我国第一本完整的土家族土司志,涉及卯峒土司的政治、经济、军事、文化、风俗诸方面。川东南土家族地区有《川东南少数民族史料辑》,[④] 贵州有向零、余宏模、张济民主编《民族志资料汇编》第 9 集《土家族》,收录贵州铜仁地区土司资料、金石铭文和族谱,对了解贵州地区的土司有帮助。[⑤]

(三)单一民族整体与专门性的通史研究

1986 年版的《土家族简史》[⑥] 是第一部系统研究土家族历史的通史,段超的《土家族文化史》[⑦] 从研究土家族文化的生成机制——自然地理环境和族源文化,分析了土家族采集文化、渔猎文化、农耕文化、信仰文化、民俗文化、音乐舞蹈文化的特点,分五个时期描述了土家族文化发展的历程,分析了土家族文化发展的动因——人口互动和中央政策。萧洪恩的《土家族哲学通史》[⑧] 从对土家族哲学研究方法的探讨入手,着眼于土家族哲学的转型,分上、中、下三篇对中华人民共和国成立前的土家族哲学进行了全面而系统的阐明和探讨,其对容美土司《田氏一家言》的哲学思想研

---

① 王晓宁编著:《恩施自治州碑刻大观》,新华出版社 2004 年版。

② 谭庆虎、田赤校注:《卯洞集校注》,湖北人民出版社 2011 年版。

③ 张兴文等注释:《卯峒土司志校注》,民族出版社 2001 年版。

④ 四川黔江地区民族事务委员会编:《川东南少数民族史料辑》,四川民族出版社 1996 年版。

⑤ 向零、余宏模、张济民主编:《民族志资料汇编·第 9 集·土家族》,贵州省志民族志编委会,1989 年。

⑥ 《土家族简史》编写组编:《土家族简史》,湖南人民出版社 1986 年版。

⑦ 段超:《土家族文化史》,民族出版社 2000 年版。

⑧ 萧洪恩:《土家族哲学通史》,人民出版社 2009 年版。

究具有启发意义。彭继宽、姚纪彭主编的《土家族文学史》[1] 对远古到改土归流、改土归流到辛亥革命，辛亥革命到新中国成立，新中国成立以后四个时期的土家族文学及流变进行了研究。田华咏主编《土家族医学史》[2] 从历史学、文化学、民族学的角度对土家族医药产生的历史文化背景做了全面论述。石亚洲的《土家族军事史研究》从军事学角度研究了土家族不同历史时期独特的军事制度、军事阵法、军事设施及兵器等内容，总结了土家族的军事思想和军事制度。[3] 黄秀蓉的《历史时期土家族妇女生活与社会性别研究》，是一部土家妇女历史研究，从社会性别入手，论述了不同历史时期土家族区域妇女的社会生活。[4] 地区性的民族通史有廖报白编著《湘西简史（2 万年前—1949 年）》[5] 阐述了二万年以来湘西的政治、经济、民族、军事、战争、教育、宗教、文化艺术等各方面的发展情况。其他同类著作还有游俊、李汉林的《湖南少数民族史》,[6] 吴永章、田敏的《鄂西民族地区发展史》,[7] 李良品、莫代山著《乌江流域民族史》。[8]

（四）民族关系史研究

吴永章主编的《中南民族关系史》[9]，叙述了自先秦至清代，中南诸民族与中原历代王朝，以及本地各民族之间的关系。是我国第一部阐述中南地区民族关系的史书。伍新福、李昌俊、彭继宽的《湖南民族关系史》详细地阐述了湖南境内从上古到新中国成立前各民族的历史发展和民族关系。

---

① 彭继宽、姚纪彭主编：《土家族文学史》，湖南文艺出版社 1989 年版。
② 田华咏主编：《土家族医学史》，中医古籍出版社 2005 年版。
③ 石亚洲：《土家族军事史研究》，民族出版社 2003 年版。
④ 黄秀蓉：《历史时期土家族妇女生活与社会性别研究》，西南师范大学出版社 2011 年版。
⑤ 廖报白：《湘西简史（2 万年前—1949 年）》，湖南人民出版社 1999 年版。
⑥ 游俊、李汉林：《湖南少数民族史》，民族出版社 2001 年版。
⑦ 吴永章、田敏：《鄂西民族地区发展史》，民族出版社 2007 年版。
⑧ 李良品、莫代山：《乌江流域民族史》，重庆出版社 2009 年版。
⑨ 吴永章主编：《中南民族关系史》，民族出版社 1992 年版。

（五）断代专门史研究

经济方面有邓辉的《土家族区域经济发展史》①，依据考古材料探讨了改土归流以前土家族区域里先民们的经济活动与生产活动。朱圣钟著《区域经济与空间过程——土家族地区历史经济地理规律探索》以湘鄂渝黔交界地带的土家族聚居区为研究范围，通过对方志、正史材料、碑刻材料、家谱材料、考古材料、地名资料、民族民俗资料、实地考察材料等综合分析，从历史地理学的角度，讨论了土家族地区地理环境与地域空间、历史时期土家族地区地理环境与地域空间、历史时期土家族地区农业及其空间过程、历史时期土家族地区手工业及其空间过程、历史时期土家族地区商业及其空间过程等问题，归纳总结了土家族地区区域经济及其空间变化过程中体现出来的历史经济地理规律。② 胡安徽的博士学位论文《历史时期武陵山区药材产地分布变迁研究（618—1840）》③ 分析了从唐至清时期武陵山区的药材产地分布的空间格局和变迁及其原因，对于研究武陵山区历史时期物资流动及其影响极有意义。

（六）制度史研究

吴永章的《中国土司制度渊源与发展史》④，系统地梳理了从秦朝开始的南方民族政策，提出土司制度与羁縻制度一脉相承，正式形成于元代，完备于明和清初，清雍正改土归流后，则逐渐衰微。王承尧、罗午的《土家族土司简史》较为系统地阐述了土家族土司制度的产生、发展和演变的过程，并详细地介绍了各地土司的家世和承袭状况，分析了其对土家族社会历史的影响。⑤ 田敏的《土家族土司兴亡史》主要论述元、明、清各个时期土家族土司的主要活

① 邓辉：《土家族区域经济发展史》，中央民族大学出版社 2002 年版。

② 朱圣钟：《区域经济与空间过程——土家族地区历史经济地理规律探索》，科学出版社 2015 年版。

③ 胡安徽：《历史时期武陵山区药材产地分布变迁研究（618—1840）》，博士学位论文，西南大学，2011 年。

④ 吴永章：《中国土司制度渊源与发展史》，四川民族出版社 1988 年版。

⑤ 王承尧、罗午：《土家族土司简史》，中央民族学院出版社 1991 年版。

动，中央王朝对土家族土司的征服与治理，土家族土司与中央王朝的关系等。[①] 张振兴的博士学位论文《清代治理湘西苗疆研究》论述了 1644 年清军入关后，至 1840 年鸦片战争前这一时段内，清廷治理湘西的历史过程。[②]

（七）区域社会史的研究

随着史学理论的发展，从区域的视角，以事件、时间来实现空间框架下的历史过程成为研究趋势。日本冈田宏二的《中国华南民族社会史研究》[③] 对宋代华南地区非汉民族的各种情况、瑶族族源问题、宋代广南西路的边防体制、宋代广南西路的财政、五代之楚王国、唐末五代宋初的民族问题等进行了研究，对于湖南地区溪峒地区族群系统研究极有启发价值。之后关于湘西地区的研究也日渐增多，如谭必友的《清代湘西苗疆多民族社区的近代重构》[④] 从湘西苗疆"冲突与合作"关系。流官群体按照"民苗为二以相安"的基本原则，把各民族生存的地域空间法制化，为"和平共居"创造了一个基本的物质环境。谢晓辉的博士学位论文《延续的边缘：明清湘西苗疆的国家建构与文化表达》梳理了王朝国家由宋朝开始的开发湘西的过程，着重讨论了明清时期王朝的制度与既有传统以及社会结构的关系，以微观的视角解读文献材料，从苗疆与土司、土司与王朝之间的对话以及各自的表达，多角度的呈现了湘西苗疆的历史过程。但这种着重制度下的互动，延续的依然是国家与地方的二元叙事。[⑤] 杨洪林著《明清移民与鄂西南少数民族地区乡村社会变迁研究》[⑥] 以鄂西南少数民族地区明清移民和乡村社会为研究对

---

① 田敏：《土家族土司兴亡史》，民族出版社 2000 年版。

② 张振兴：《清代治理湘西苗疆研究》，博士学位论文，中央民族大学，2013 年。

③ ［日］冈田宏二：《中国华南民族社会史研究》，赵令志、李德龙译，民族出版社 2002 年版。

④ 谭必友：《清代湘西苗疆多民族社区的近代重构》，民族出版社 2007 年版。

⑤ 谢晓辉：《延续的边缘——明清湘西苗疆的国家建构与文化表达》，博士学位论文，香港中文大学，2007 年。

⑥ 杨洪林：《明清移民与鄂西南少数民族地区乡村社会变迁研究》，中国社会科学出版社 2013 年版。

象，对明清移民和乡村社会变迁的过程及其相互关系进行了比较深入的探讨，并就移民在中华民族多元一体格局形成过程中的作用进行了深入研究。瞿州莲的博士学位论文《改土归流前后湘西地区土家族基层组织的变迁研究》[①] 一文梳理了历史上湘西地区土家族基层建制的变迁情况，认为明代土家族土司区所形成的“旗”的基层建制来源于远古时期并存的强宗大姓割据小邦的“溪”，并具有卫所制度中“旗”的性质。这样的模式虽在改土归流后以保甲的形式呈现，其建立在宗族基础上的内部运行机制依然没有改变。该文为认识湘西基层社会提供了新的视角，但其中的观点有待进一步考证。刘鹤的博士学位论文《抗战时期湘西现代化进程研究》[②] 用现代化视角来审视抗战时期湘西的社会发展过程。龙先琼的博士学位论文《近代湘西的开发与社会变迁研究——从区域史视角观察》[③] 阐述近代湘西开发治理引发的社会历史变迁的基本情况。张凯的博士学位论文《国家教化与土司向化——明清时期湘西北地区的制度与社会》[④] 考察了明清时期湘西北地区制度的变化与社会的变迁，探讨以永顺土司为代表的湘西北社会是如何整合进“国家”的历史过程。郗玉松的博士学位论文《改土归流后湖广土家族社会重构研究（1727—1911）》[⑤] 一文从政治重构、军事改制、经济升级、城镇生长、文化转型和族群关系重建六个方面论述了改土归流后的湖广土司地区的变化。莫代山著《民国时期土家族地区土匪活动与社会控制》[⑥] 是以事件为中心来探讨治理的经验与教训。艾训儒的《湖

① 瞿州莲:《改土归流前后湘西地区土家族基层组织的变迁研究》，博士学位论文，中山大学，2008年。

② 刘鹤:《抗战时期湘西现代化进程研究》，博士学位论文，湖南师范大学，2009年。

③ 龙先琼:《近代湘西的开发与社会变迁研究：从区域史视角观察》，博士学位论文，湖南师范大学，2011年。

④ 张凯:《国家教化与土司向化——明清时期湘西北地区的制度与社会》，博士学位论文，中山大学，2016年。

⑤ 郗玉松:《改土归流后湖广土家族社会重构研究（1727—1911）》，博士学位论文，中南民族大学，2015年。

⑥ 莫代山:《民国时期土家族地区土匪活动与社会控制》，重庆出版社2014年版。

北清江流域土家族生态学研究》[①] 以生态学的理论与方法，从人地关系来揭示清江流域土家族社会历史及文化生态的内在机制。以社区或村落为观察点的基层微观研究，如吴雪梅的《回归边缘：清代一个土家族乡村社会秩序的重构》[②]，陈心林的《南部方言区土家族族群性研究：武水流域一个土家族社区的实证研究》等[③]。

综而观之，既有研究在研究内容、方法和理论视野上仍存不足：

其一，既有研究中，未见从通道视野以酉水流域为中观区域的整体民族社会史的学术关照。已有的区域社会史研究多关注改土归流后的社会变迁，对于历史时空下土家族文化形成过程和基层社会、经济运行的内在机制关注很少，多从制度史的角度来审视。虽然随着旅游业的兴起，对酉水流域古镇、古村落的研究兴起，但多从村落资源保护、村落景观以及民居所体现的宜居哲学观和民族文化来探讨。朱炳祥从文化发生学的基础上对土家族文化的"多重文化时空叠合"运用多学科的理论进行了论证，超越了同时代对土家族研究编年体式的探讨，不仅对土家族文化发生各种原始文化因素及其起源、相互关系做了综合性的研究，同时也将土家族文化作为一个动态的过程来探讨。但这种对问题的脱离了具体的地域和人的活动的研究未免显得空疏，正如作者自己也看到"发生学不能对每一个细部进行入微的研究，它所追求的是对原始文化史大阶段的宏观把握"[④]。

其二，既有研究宏观泛论多，微观实证少，多为"从多元到一体"单向度的历史论述，对因地域文化差异而"各具个性"的民族区域历史过程缺乏微观研究；即使是建立在具体区域上的民族问题

---

① 艾训儒：《湖北清江流域土家族生态学研究》，中国农业科学技术出版社 2006 年版。

② 吴雪梅：《回归边缘：清代一个土家族乡村社会秩序的重构》，中国社会科学出版社 2009 年版。

③ 陈心林：《南部方言区土家族族群性研究：武水流域一个土家族社区的实证研究》，民族出版社 2010 年版。

④ 朱炳祥：《土家族文化的发生学阐释》，中央民族大学出版社 1999 年版，第 8 页。

研究也多是共时态现象的探讨，从历史学的角度做长时段的研究更是不多。

其三，既有研究虽于经济、政治、文化等方面的专论较集中，且多为通史性的历史叙述，但对于民族区域社会的多重因素的历史影响及其现实关照明显不足，整体性结构的研究则更少。

其四，既有研究大都取“自上而下”的观察视角，而“自下而上”地对特定历史时空的民族社会演变及内在运行机制的研究则不多见，更缺乏多学科理论与方法的综合研究。

第二章

西水流域社会概况

第一节　独特的自然地理环境

西水流域是土家族分布的主要区域之一（图2-1），位于武陵山区的中北部，处于西南云贵高原与江汉平原的中间地带，地跨湘鄂渝黔四省市边区，主要包括今天湖北省的宣恩县、来凤县，重庆的酉阳县、秀山县，贵州的松桃县，湖南的龙山县、永顺县、花垣县、保靖县、古丈县和沅陵县。从地形上看，武陵山大致呈西南—东北走向，其境东邻雪峰山，东北接常德壶瓶山，北抵巫山，西有大娄山，西南连贵州佛顶山，南边为苗岭，长约320千米，展宽约120千米，平均海拔在1000米左右，主峰为贵州省境内的梵净山，海拔2491米，北部湖北清江自西向东经利川、恩施、建始、长阳，再由宜都注入长江，西部乌江横贯滇黔渝自南向北，游走武陵西缘，在涪陵注入长江上游，沅水自南向东北半包围东向与东北澧水平行分别于常德境内入洞庭湖，而西水绵延其中。《水经注》云："武陵有五溪，谓雄溪、樠溪、西溪、无溪、辰溪其一焉，夹溪悉是蛮夷所居，故谓此蛮五溪蛮也。"① 西溪即西水，作为古楚黔中郡境内五溪之一，既是连接中原与西南各民族迁徙和文化交流的古通道，又是境内各民族对外交流的交通要道。作为长江南岸水系沅水

① （北魏）郦道元：《水经注校证》卷37《沅水注》，陈桥驿校证，中华书局2007年标点本，第868—869页。

最大的一条支流，全长 477 千米，流域面积 18530 平方千米。有南、中、北源。北源为主干流，发源于湖北省宣恩县酉源山，往南迂回蜿蜒于湖北省的宣恩、来凤，湖南省的龙山和重庆市的秀山、酉阳边境，其中有 56 千米成为湘、鄂、渝省界。干流南经龙山县湾塘、酉阳县酉酬镇至秀山县石堤镇与发源于贵州松桃甘龙镇的中源梅江河汇合，尔后东流 10 余千米再入湘西自治州境龙山里耶，至隆头左会南下的洗车河，经保靖雷打岩处汇入发源于贵州松桃梵净山的南源花垣河、保靖白溪和永顺猛洞河，经古镇王村、古丈县会溪坪，从凤滩出州境，经沅陵县城汇入沅水（图 2—2、图 2—3）。境内山峦叠嶂，溪谷纵横，海拔从 400 多米到 2000 米之间，常态地貌和岩溶地貌同时发育，山高谷深，河流侵蚀切割强烈，地形起伏大，呈山地、山原、丘陵、岗地及向斜谷地等各种类型。其中溪谷间的“坪”“坝子”土地肥沃，适宜农耕。长期以来形成龙山来凤盆地、召市盆地、秀山盆地、保靖的甘溪盆地和永顺的万坪盆地等。①

酉水流域属中亚热带山地季风湿润气候，温润多雨，全年四季分明，冬暖夏凉，光热基本同季，对农作物生长有利，境内生物物种多样，所属武陵山区素有“华中动植物基因库”之称。由于山体复杂，形成山地垂直地带与水平方向地域分异的多样性气候。宋人王象之在《舆地纪胜》中曾这样描述过武陵地区，“地多雨潦”，“岗峦重叠，朝抱郡城，飞云浓岚，望如屏图，武陵州接夜郎诸夷，溪山阻绝，非人迹所履”②。永顺县首位知县描述当时的气候是“春深天寒，夏中日燥，秋初炎蒸，冬末温暖，端阳衣单葛，重阳加薄絮，雪深尺则互冻，冬骤雨则雷鸣，日出常热，天阴常冷”③。气候多样，也形成了多样的生计方式，“居常则渔猎腥膻、刀

① 柴涣波:《武陵山区古代文化概论》，岳麓书社 2004 年版，第 12 页。

② （宋）王象之:《舆地纪胜》卷 71《荆湖北路·沅州·风俗形胜》，中华书局 1992 年影印本，第 2403 页。

③ 乾隆《永顺县志》卷 4《风土志》，第 1 页 b。按潘果为永顺改土归流后的第一位知县，因为处理政务不当，与当地土民发生冲突，在上任后不久即被罚离职，后世方志也未载其任职。

耕火种为食”①。“地多山宜种杂粮，土平水润处乃开田种稻。”②

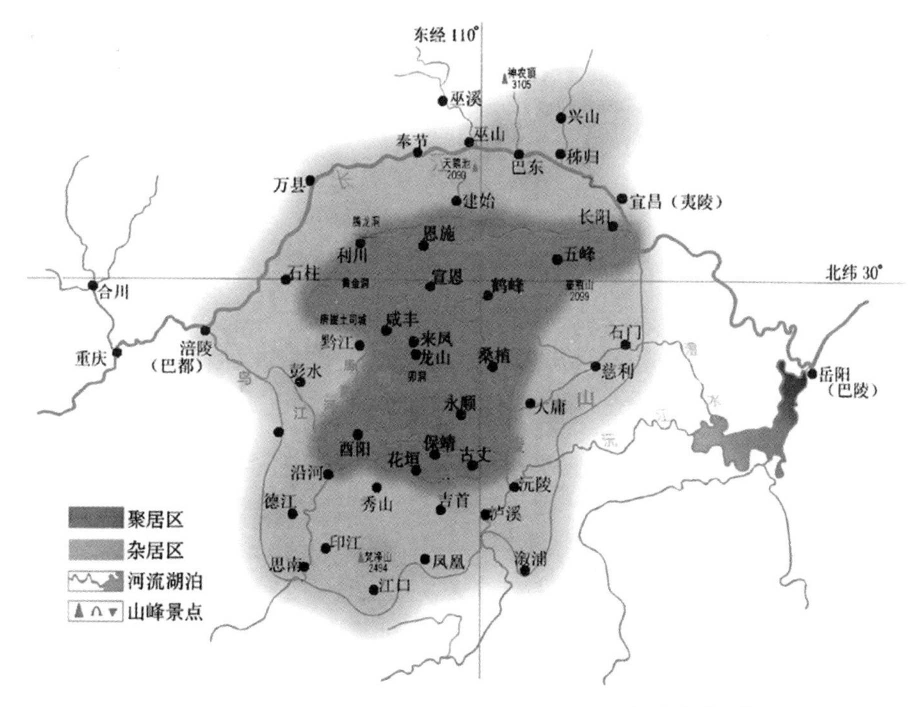

图2－1　土家族主要分布图（来源于2001年张良皋）③

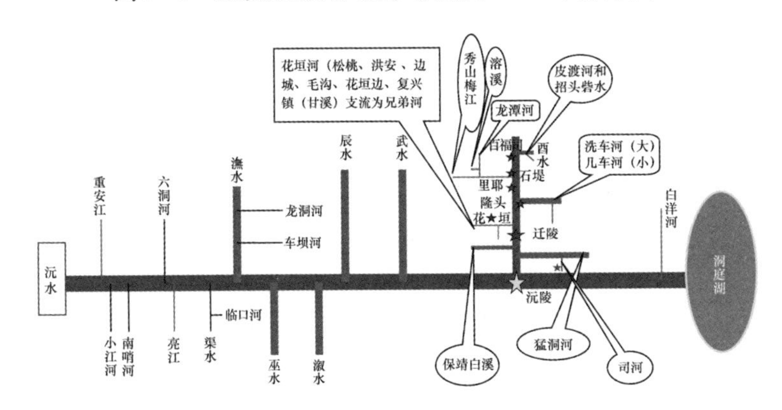

图2－2　酉水干支流位置示意图

① （明）王士性：《广志绎》卷4《江南诸省》，吕景琳点校，中华书局1981年标点本，第95页。

② 同治《永顺县志》卷6《风土志·土产》，第14页a。

③ 张良皋撰文、李玉祥摄影：《武陵土家 前言》，生活·读书·新知三联书店2001年版。

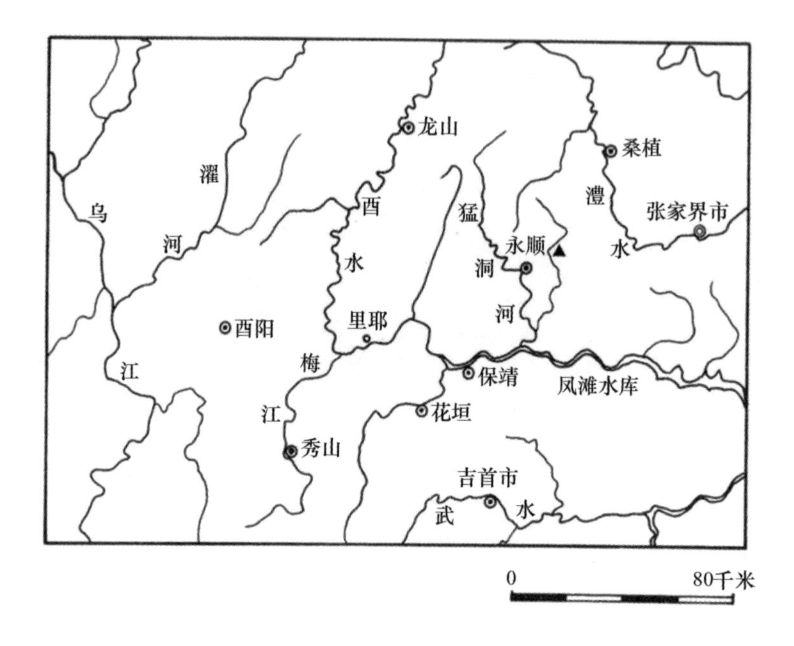

图 2-3 酉水水系位置图①

第二节 历史沿革和地方行政制度变迁

酉水流域古文化遗址显示了早期的人类居住。酉水沿岸已发现的旧石器时代遗址有龙山里耶溪口、湾塘，保靖东洛、沙坪和清水坪，花垣茶洞和沅陵木马岭。新石器时代遗址有龙山里耶、保靖柳树坪、溻洞、押马坪和长丘。② 其发现的器物具有强烈的地方性和民族性，且沅水支流舞水和辰水都各有自己的独特性。③ 根据考古推测，早在新石器时期酉水流域就开始与外界进行文化交

① 酉水水系位置图来源于永顺县老司城管理所提供的未刊考古报告。

② 周明阜等编著:《凝固的文明》，青海人民出版社 2006 年版，第 6—10 页。

③ 周明阜:《湘西先秦考古文化的多元性建构探讨》，《吉首大学学报（社会科学版）》1993 年第 4 期。

流，受到大溪文化、屈家岭文化、长江中游龙山文化系统影响。[①]而2007年首次在酉阳酉酬发现大溪文化笔山坝遗址，[②]再次证实了酉水流域自大溪文化起就已经开始了对外文化交流。商周遗址在湘西发现有136处，其中酉水流域龙山8处，保靖22处，永顺20处，[③]酉水上游来凤也发现多处商周遗址。[④]酉水流域这一时期考古文化即呈现出自己独特文化的一致性，如不二门遗址文化层自上到下，文化性质单纯，聚落依河而居，同时皂市文化乃至中原商文化都可在此找到踪迹。复杂的地形成为文化屏障的同时，纵横交错的河流又成为交流的通道。商周时期湘西文化呈现两个特征，一是多种文化的并存，呈现出小聚居、大杂居的格局；一是传统的延续发展与文化交流共存。[⑤]

酉水流域是春秋时期楚、巴之间的一块空地，古荆州地，又被称为濮蛮之地。[⑥]作为西南战场的前沿和军事要塞，一度成为兵家争夺之地。从文献上看，酉水流域春秋为楚巫、黔中，后为秦黔中地。[⑦]酉水两岸发现一批战国时期文化遗址，有龙山里耶、保靖四方城、古丈白鹤湾等，显示出楚、巴和土著文化的遗存，在楚入主后的很长一段时期内，楚、巴和土著文化仍保持着各自的独立性，随着融合的深入，土著和巴文化逐渐退隐，楚文化呈现出强劲的趋势，占据着主要的位置。[⑧]濮文化被视为早期的土著文化。[⑨]随着里

---

① 林时九：《从湘西民族地区考古发现看楚文化的影响》，《吉首大学学报（社会科学版）》1990年第3期。

② 国家文物局主编：《中国考古60年1949—2009》，文物出版社2009年版，第435页。

③ 林时九：《从湘西民族地区考古发现看楚文化的影响》，《吉首大学学报（社会科学版）》1990年第3期。

④ 邓辉：《土家族地区的考古文化》，中央民族大学出版社1999年版，第100—101页。

⑤ 柴焕波：《湘西商周文化探索》，载《湖南考古2002（下）》，岳麓书社2004年版，第522—533页。

⑥ 黄怀信等：《逸周书汇校集注（上、下册）》，上海古籍出版社1995年版，第923—924页。

⑦ 里耶秦简考古发现认为酉水流域的里耶即迁陵县治所在地，隶属不见史载的秦洞庭郡。见湖南省文物考古研究所编著《里耶发掘报告》，岳麓书社2007年版，第235页。

⑧ 宋谋年：《酉水流域楚、巴土著民族文化关系试探》，《湘西文史资料》1994年第1期。

⑨ 邢敏建：《从酉水流域考古发掘看楚文化与诸民族的关系》，《民族研究》1997年第1期。

耶秦简的出土发现和秦简的整理释读，可以发现战国末期至秦时期，酉水流域已建置有效的郡—县—乡—里的地方行政管理制度。① 西汉改黔中为武陵郡，县十三，郡治义陵（今溆浦县城南），酉水流域就有酉阳县（含今酉阳、黔江、龙山、永顺等地）、迁陵县（含今秀山、保靖），零阳县（含今龙山、永顺、慈利等），充县（含今宣恩、来凤、桑植、张家界等地），沅陵县（含今沅陵、泸溪、永顺、麻阳等地）。东汉时武陵郡地中的佷山县（今湖北清江流域长阳等地）划归南郡，酉水流域仍属武陵郡地，郡治移临沅。随着王朝主导的西南开发，秦通五尺道，汉开西南夷，西汉在番禺以西至蜀南部设置了十七个初郡，武陵郡毗邻的西南地设置了牂牁郡、零陵郡。初郡不时反叛，朝廷也不时征兵镇压。《史记》记载：

> 汉通西南夷道，作者数万人，千里负担馈粮，率十余钟致一石，散币于邛僰以集之。数岁道不通，蛮夷因以数攻，吏发兵诛之。②

之后王莽政乱，各地群贤并起，自立为王。《后汉书》记载：

> 是时，长安政乱，四方背叛。梁王刘永擅命睢阳，公孙述称王巴蜀，李宪自立为淮南王，秦丰自号楚黎王，张步起琅邪，董宪起东海，延岑起汉中，田戎起夷陵，并置将帅，侵略郡县。③

① 陈絜：《里耶“户籍简”与战国末期的基层社会》，《历史研究》2009年第5期。

② （汉）司马迁：《史记》卷30《平准书第八》，中华书局1959年标点本，第1421页。

③ （南朝宋）范晔：《后汉书》卷1上《光武帝纪》第1上，中华书局1964年标点本，第16页。

因为徭役、赋税和征伐，整个东汉时期武陵蛮叛乱迭起。[①] 主要集中在沅水中下游、澧水和清江之间。三国时酉水流域为魏、蜀、吴交界之地，先后被占领争夺，蜀国招纳五溪蛮酋受其印号，实施羁縻制，蜀武陵郡分酉阳县置黔阳县（今龙山县）。《三国志》马良传中记载："及东征吴，遣良入武陵招纳五溪蛮夷，蛮夷渠帅皆受印号，咸如意指。"[②] 后属吴荆州武陵郡，吴分置天门郡，领溇中、充、零阳3县。[③] 两晋南北朝因循相袭，以蛮酋自治一以贯之，在州郡之上同时又设置以军事为主的都督区，设都督、南蛮校尉、宁蛮校尉等，以管理蛮夷之地。西晋武帝咸宁三年（277），"西北杂虏及鲜卑、匈奴、五溪蛮夷、东夷三国前后十余辈，各帅种人部落内附"[④]。永嘉元年（307），"天门、武陵溪蛮并反，詹讨降之。时政令不一，诸蛮怨望，并谋背叛。詹召蛮酋，破铜券与盟，由是怀詹，数郡无虞。其后天下大乱，詹境独全"[⑤]。南朝刘宋时期属荆州武陵郡、天门郡。酉水流域有天门郡领4县——溇中、临澧、零阳和充县，后增置澧阳县省充县，武陵郡领沅陵、酉阳、迁陵、黔阳4县。[⑥] 南齐属郢州武陵郡，荆州天门郡，南北朝时期酉水流域地多为自保，"分建种落，布在诸郡县"，又"蛮无徭役，强者又不供官税，结党连群"，五溪蛮、酉溪蛮、黔阳蛮等，时为官府"禁断鱼

---

① 《后汉书》卷86《列传》第76。第2831—2834页；在东汉时期就开始"以蛮征蛮"之策，如以板楯蛮征武陵蛮，以武陵五里蛮六亭兵征澧中蛮。谭其骧认为武陵蛮寇在东汉增多，是由于中原或荆楚移民增多的原因。见谭其骧《长水集（上）》，人民出版社1987年版，第301—302页。

② （晋）陈寿：《三国志》卷39《蜀志》9，中华书局1959年标点本，第983页。

③ 《三国志》卷60《吴书15》，第1394页。

④ （唐）房玄龄等：《晋书》卷3《帝纪第三》，中华书局1974年标点本，第68页。1978年桃源县漆河乡玉屏村出土了四方印章，银龟纽印文为阴篆"虎牙将军章"，银兽纽印文为阴篆"晋蛮夷率善邑君"，铜驼纽两方，印文为阴篆"晋蛮夷率善邑君长"。印证了晋代继续执行以蛮治蛮之策。见中国人民政治协商会议湖南省桃源县委员会文史资料研究委员会编《桃源文史资料》第1辑，第87页。

⑤ 《晋书》卷70《列传》第40，第1858页。

⑥ （梁）沈约：《宋书》卷37《志》第27，中华书局1974年标点本，第1126页。

盐”而抗争。[1]

隋朝统一南北，由原来的州、郡、县三级管理，改为州（郡）县二级管理，酉水流域分属巴东郡、清江郡、沅陵郡和澧阳郡，县有巴东郡的务川县、沅陵郡沅陵县、大乡县，清江郡清江县，澧阳郡的崇义县[2]。唐改郡为州，根据山川形便设置十道，边远地区设置羁縻都护府，后增置15 道。酉水流域所属辰州、施州、黔州、思州、溪州、锦州，先隶江南道。[3] 后属增置的黔中道（黔州黔中郡、溪州灵溪郡、思州宁夷郡、施州清化郡、锦州卢阳郡、辰州泸溪郡）。[4] 唐朝在少数民族地区推行羁縻州制，以部落置州县，以其首领世袭为都督、刺史，不上户部，有纳贡义务。酉水流域为五溪蛮夷之地，虽列为正州，但应不控制其境部落蛮夷。从唐朝时期酉水流域所属州的人口变化来看（见表 2 –1），元和年间户口明显要比天宝时期少，除开元十二年杨思勖镇压五溪覃行璋叛乱斩首三万级导致人口下降外，[5] 天宝时期是叛乱之后的统计人数，期间又没有大的叛乱[6]，这说明大量的人口是在各自部落的自保中，在锦州所属洛浦县（今保靖县地）就记载有“县东西各有石城一，其险固，仡僚反乱，居人皆保其土”[7]。

---

① 《宋书》卷 97《荆雍州蛮传》，第 2396 页；《南齐书》卷 22《列传第 3》，中华书局 1972 年标点本，第 405—406 页。

② 《隋书》卷 29《地理上 · 巴东郡》、卷 31《地理下 · 沅陵郡 清江郡 澧阳郡》，中华书局 1973 年标点本，第 825、889、895 页。

③ （唐）李林甫等：《唐六典》卷 3《尚书户部》，陈仲夫点校，中华书局 1992 年标点本，第 70 页，记载有远夷则控五溪之蛮。

④ 《新唐书》卷 41《地理五》，中华书局 1975 年标点本，第 1073—1076 页。

⑤ 《新唐书》卷 207《杨思勖传》，第 5857 页。

⑥ 元和六年（811）辰、溆蛮酋张伯靖嫉本道督敛苛刻，聚众叛，侵播、费二州，历时三年以张伯靖隶属荆南才得以平息，但主要集中在沅水上游地区。《新唐书》卷 222 下《南蛮传下》，第 6320—6321 页。

⑦ （唐）李吉甫：《元和郡县图志》卷 30《江南道六 · 锦州》，中华书局 1983 年标点本，第 749—750 页。

表2－1 唐时期酉水流域所属人口统计

	《旧唐书·地理志》				《元和郡县图志》			
	天宝元年（742）		乾元元年（760）		开元（713—741）		元和（806—820）	
州	户	口	户	口	户	乡	户	乡
施州	3702	16444	2312	10825	3476	16	1845	16
黔州	4270	24204	5913	27433	3963	11	1212	9
思州	1599	12021	2603	7599	3442	10	429	6
溪州	2184	15282	——	——	477	——	889	——
辰州	4241	28554	9283	39225	5320	13	1229	11
锦州	2872	14374	——	——	3103	11	——	——
奖州	1672	7284	——	——	1740	6	349	6
澧州	19620	93349	3474	25826	——	——	——	——

统计来源于《旧唐书》卷40《地理志》第1614—1629页，《元和郡县图志》卷30—31《江南道六》，第735—754页。“——”为缺。

五代，蛮酋分据其地，自署为刺史，并结成联盟。酉水流域处在蜀与楚政权之间，除辰州、澧州、溆州归属楚国之外，其他原隶唐黔中道的酉水流域各地归属未定，在天福五年（940），楚国与溪州彭士愁率领的锦州、奖州等誓下联盟一战，达成和解，以铜柱为表，立铜柱为界，承认溪州地区在楚国属下的自治权，并至此开始长达将近八个世纪以土官治理为主的从羁縻制度到土司制度的历史进程，直到清雍正年间改土归流为止。酉水流域地区沿革也从唐隶属黔中道到宋代分属夔州路和荆湖北路，元代四川行省和湖广行省，明代分属湖广都司的永顺宣慰司、保靖宣慰司、施州卫、思南宣慰司和四川都司的酉阳宣抚司，贵州永乐十年建省后酉水流域的松桃地区又分属贵州省的铜仁府，清初沿袭明制，行政建制未变，清雍正改土归流后，土官废止，改为流官治理，酉水流域分属湖北施南府的来凤县、宣恩县，湖南的永顺府、辰州府、永绥直隶厅，四川的酉阳直隶州和贵州的铜仁府（详细地区沿革表见表2－2）。

表2－2　　　　　　　　　　　　　　　　　酉水流域行政沿革

地区	县	时代	隶属政区	行政设置
湖北	宣恩	唐	江南道黔中郡施州	
		五代	蜀施州清江郡	
		宋	夔州路羁縻州	西高州、顺州、保顺州
		元	四川行省	沿边溪峒招讨司、湖南镇边宣慰司木册安抚司、忠建都元帅府
		明	湖广行省施州卫	宣抚司二：施南、忠建；安抚司三：东乡五路、忠峒、高罗；长官司五：摇把峒、上爱茶、下爱茶峒、木册、镇南；蛮夷司二：镇远、隆奉
		清	湖广行省施州卫	宣抚司二：施南、忠建；安抚司三：东乡五路、忠峒、高罗；长官司五：摇把峒、上爱茶、下爱茶峒、木册、镇南（思南）；蛮夷司二：镇逺、隆奉
	来凤	唐	湖广行省施南府	宣恩县（施南里、东乡里、忠建里、木册里、忠crea里、石虎里、高罗里）
		五代	江南道黔中郡施州	
		宋	蜀施州清江郡	羁縻感化州
		元	夔州路羁縻州	富州、柔远州，仁宗时设散毛司
		明	四川行省	散毛府
		清	湖南都司施州卫	散毛宣抚司、大旺安抚司、东流蛮夷官司、腊壁峒蛮夷官司
			湖广都司施州卫	散毛宣抚司、大旺安抚司、东流蛮夷官司、腊壁峒蛮夷官司（卯峒宣抚司、百户宣抚司和漫水安抚司不见正史记载）
			湖广行省施南府	来凤县

续表

地区	县	时代	隶属政区	县名
重庆	酉阳	唐	江南道黔州黔中郡黔州、思州	洪杜县、务川县
		五代	冉氏割据	
		宋	夔州路绍庆府、羁縻思州	彭水县（酉阳寨）
		元	四川北道、绍庆路、怀德府	酉阳州
		明	四川都司，后隶属为重庆卫	酉阳宣抚司，明天启升为宣慰司
		清	四川行省	酉阳直隶州
	秀山	唐	江南道黔州、黔中郡思州	务川县
		五代	蜀楚之间（无考）	务川冉氏、黔南田氏、思州杨氏分据
		宋	夔州路羁縻思州	平茶洞
		元	四川北道邵庆路怀德府酉阳州、思州军民安抚司	溶江芝子平等处。邑梅（佛乡洞长官司）、平茶（溶江、芝子、平茶长官司）、石耶（顺德军民土知府）
		明	先隶属湖广思南宣慰司，洪武十七年改隶四川	溶溪芝麻子坪长官司（分平茶洞所置）
			四川都司，后隶属重庆卫酉阳宣抚司	平茶、邑梅、麻兔（今松桃地）、石耶四洞长官司（地坝长官司见康熙《四川总志》）
		清	四川行省	秀山县

续表

地区	县	时代	隶属政区	县名
贵州	松桃	唐	江南道黔州、黔中郡思州（西部）、锦州（东部）	常丰县（平土洞、乌罗洞）
		五代	蜀楚之间（无考）	
		宋	夔州路羁縻思州	
		元	湖广行省思州军民安抚司	平头着可通达等处、溶江芝子平等处、乌罗龙干等处。
		明	湖广行省思南宣慰司	麻兔洞长官司（隶属酉阳）乌罗、平头着可长官司
			贵州布政司（永乐十年后）铜仁府	乌罗府（乌罗、平头着可）
		清	贵州铜仁府	松桃厅（嘉庆后为直隶厅）、乌罗、平头着可长官司
湖南	永顺	唐	江南道黔州黔中郡溪州	大乡县
		五代	楚溪州	大乡县
		宋	荆湖北路羁縻州	上溪洲、中溪州、下溪州、渭州、永顺州、溶州等
		元	四川行省、湖广等处行中书省、辰州路	永顺保静南渭三州安抚司、上溪洲、施容州
		明	湖广都司	永顺宣慰司　南渭州　施溶州　上溪州
		清	湖南、辰沅永靖道永顺府	永顺县
	龙山	唐	江南道黔州　黔中郡溪州	大乡县
		五代	楚溪州	大乡县、三亭县
		宋	荆湖北路羁縻州	上溪州

续表

地区	县	时代	隶属政区	县名
		元	四川行省 湖广等处行中书省 辰州路	永顺保静南渭三州安抚司、上溪洲施容州
		明	湖广布政司	永顺宣慰司 南渭州、施溶州、上溪州
		清	湖南 辰沅永靖道永顺府	龙山县
	保靖	唐	江南道黔州黔中郡、锦州、溪州	洛浦县、三亭县
		五代	楚溪州	三亭县
		宋	荆湖北路羁縻州	中溪州、保静州
		元	湖广等行中书省	保靖州
		明	湖广布政司	保靖宣慰司
		清	湖南 辰沅永靖道永顺府	保靖县
	花垣	唐	江南道黔州黔中郡、锦州、溪州	洛浦县、三亭县
		五代	楚锦州、奖州	
		宋	荆湖北路羁縻州锦州 奖州	
		元	湖广等处行中书省	会溪施容等处
		明	湖广都司辰州卫	崇山卫、镇溪千户、保靖宣慰司
		清	辰州府	永绥厅
	古丈	唐	江南道黔州、黔中郡溪州	大乡县
		五代	楚溪州	大乡县
		宋	荆湖北路羁縻州	上溪州、中溪州、下溪州、渭州、永顺州、溶州等
		元	四川行省 湖广等处行中书省 辰州路	永顺保静南渭三州安抚司、上溪州、施容州
		明	湖广都司	永顺宣慰司南渭州、施溶州、上溪州
		清	湖南 辰沅永靖道永顺府	永顺县（道光二年分永顺县罗依保、西英保、功全保、冲正保设古丈坪厅）

续表

地区	县	时代	隶属政区	县名
	沅陵	唐	江南道黔州、黔中郡辰州	沅陵县
		五代	楚辰州	沅陵县
		宋	荆湖北路辰州	沅陵县
		元	湖广等处行中书省辰州路	沅陵县
		明	湖广行省辰州府	沅陵县
		清	湖南省辰州府	沅陵县

资料来源：乾隆《酉阳州志》卷1《酉阳州》、光绪《秀山县志》卷4《建置志》、万历《铜仁府志》卷1《方舆志·建置》、宣统《永绥厅志》卷1《地理门·建置》，乾隆《永顺府志》卷1《沿革》。

第三节　历史典籍中的各民族

民族文化是各民族在历史发展过程中为维系该民族在特定生存环境中的延续而形成和创造出来的文化，由于相同的自然地理属性和延续的历史沿革①，酉水流域所属的武陵山区既是一个相对独立的自然地理单元，又是一个文化地理单元，在历史的发展过程中不断形成与生态环境相适应的特定文化归属。古人对中国地区差异而造成各群体不同的文化早有认识，并总结出“顺俗而施化”的治理思想。“凡居民材，必因天地寒暖燥湿，广谷大川异制。民生其间者异俗，刚柔、轻重、迟速异齐，五味异和，器械异制，衣服异宜。修其教不易其俗，齐其政不易其宜。”② 其“华夷五方格局观”在战国时期就已形成。而南方则以“蛮”的形象出现在中国的典籍

① “武陵”见于出土的里耶秦简中，见晏昌贵《里耶秦简牍所见郡县名录》，载2014年第2期《历史地理》，武陵郡作为西汉的一个地方行政区划，虽境内辖区及名称常有变化，但延续至唐代才为其他名称所取代，其境内土著族裔也被称为武陵蛮。见史为乐主编《中国历史地名大辞典》，中国社会科学出版社2005年版，第1439页。

② （清）阮元校刻：《十三经注疏》卷12，中华书局1980年影印本，第1338页。

中，我国西南地区[1]山地和高原明显，盆地众多，散落在山谷间，形成了一个个相对独立的地理单元。除四川盆地外，多是小型盆地，水源充沛，适宜农业，各个部族生活其中，依据自然环境形成不同的资源利用方式维系各部族生存发展，山地的翻越险阻又相对影响了相互之间的交通和交流，使得各部族保持了长期的稳定，也形成了多元的文化西南。“雕题交趾，有不火食者”[2] 是早期文字系统中南蛮的形象，司马迁的《史记》首先将巴蜀西南外之蛮夷“耕田，有邑聚”“随畜迁徙”“或土著或移徙”的三种生活样态呈现出来，西南以专题的形式进入史家视野，随着相互交流的增多，认识的深入，正史及文人笔下的南蛮文化事象也越来越多地呈现在文字系统中。从《史记》最初描述的三种生活样态农业、畜牧业和两者混合的种族认识到《文献通考》对于南蛮七十四种的分类叙述。西南各种族的形象及文化表征也不断丰富起来。处于西南与中原连接地带的武陵山区郡县制下的各蛮族也从最初东汉史家刘珍《东观汉纪》[3] 武陵蛮的统称叙事到各种蛮夷称谓，或以地方，如武陵五溪蛮、溇中蛮、澧中蛮、长沙蛮等；或以种类，如槃瓠、巴郡板楯、廪君蛮，[4] “濮、賨、苴、共、奴、獽、夷、蜑”[5] 等。随着进入魏晋南北朝的民族融合期，在史家的文献典籍中槃瓠之后更是从

---

① 西南是一个相对的概念，在不同场合，它既可以被视为空间区域，也可以被视为文化区域。杨庭硕认为“西南”是相对的方向与方位，是一个动态的概念，依地域而言，有狭义和广义之分，狭义的“西南”相当于如今的川、滇、黔三省，广义的“西南”还包括藏、桂两地甚至湘、鄂西部一些地区。两种划分都既体现了一定的历史延续性，也考虑到了其所指在内部许多方面的一致性。见杨庭硕、罗康隆《西南与中原·总序》，云南教育出版社 1992 年版，第 9 页。管彦波根据民族地理和生态史观将中国分为东北历史地理民族区、北方长城带历史地理民族区、西北历史地理民族区和西南历史地理民族区。管彦波：《民族地理学》，社会科学文献出版社 2011 年版，第 497—532 页。学者研究多取狭义的“西南”，笔者所取的为广义“西南”。

② 《十三经注疏》卷 12，第 1338 页。

③ （汉）刘珍：《东观汉纪》卷 10《臧宫传》，《中国史学典籍基本丛刊》，中华书局 2008 年标点本，第 351 页。

④ 《后汉书》卷 86《南蛮西南夷列传》，中华书局 1965 年标点本，第 2829、2840 页

⑤ （晋）常璩：《华阳国志译注》卷 1《巴志》，汪启明、赵静译注，四川大学出版社 2007 年标点本，第 6 页。

武陵黔中地扩展到荆、雍州及江淮之间。[①] 虽然史家注意到其中的种类差别，如唐杜佑对五溪蛮两种之说的记载。[②] 但史家多持模糊的看法。如五代时期象征着溪州地区自治地位的铜柱铭文则融合了两种说法，“盖闻牂牁接境，槃瓠遗风，因六子以分居，入五溪而聚族”[③]。北宋初史家乐史在划分徼内南蛮种类槃瓠、廪君和板楯蛮的分布四至时。也指出“后汉书云其在黔中五溪长沙间则为盘瓠之后，其在硖中、巴梁间则为廪君之后。其后众种繁盛，侵扰州郡，或移徙，交杂亦不得详别焉”[④]。在宋代文人的笔记中五溪蛮种类之分也越来越具体，如陆游《老学庵笔记》中记载：

> 辰、沅、靖州蛮有仡伶，有仡僚，有仡榄，有仡偻，有山猺，俗亦土著，外愚内黠，皆焚山而耕，所种粟豆而已。[⑤]

朱辅的《溪蛮丛笑》更是详细记载了“犵党、苗、傜、獠、犵狫、黄猫头和省地土人”人群分类。[⑥] 多年主政西南的明朝官员田汝成虽然注意到了五溪地区的种类差异，有峒、苗、傜等氐夷混杂，皆南蛮的认识，但将自长沙、沅辰以南尽夜郎之境，视为苗人居多之境。[⑦] 以至于时人对朝廷倚重的湖广土司之地发出感慨：“施州、保靖、永顺正当海内山川土宇之中，反为槃瓠种类盘踞。”[⑧] 魏源将西南地区各种类视为苗蛮两大系统：

---

① 《北史》卷95《列传第83》，中华书局1974年标点本，第3151—3154页。

② “五溪谓酉、辰、巫、武、沅等五溪也。古老相传云，楚子灭巴，巴子兄弟五人流入黔中，各为一溪之长。一说云，五溪蛮皆槃瓠子孙，自为统长，非巴子也。”（唐）杜佑：《通典》卷183《州郡十三》，“黔州”条，中华书局1988年标点本，第4883页。

③ 彭武文：《溪州铜柱及其铭文考辨》，岳麓书社1994年版，第22页。

④ （宋）乐史：《太平寰宇记》卷178《四夷七・南蛮三》，中华书局2007年标点本，第3401页。

⑤ （宋）陆游：《老学庵笔记》卷4，李剑雄、刘德权点校，中华书局1979年标点本，第44页。

⑥ 符太浩：《溪蛮丛笑研究》，贵州民族出版社2003年版，第10页。

⑦ （明）田汝成：《炎徼纪闻》卷4《蛮夷》，中华书局1985年版，第55页。

⑧ （明）王士性：《广志绎》，吕景琳点校，中华书局1981年标点本，第95页。

无君长，不相统属之谓苗；各长其部，割据一方之谓蛮。……在宋为羁縻州，在元为宣慰、宣抚、招讨、安抚、长官等土司。其受地远自周、汉，近自唐、宋，而元、明赏功授地之土府、土州县亦错出其间，其蛮乎。①

这种基于治理思考的苗蛮分类，广泛体现在清代的叙事中，在清代官修的《皇清职贡图》中，湖南省的永绥乾州、靖州通道、安化宁乡、宁远、道州永明和永顺保靖等处各族分别视为为红苗、青苗、傜、箭桿傜、顶板傜和土人，并列男女分图系说（见图2－4、图2－5）。在永顺保靖等处土人的描述中：

图2－4　永绥乾州等处红苗、红苗妇

（《职贡图》第四册，清乾隆十六年至五十五年间彩绘绢本）

① （清）魏源：《圣武记》卷7《土司苗瑶回民》，《魏源全集3》，湖湘文库（甲编），岳麓书社2011年校点本，第286页。

图2-5 永顺保靖等处土人、土妇

(《职贡图》第四册,清乾隆十六年至五十五年间彩绘绢本)

> 土人先本苗裔,自唐以蛮中大姓彭氏、冉氏分土管辖,始有土人之名,历代反复不常,时勤剿抚,明时始授永保等土司为宣慰使,国初一如明制。嗣因土官贪暴,雍正二年改土归流。添设永顺府治。土人咸登衽席。①

永顺等处土人虽然被视为苗裔,但其自为一体与苗人有差异还是被体现出来。这种差异依然见于改土归流后的地方县志户籍土、苗、客的分类登记中。清代将西南地区未纳入流官一体治理的地区视为苗疆。苗或指代族类或指代地区则必须视文本的历史情境来分辨,这一模糊的界定见于清朝官员的奏章和著述中。如段汝霖的《楚南

① 嘉庆《皇清职贡图》卷3《永顺保靖等处土妇》,内府刊本,第60页。

苗志》是任永绥厅同知时受命编修的通省苗志，[①] 虽然“未免沿地志之陋格耳”，但“得诸见闻，事皆质实”[②]。并注意到了土、苗、傜种类在服饰、风俗、语言等方面的差异。依然持有“苗、傜、土人三种，其先同出于苗”的观点。[③] 尤其是发生在今湘渝黔三省市交界之地历时两年的乾嘉苗民起义震动朝廷，围绕治理的苗疆叙事以供守土者有所考核更是地方官员的追求。严如熤的《苗防备览》绘制的苗疆总图涉及以腊尔山台地为中心的湘黔渝交界地，其人群分类为红苗、黑苗、仡佬、土蛮和民人。[④] 该书将苗疆视为一个整体，与其后但湘良的《湖南省苗防屯政考》都以方志的体例将苗疆的四至、山川形势、风俗、村寨、道路、营堡、艺文等详列。[⑤]《苗防备览》也被誉为“佐姜晟筹苗疆”的指南。[⑥] 这两本史籍的苗疆所及地区都包括湘西南地区，湘西北则只涉及交界地区，如在《苗防备览》的苗疆总图边界中，溪州铜柱是在北界之外（见图2—6）。由于种类的差别多掩盖在苗疆的叙事中，苗作为西南各民族的泛称也在民国时期得到延续。族群区分并不依赖于社会互动和认可的缺失，相反，民族区分成为相互交织社会关系得以建立的基础。作为文化承载单位的族群差异依然存在。族群是当事者归属和认同的范畴。[⑦] 新中国在贯彻民族政策的过程中，当湘西南北地区以湘西苗族自治州作为一个整体的地方区划时，土家族人民通过自我身份的

① （清）段汝霖：《楚南苗志》，岳麓书社 2008 年标点本，第 35 页。

② （清）纪昀：《四库全书总目提要》卷 78《史部三十四》，四库全书本《楚南苗志》，河北人民出版社 2000 年标点本，第 2078 页。

③ （清）段汝霖：《楚南苗志》卷 1《凡例》，岳麓书社 2008 年标点本，第 13 页。

④ （清）严如熤：《苗防备览》卷 1《苗疆总图》，嘉庆二十五年刻本。具体涉及今天的凤凰、吉首、花垣、永顺的部分地区，保靖、麻阳、泸溪、沅陵、怀化、铜仁、秀山和松桃等地。

⑤ （清）但湘良：《湖南苗防屯政考》，清光绪九年刊本。但湘良的湖南苗疆主要为今天的吉首、凤凰、保靖、泸溪、麻阳、古丈、花垣等地。大致相当于今天的湘西南地区，

⑥ 《清史稿》卷 361《严如熤传》，中华书局 1977 年标点本，第 11393 页

⑦ ［挪威］费雷德里克·巴斯：《族群与边界》，商务印书馆 2014 年版，第 11 页。

认同和争取，在 1957 年作为单一民族得到了确认。[①] 虽然在学者的研究中，对土家族这一单一民族依然存在着异议。[②] 但这并不能否认客观存在的史实——在史家的叙事中这种民族之间的差异一直存在。土家族如何从一个部落到具有民族意识的共同体，这需要回到历史的场景中来还原其历史形成过程。

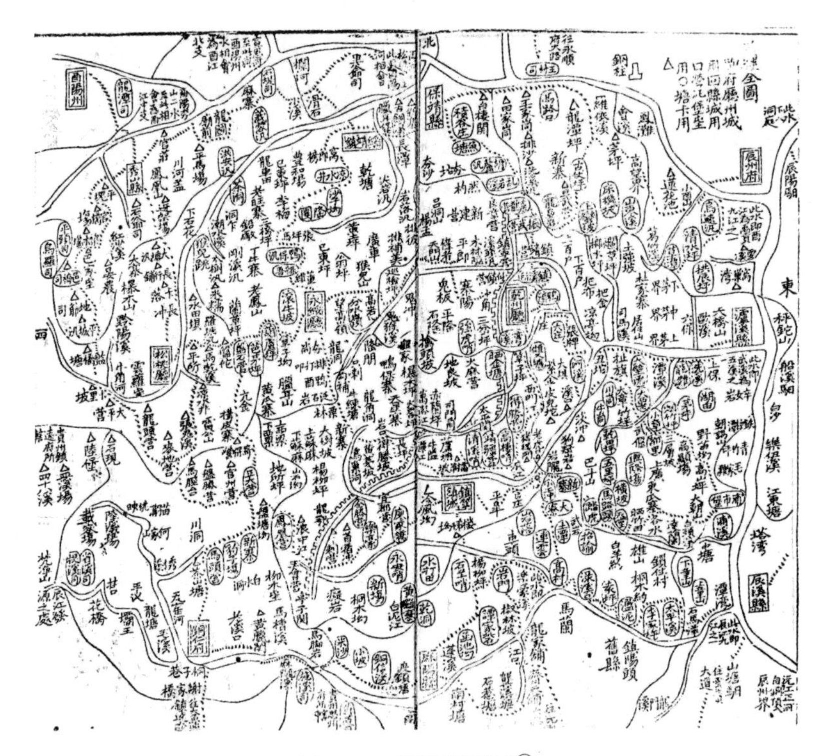

图 2－6　明代驿路图[③]

① 为贯彻民族区域自治政策，1952 年，将历史上称为“苗疆”的永绥（今花垣）、凤凰、乾城（吉首）、古丈、保靖和泸溪划为湘西苗族自治区，土家族主要分布区——湘西北的龙山、桑植、永顺、大庸则属自治区代管。自 1950 年土家族田心桃在北京参加国庆观礼期间对自己为苗族身份提出异议后，6 年间经过各方的调查和论证，土家族在 1957 年 1 月 3 日被确立为单一民族。田荆贵:《土家纵横谈》，湘西自治州政协文史资料研究委员会 1995 年版，第 1—8 页。

② 乌江流域黔东南思州、思南二宣慰司田氏，酉水流域永顺宣慰司彭氏仍被视为苗族地区的最大封建领主。尤中:《中国西南民族史》，云南人民出版社 1985 年，第 686—688 页。

③ 资料来源于杨正泰《明代驿站考（增订本）》，上海古籍出版社 2006 年版，第 112 页。

第四节　历史上的交通要道

在现代交通发展之前，河流是最便利的流通要道。对于崇山峻岭、溪壑纵横的武陵山区来说，具有运载动力的河流尤其如此。《史记·律书》曰："酉者，万物之老也。"[①] 虽然在外界看来，"武陵州接夜郎诸夷，溪山阻绝，非人迹所履"[②]。但酉水自古以来就是该地区与外界交流的交通要道。里耶秦简中发现了"迁陵以邮洞庭"，"鄢—销—江陵—孱陵（今湖北公安县）—索（今湖南汉寿）—临沅（今常德）—迁陵"的里程表，反映的是当时秦朝利用沅江"水驿"的情况，也是已知最早反映水驿通信运作的重要资料。[③] 可见酉水经沅水入洞庭是早就利用的线路。同时，从酉水支流梅江河上行可达秀山县城，从龙潭河上行可达酉阳县龙潭古镇，转陆路即可到乌江支流阿蓬江（即唐岩河），顺流下到龚滩经乌江可入长江，溯水上可达黔江城。酉水也是沟通乌江流域与洞庭湖流域的一条走廊，在战国时期黔中是秦伐楚的主要路线，在溆浦马田坪发现的伐楚而亡的秦将领和巴人士卒的墓葬，张家界出土的秦纂蜀守若铭文和秦兵器，都与司马错因蜀攻黔中和秦蜀守张若接管巫郡、黔中郡的史载相印证，酉水的战略地位自然凸显。里耶古城考古发现里耶为战国时期楚国极西边的一个军事防御边城，在秦统一全国后被和平接管成为一个地方行政治理及商贸交流的边城。[④]

《元和郡县图志》记载，溪州管下三亭县（今保靖县地），自县西水陆路相兼五百里至黔江县，又西三百里至黔州。[⑤] 唐武德四

---

① 《史记》卷25《律书》，中华书局1959年标点本，第1247页。

② （宋）王象之：《舆地纪胜》卷71《荆湖北路·沅州》，中华书局1992年标点本，第2403页。

③ 湖南省文物考古研究所编著：《里耶发掘报告》，岳麓书社2007年版，第235页。

④ 湖南省文物考古研究所编著：《里耶发掘报告》，第236—239页。

⑤ （唐）李吉甫：《元和郡县志》卷30《江南道六·溪州》，中华书局1983年标点本，第751页。

年（621），唐军数道进击萧铣，其中黔州刺史田世康趣辰州道。①严耕望考证，唐代黔州东通辰州路，其中思州到辰州有两条线路，一是经思州思王县东南陆行至沅水支流辰水河谷经常丰县（今铜仁）、锦州卢阳县（今麻阳西三十里）、辰溪县、泸溪县到辰州沅陵县，一路是从牂牁充州（约今贵州余庆）水路兼程经沅水上游舞水河谷东行经镇远、新晃、芷江到沅陵。黔州到辰州的道路，则是由黔州东行到黔江县，经酉水河谷水路相兼五百里至保靖县，再经酉水到辰州，也是唐军击萧铣的辰州道。黔州到南宁州（今云南曲靖）亦有交通要道。② 早在唐代，经沅水入滇黔的道路就已开通，"溪州西接牂柯、两林，南通桂林、象郡"的记载，③ 显示出五代时期溪州与西南贵州、云南和广西之间有道可通，为运输广盐增加经费，宋代官方一度来维持广西融江至辰州这条道路的通畅，"沅州所招溪峒百三十，宜从本郡随事要束，勿建官置戍以为民困，自诚州至融江口，可通西广盐，以省北道饷馈"④。沅水及其支流是连接中原与西南的重要通道，《辰州风土记》曰："大抵辰当沅、靖诸蛮咽喉出没之地，内可以控诸蛮，而外为武陵障蔽。诸蛮不由此，则商贩不通；武陵不得此，则诸蛮不通，虽欲高枕而卧，不可得也。"⑤

元明时期为保证中原与西南交通的通畅，在沿路设置驿站以维持路线的畅通，元朝在镇远至岳阳水路上设置了二十四处水站。⑥ 明代为维护这入滇一线之路，⑦ 从辰州至镇远就设置了二十一个驿站。《明

---

① 《旧唐书》卷56《萧铣传》，中华书局1975年标点本，第2265页。

② 严耕望：《唐代交通图考（第四卷）》，上海古籍出版社2007年版，第1297页。

③ 《新五代史》卷66《楚世家》，中华书局1974年标点本，第826页。

④ 《宋史》卷344《孙览传》，中华书局1977年标点本，第10929页。

⑤ （宋）王象之：《方舆胜览》卷30《辰州》，中华书局2003年标点本，第546页。

⑥ 《永乐大典》卷19423《站赤八》，第19b页，中华书局2012年第2版影印本，第8册，第7260页。

⑦ 王士性将从辰州从沅水经贵州入滇这条道路称为"一线之路"。"出沅州而西，晃州即贵竹地。顾清浪、镇远、偏桥诸卫旧辖湖省，故犬牙制之。其地止借一线之路入滇，两岸皆苗。"（明）王士性：《广志绎》，吕景琳点校，中华书局1981年标点本，第133页。

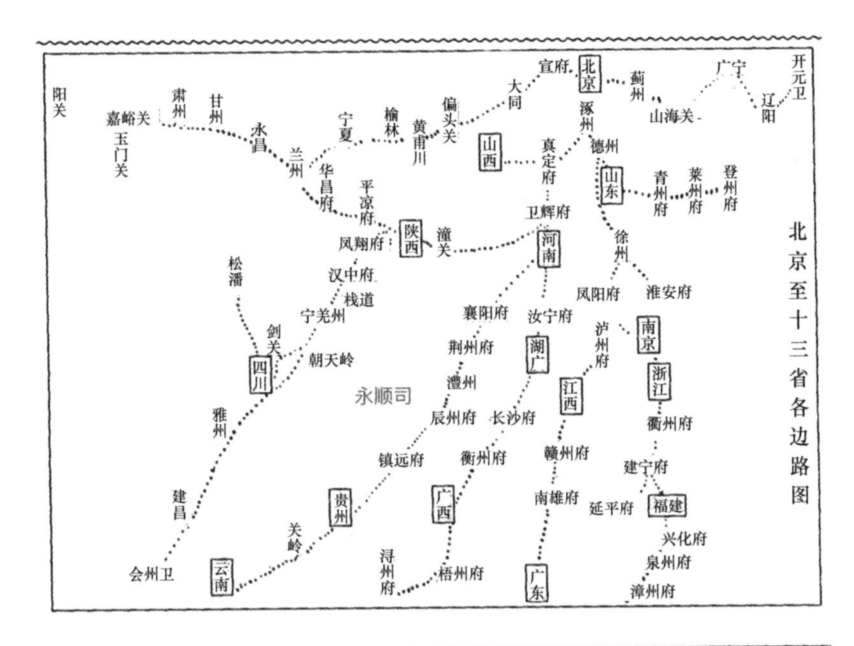

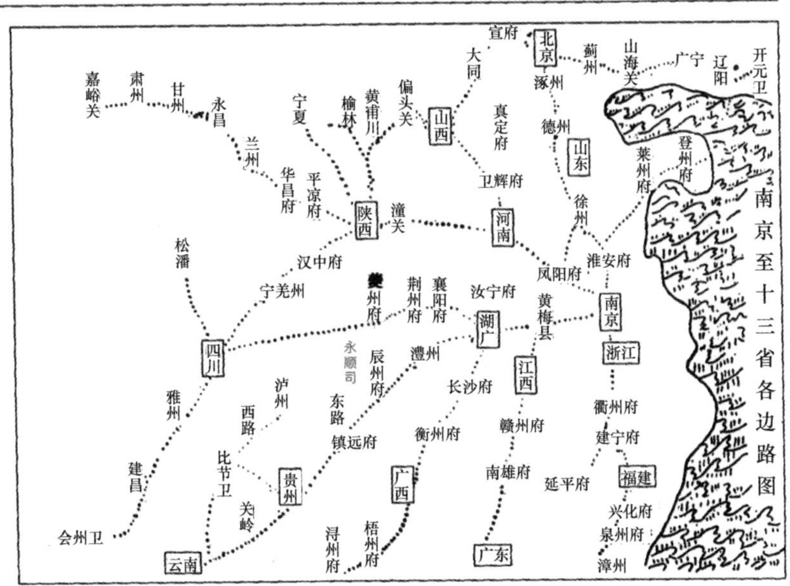

图2－7　明代一统路程图①

① 资料来源于杨正泰《明代驿站考（增订本）》，第205页。

太祖实录》记载："辰溪至贵州二十一驿皆泝上流。"① 明初官修的《环宇通衢》也详细地记载了南北京城到全国十三个布政使司及其所辖府县的具体里程和路线。而且在明代隆庆年间商人黄汴编撰的《一线路程图记》记载的从京城到贵州、云南路，是过黄河从荆州渡江经常德府走沅水入滇黔，镇远府是必经之路，为云、贵之东路。② 在明代，无论是官修的路线指南还是商人编写的商路指南，沅水都是一条重要的水路（见图2－6、图2－7）。"沅水无水之大阻，客货不时可往，川江水漫石没，船不能上，水大极险，云南之货，西路川江下，而东路沅江上。"③ 但同时，酉水及其所在的酉水流域并不在这样的指南路线中，这意味着该地并不是商业发达之地，也一直被视为"边寇"和"化外"之地。④ 但不影响酉水流域与外界的交流，由于特殊的地理位置，如《明一统志》所记，永顺宣慰司是东抵荆、湘，西通巴、蜀，南近辰阳，北距归峡，依山为郡，为四通八达之地。⑤ 虽"山川阻深，蛮獠错杂，抚循未可无策也"⑥，作为战时军事上出奇制胜的要道，学者张正明认为古代的许多文化事象，在武陵山区依然有遗迹可行，是一条绝无仅有的文化沉积带。⑦

酉水与澧水之间也是水陆相通。东汉马援征五溪蛮记载有两条道可入五溪，一条是溯沅水而入，从壶头则路近而水险；一条是从充（今桑植等地）则涂夷而运远。水陆结合，路途较平坦且远，从澧水转陆路经酉水入五溪境。⑧ 清初顾彩在五个月的容美旅程中所写的《容美纪游》记载了湖广四大土司之间的关系，因容美与桑植

---

① 《明太祖实录》卷70，洪武四年十二月丙申条下，第1309页。

② 杨正泰：《明代驿站考》增订本，上海古籍出版社2006年，第212页。明人沈德符认为入滇有南、北、中三路，而中路"自湖广常德府入贵州镇远府，以达云南之曲靖府"是明人主要的通行道路，见（明）沈德符《万历野获编》，中华书局1959年标点本，第617页。

③ 杨正泰：《明代驿站考》增订本，上海古籍出版社2006年版，第218—219页。

④ "溪峒州，在辰鼎澧三州之界，外皆盘瓠遗种，世为边寇。"《武经总要 前集》卷21《荆湖北路》，明万历二十七年刻本，第4页a。

⑤ 《大明一统志》卷66《永顺宣慰司》，明天顺五年内府刊本，第36页a。

⑥ （清）顾祖禹：《读史方舆纪要》，贺次君、施和金点校，中华书局2005年版，第3447页。

⑦ 张正明：《张正明学术文集》，湖北人民出版社2007年版，第262—263页。

⑧ 《后汉书》卷24《马援列传》，中华书局1965年标点本，第843页。

为世仇，“容与保靖通聘问，不敢假道于桑，必纡道取酉阳司”[1]。在改土归流后永顺县的第一部地方志中，路通里耶和隆头直达酉阳和铜仁之地的店房，为桑植茅冈司往来要道的李家坪，为桑植九溪要道的人烟稠密的十万坪和杉木村，为永定大庸各处往来要区的西壩湖，为通往龙山要道的勺哈和通往乾州的旦武营，以及酉水线上的列夕、王村等都是人烟稠密的墟市聚集地。[2] 清代地方官员严如熤对酉水的航运情况做了详细生动的记载：

> 按此河中两岸层峦叠嶂高插入云，舟行于卓午始见日光，常有雾气迷漫又石角岩崎，节节皆有，当春涨发时，动辄数日阻水，至其形势之险恶。白乐天所云，难于寻鸟道，险过上龙门者，庶几近之。旧惟沅陵之荔溪船往来其间，如闽中九龙滩必九龙居人为舵师也。军兴以来，当夏令川黔各边山水陡发间，亦雇麻阳半波各小船，从此河转运，而船必用荔溪人为舵师。每上一滩，数十人或撑或扛或牵或挽，謈呼用力之声，与怒涛共喧。由辰州至保靖计程五六站，无一日可扬帆径进者。自保靖入南小河，虽轻舠可至松桃城下，而水分滩洞，视此河之陡陟又有加焉。所载不过数石，计程日不过十余里，由沅陵至保靖水路通计二百七十里，而舟行必十余日至保靖。入小河或乘涨，舟运不可以里数计。永绥开厅之始，花园、米糯两处皆设仓贮米，而舟行难以按期交兑，故米糯之运贮旋行停止。[3]

酉水干流自来凤卯洞伏流而出，上下可通舟，从卯洞处以下至辰州（今沅陵县），皆可以通航。连接秀山、花垣、永顺和古丈县境的支流梅江河、花垣河、猛洞河和罗依溪皆可以在春夏水涨时通

[1] （清）顾彩：《容美纪游注释》，高润身主笔《容美纪游》整理小组编，天津古籍出版社1991年版，第83—84页。

[2] 乾隆《永顺县志》卷1《地舆志·市村》，乾隆十年刻本，第47a—49ab页。

[3] （清）严如熤：《苗防备览》卷7《道路下》嘉庆二十五年（1820）刻本，第12b—13a页

行小舟。酉水就是一条与外界开展人口、文化、物质的交流和互动的民族走廊。外来因素通过酉水进入该地区，与当地文化融合、积淀，逐步形成具有区域特色的地方文化，进而使酉水流域的区域社会表现出独特的面貌。

第三章

誓下州：溪峒社会的政治组织

宋人李焘在《续资治通鉴长编》中记载了嘉祐年间朝廷命官辰州守臣干涉誓下州首领溪州彭氏内讧得不偿失的情景：

> 先是，彭仕羲纳其子师宝之妻，师宝忿恚，遂与其子师党举族趋辰州，告其父之恶，言仁羲尝设誓下十三州，将夺其符节，并有其地，贡奉赐与悉专之，自号"如意大王"，补置官属，谋为乱。于是，李肃之与宋守信合议，率兵数千深入讨伐，以师宝为乡道，兵至，而仕羲遁入内峒，不可得，俘其孥及铜柱，官军战死者十六七，肃之等皆坐贬。[1]

湘西州博物馆保存的一块残碑刻有："首八峒，历汉、晋、六朝、唐、五代、宋、元、明，为楚南上游……故讳八部者，盖以咸镇八峒，一峒为一部落。"[2]

---

① （宋）李焘：《续资治通鉴长编》卷186，嘉祐二年九月乙亥条，中华书局1995年标点本，第4491页。

② 周明阜等编著：《凝固的文明》，青海人民出版社2006年，第352页。

八部大王被认为是酉水流域土家族的祖先神,[①] 在保靖县碗米坡镇首八峒的酉水岸边黔山脚下，存有“八部大王”的神庙遗址。首八峒被认为是八部大王首领涅壳赖的故乡。[②] 八部大王的故事流传有不同的版本，但都有兄弟协同抗敌立功的内容。[③] 庙已废圮，神庙的石块在20 世纪 50 年代被拆建苗坪小学，只剩下一对石狮和零碎的碑块，其中“八部大王”的匾额和有字的残碑被保留在湘西自治州博物馆里。随着对民族传统文化的重视，八部大王庙又重新出现在人们的视线中，村民为举办祭祖活动，在庙遗址前重新立了一座八部大王像。（图 3 -1）虽然酉水流域自秦汉以来就已纳入中央王朝的郡县治下，但对于早期王朝郡县制下酉水流域的内部社会如何运行，在典章史料中仅多见于治蛮的叙事。“分建种落，布在诸郡县”的蛮夷，顺时则输纳薄赋，其勇锐善战成为朝廷征伐的力量，乱时则结党连群，自为君长，与朝廷抗衡沦为盗寇。在酉水流域一带盛行的摆手习俗活动，对八部大王和土王的祭祀包含其中，其风盛行，被流官视为陋俗，屡禁不止。[④] 仪式是某一个特殊社会内部结构形貌的符号化传达。[⑤] 神话传说和仪式所包含的内容是一个特殊群体对自我、社会认

---

① 八部大王是存在于酉水流域的宗教信仰，在清初抄本的《永顺宣慰司志》就记载有：“八部庙在司治前江之西岸凹内，古设庙以祀八部大神。每年正月初一巫祀，试白水牛，以祈一年休祥。”（清）佚名：《永顺宣慰司志》卷 2《祠庙》，永顺改土归流后，李瑾根据土司志及考察收集的资料编写了第一本永顺县志，其中关于八部庙的记载内容就摘于宣慰司志，八部庙至少在明代就已存在。生活在成化嘉靖年间的永顺宣慰使彭世麒编纂了司志。见（明）刘继先《历代稽勋录笺正》，贵州人民出版社 2013 年版，第 23 页。笔者认为《永顺宣慰司志》记载的八部庙当是一直流传至今的酉水岸边的首八峒八部大王庙，时人称酉水为北江或北河，“江”当指酉水干流，而不是司治前酉水的支流，时人所称的白砂溪。

② 《酉水考略》，张二牧整理，《湘西文史资料》第 32 辑，1994 年，第 5 页。

③ 被称为土家族创世纪的史诗《摆手歌》“洛蒙挫托”（土家语即没有住处的意思）的英雄故事歌通常会被梯玛在做摆手活动中唱出来，其内容讲述了古代十兄妹之间的关系，十弟弱小嘎巴被八兄弟当作白牛做了摆手堂的祭品，八兄弟被父亲赶出家，非凡的八兄弟为妹夫领主抗击外敌，后妹夫背信弃义，不给八兄弟借房屋，八兄弟怒烧妹夫宫殿，之后和解，八兄弟被尊封为神的故事。见湖南省少数民族古籍办公室主编《中国少数民族古籍土家族古籍之一：摆手歌》，岳麓书社 1989 年版，第 317—377 页。关于八部大王的信仰，在 1950 年代中央调查团展开的民族识别调查报告中没有提及，而是广泛见于 90 年代开展的全国民间文学故事地方学者普查后收集的资料中。

④ 乾隆《永顺府志》卷 11《檄示》，乾隆二十八年抄刻本，第 23a 页。

⑤ 彭兆荣：《人类学仪式的理论与实践》，民族出版社 2007 年版，第 223 页。

知和历史记忆的一种表述，每一项象征意义的事物都与现实经历中的某种经验性事物相联系。① 如果说八部大王的传说是酉水流域早期社会组织历史延续的隐喻，那么，从五代时期开始，以溪州铜柱的树立及其铭文所记载的内容，将早期社会组织模糊的“部落酋长制”，以具体的时空和群体，以何种方式与王朝开展互动，经历了怎样的政治过程，清晰地呈现出来。

图3－1　酉水岸边的八部大王（笔者2007年酉水流域考察所拍）

第一节　族群与誓下州联盟的形成

后晋天福四年（939）十一月到五年（940）二月，溪州刺史彭氏与楚国马希范在溪州地区展开了一场战争，溪州彭氏战败并带领锦、奖、溪三州五姓主首归附楚国，歃血盟誓，结成君臣关系，双方签订了著名的天福五年溪州自治盟誓。楚王马希范自称为伏波将军马援之后，仿马援征交趾的典故，以五千斤铜铸柱，高一丈二尺，命天策府学士李弘皋为铭，将颂词及誓文刻在铜柱上，入地六

① ［英］维克多·特纳：《仪式过程：结构与反结构》，黄剑波、柳博赟译，中国人民大学出版社2006年版，第41页。

尺，立在酉水下游的会溪坪对岸。[1] 后因酉水下游凤滩水电开发蓄水，铜柱被移到酉水河畔永顺县王村镇的一个果园堡上，如今存放在芙蓉（即王村）古镇的民俗博物馆里。（图 3－2）溪州铜柱见证了早期以彭氏为首的六姓联盟地方政治结构进入“国家”框架之下的自治过程。

图 3－2 存放在永顺芙蓉镇（王村）民俗博物馆的溪州铜柱（笔者 2007 年所拍）

---

① 《资治通鉴》卷 282《后晋纪三》，天福四年八月己酉条，中华书局 1956 年标点本，第 9207 页。

一　誓下州联盟范围与形成时间的争论

誓下州，顾名思义为遵守盟誓协议的州，是以州为单位的联盟。摩尔根论述古代社会的发展过程时用大量的历史资料证明，“联盟制是自然的发展，结成联盟以期相互防卫的这一倾向，存在于有血缘关系与领土邻接的族部落间是极其自然的。当结合的利益由实际经验中得到认识以后，则联盟组织，最初不过是一种同盟，将逐渐地结合而成为一种统一的联盟”①。唐朝对少数民族地区实行的是“即其部落列置州县”的羁縻州制，宋人范成大在记录所见广西地区的化外诸蛮种类的社会情况，是“大者为州，小者为县，又小者为洞”②。那么酉水流域的誓下州是从什么时候开始联盟，又涉及哪些地区？由于史料没有明确的时间记载，学者对史料的选取和释读的角度不同，对誓下州设置的时间和范围有不同的观点。关于设置时间主要有三种观点：一是五代时期；二是北宋时期；三是唐末时期。

持五代观点的学者，主要有谢华、马力、王承尧、罗庆康和瞿州莲等。谢华认为彭氏二十州是在五代时期建立，包括沅、酉水流域的南北两江，惟不包括梅山和桑植。南江之田、向、舒、杨所领州郡，始则皆尊彭氏为都誓主，入宋以后，南江诸族，则逐渐互不统属，直接向朝廷入贡，北江也开始分化。随着章惇开边南江梅山，南江各族，逐渐无闻，而北江由于宋朝南渡无力“经蛮”，各族代表（誓主）被委土官一职，历元明以来，逐渐不再为各族争取政治、经济和文化的发展，脱离了自己的族众，成为封建贵族。③马力认为北江以彭氏为都誓主的羁縻州制建立于五代，宋神宗时期名存实亡，宋哲宗时期已经名实俱亡。④ 王承尧、罗午认为五代时

---

① ［美］摩尔根：《古代社会》（第一、二、三册），杨东蓴等译，商务印书馆 1971 年版，第 202 页。

② （宋）范成大：《桂海虞衡志校补》，齐治平校补，广西民族出版社 1984 年版，第 33 页。

③ 谢华编著：《湘西土司辑略》，中华书局 1959 年版，第 107—108 页。

④ 马力：《北宋北江羁縻州》，《史学月刊》1988 年第 1 期。

期，以彭士愁为都誓主的二十州誓下州联盟俨然成为一个“地方性割据的小王国”。[①] 罗庆康认为誓下二十州在五代时期就已存在，“都誓主”制是类似于军节度使的兵制，马氏楚国与溪州联盟立柱勒誓，任命彭仕然为下溪州刺史并兼都誓主，妥善地解决了马楚与土家族之间的矛盾，是实现其有效统治的一种新创造。[②] 瞿州莲认同这种观点，认为是唐朝羁縻制度的继续。[③] 持北宋观点的学者主要是龙京沙。龙京沙从考证溪州析分上、中、下三州的时间及溪州归附宋朝的史料，认为溪州析为三州是北宋时期的事，直到“至道元年（995）彭允殊知任后才最终形成彭氏相继为下溪州刺史并兼二十州都誓主的格局”[④]。尹宁持唐末时期的观点，认为都誓主一职是唐末溪州地区土家族各地方势力发展联合的产物，至北宋时得到中央朝廷的认可并进一步规范其职能使其具有了双重属性，一方面是酉水流域土家族的盟主，一方面又是宋廷治理民族地方的代理人。[⑤]

综观以上，可以看出，对“都誓主”制与“誓下二十州”的设置存在地方治理与地方政治体认识上的差异。都誓主制建立于五代时期的观点是注意到了马氏楚国对溪州彭氏为首的六姓联盟延续羁縻州政策的治理变化，正如冈田宏二所说，楚国承认彭氏溪州静边都区域的统辖权，关于租税、采办土产等权利事务由彭氏分派五姓各部头领分担，这种治理方式是王朝羁縻政策的典范。这是中原对异民族最基本的统治政策，北宋延续这种羁縻政策，进一步巩固了彭氏在溪州的统治地位。[⑥] 持北宋时期的观点则关注誓下二十州的

---

① 王承尧、罗午：《土家族土司简史》，中央民族学院出版社 1991 年版，第 20 页。

② 罗庆康：《试析马楚政权对五溪“蛮”的统治措施》，《湖南教育学院学报》2000 年第 3 期。

③ 瞿州莲、瞿宏州：《金石铭文中的历史记忆：永顺土司金石铭文整理研究》，民族出版社 2014 年版，第 126 页。

④ 龙京沙等主编：《老司城遗址周边遗存调查报告》，岳麓书社 2013 年版，第 176 页。

⑤ 尹宁：《都誓主论考》，《吉首大学学报（社会科学版）》2017 年第 6 期。

⑥ ［日］冈田宏二：《中国华南民族社会史研究》，赵令志、李德龙译，民族出版社 2002 年版，第 373 页。

设置完成，是宋廷对誓下地方政治体治理的变化，持唐末时期则是誓下州地方政治体的早期形成和都誓主双重身份在北宋的变化，但忽略了从五代马希范起就开始对誓下体系的瓦解过程以及对都誓主设置的不同意见。誓下州体系从溪州彭氏与五姓联盟的地方政治体到誓下二十州额的设定，是中央与地方的一个互动过程。只有在这个过程中才能了解自五代入宋羁縻州制发生了什么变化，从而进一步了解中央王朝治理民族地区因俗而治的历史进程以及对地方社会的影响。

二　誓下州的形成过程与分化

关于誓下州最完整的记载是《宋史》卷四九三《蛮夷传》：

> 北江蛮酋最大者曰彭氏，世有溪州，州有三，曰上、中、下溪，又有龙赐、天赐、中顺、保静、感化、永顺州六，懿、安、远、新、给、富、来、宁、南、顺、高州十一，总二十州，皆置刺史。而以下溪州刺史兼都誓主，十九州皆隶焉，谓之誓下。州将承袭，都誓主率群酋合议，子孙若弟、侄、亲党之当立者，具州名移辰州为保证。申钤辖司以闻，乃赐敕告、印符，受命者隔江北望拜谢。州有押案副使及校吏，听自补置。①

明确地提出了“都誓主”及“誓下二十州”是元人脱脱主持撰写的《宋史》。而关于誓下州较为清晰的叙述是宋人彭百川在《太平治迹统类》神宗平下溪州的记载：

> 至景德中，有彭文庆者来贡方物，真宗面赏戒之。后有彭

---

①《宋史》卷493《蛮夷一》，中华书局1977年标点本，第14177页，关于誓下州还见于《宋会要辑稿·蕃夷五》：“北江蛮酋最大者曰彭氏，世有溪州。州有三，曰上、中、下溪，总二十州，皆置刺史，而以下溪州刺史兼都誓主，十九州皆隶焉，谓之誓下州。”见《宋会要辑稿》，刘琳等点校，上海古籍出版社2014年标点本，第9885页。

> 儒猛、彭文绾、彭士漢等继以修贡，唯彭士羲者名骜黠。父祖五世袭下溪州刺史，诸州将袭承为率蛮酋。子孙若嫡侄亲党之当立者，具州名关移辰州，州吏保证，申钤辖司。然后，奏朝廷而赐以敕告，即望拜阙庭而受恩。其州曰上、中、下溪三州，曰龙赐、天赐、忠顺、保静、感化、永顺六州，曰懿、安、远、新、给、富、来、宁、南、顺、高十一州，每州有押案副使及校吏，俱自补置。①

从彭百川的记载中，彭仕义父祖五世前就已存在以下溪州刺史为蛮酋的誓下州体系。② 在彭肇植编写《永顺宣慰司历代稽勋录》记载的永顺土司世袭世系彭仕义前五世依次为：彭士愁——彭师裕——彭允林（师裕长子）、彭允殊（师裕次子）——彭文勇——彭儒猛。③ 从这样倒推的话，誓下州体系在彭士愁时代就已存在，即五代时期，彭士愁为溪州刺史并为盟主的史实从溪州铜柱铭文也可印证。溪州彭氏归附宋朝是在建隆四年（963），彭允林与田洪赟一起列状归顺，彭允林死后，以其子师皎代为刺史。族谱称彭文勇是彭允林的儿子，彭允殊为彭允林的弟弟，《宋史》也记载彭文勇为彭允殊的侄子④。从中国传统命名习惯辈分来看，彭师皎显然不是彭允林的儿子。从溪州铜柱铭文原刻的十九位人名中（见表3-1），彭氏8人（三位金紫），田氏4人（两位金紫），覃氏3人，龚氏2人，朱氏1人，向氏1人。从官品来看，在六姓中，除彭氏占据着主要的领导地位外，田氏也具有一定势力，田弘佑和田倖晖都

---

① （宋）彭百川：《太平治迹统类》，江苏广陵古籍刻印社1981年影印本，第11册，第117—118页。

② 《宋史·蛮夷传》中载："自允殊至仕羲五世矣"，显然允殊传位文勇，文勇传位儒猛，儒猛传位仕端，仕端死由弟仕羲袭职，只有四世，见《宋史》卷493《蛮夷传一》，第14172—14178页。即使把彭仕义也算上，依然还差一世，算上在彭允林归顺前的一辈即彭师裕、彭师杲辈才有五世。

③ （清）彭肇植：《永顺宣慰司历代稽勋录》，嘉庆十二年编撰（永顺县图书馆提供原件复印）。

④ 《宋史》卷493《蛮夷传一》，第14174页。

曾担任过溪州刺史。在彭氏 8 人中，彭士愁子有师裕、师杲、师晃①、师楝②。为父输诚，束身纳款的彭师杲和后世族谱、县志所载的长子彭师裕的官衔和品级都比彭允瑫低，从命名习惯来看，身居高位的允瑫当为彭士愁的孙辈，长孙承袭，或许是长子已死，而非族谱所说的长子彭师裕。③ 允林死后，宋朝任命彭师皎代为溪州刺史，应是彭士愁的子辈，而非允林的子辈，④ 在其第二年（964），溪、叙、奖三州民发生内讧，乾德四年（966）田思迁以溪州刺史身份来进贡。⑤ 疑溪州归附宋朝后，宋初为限制誓下体系的势力，并非延续五代以来的刺史世袭，宋太祖革除五代以来节度自置亲族从人为官吏，即代判引起的擅权专法的弊病，在乾德二年（964）罢代判官，规定诸州长史只能在幕宾内选择能干的人担任。⑥ 这或许是引起誓下联盟溪、奖、叙州民内讧的原因，从而以田氏出任溪州刺史。直到太宗朝太平兴国七年（982）彭允殊重新担任溪州刺

---

① 《舆地纪胜》会溪城条记载："《皇朝郡县志》云：本溪州五代时溪州刺史彭士愁遣子师暠率奖锦诸州降于马氏，至皇朝，而师暠之弟师晃乞于溪州旧基筑城。"《舆地纪胜》卷 75《辰州·古迹》，中华书局 1992 年影印本，第 2493 页。

② 族谱记载彭士愁子师裕（永顺祖）、师暠（保靖祖）、师搪（沅靖二州祖，即彭师楝）、师晃（子孙散辰、常、澧、长、宝等处），道光三年《彭氏源流族谱》，永顺档案馆提供原件复印，田野收集。

③ 李荣村认为，彭士愁在立铜柱之时已有儿孙，彭允瑫为嫡孙，在唐朝灭亡之年（907）彭氏蛮部已经兴起。见李荣村《金石萃编溪洲铜柱记的两个问题》，《"中央"研究院历史语言研究所集刊》1981 年第 4 期，第 781—801 页。按这样或可推算从彭士愁起的辈分排行：士（仕）师允文儒，彭儒猛子为彭仕义，彭仕义子为彭师晏、师宝。

④ 这样的任命没有按照父死子继的传统。

⑤ 《宋史》卷 493《蛮夷传一》，第 14173 页，《续资治通鉴长编》卷 7 太祖乾德四年秋七月丁丑条，第 174 页。《宋史·蛮夷传》记载的是下溪州刺史田思迁，而在《续资治通鉴长编》中记载的是溪州刺史田思迁。当以《长编》为准，因为在乾德四年，誓下州作为一个整体与朝廷交往，宋廷还没有确定二十州的州额，这也意味着还没析分溪州。

⑥ "承五代以来，领节旄为郡守者，多武夫，皆不知书，所至必自置吏，谓之代判。"《宋朝事实类苑》记载是乾德二年罢除代领，诏诸州长吏或有须籍人代判者，即于宾佐中择公干者充，不得更任元从人。见（宋）江少虞《宋朝事实类苑》卷 28，上海古籍出版社 1981 年标点本，第 360 页。在《长编》记载是乾德三年三月实行。见《续资治通鉴长编》卷 6，太祖乾德三年三月戊戌，第 150 页。又见《宋会要辑稿·职官四十八》幕职官，第 7 册，第 4311 页。

史，请朝廷禁止易动刺史，不得移动铜柱。[①]

西水流域誓下体系最早的史料记载应该是溪州铜柱铭文：

> 凡是王庭差纲，收买溪货，并都幕采伐土产，不许辄有庇占。其五姓主首，州县职掌有罪，本都申上科惩，如别无罪名，请不降官军攻讨。若有违誓约，甘请准前差发大军诛伐。[②]

这场盟约，是以彭氏为首的六姓联盟体与马氏楚国的要约。六姓联盟体即誓下州联盟，是土家族社会内部早期社会组织部落酋长制发展而来。建立在氏族基础上的部落联盟是西南地区各少数民族建立在地域基础上因相同的生计方式和对外交流结成的最基本的地方政治体，如唐朝樊绰任职安南时路途所见的勿邓大鬼主部落，[③]已经越过了血缘种族部落阶段，因为相同的文化认同和族群认同而结合在一起。在唐后期方镇制度下，隶属黔州观察使的西南 15 个州[④]，关涉乌江流域、沅水流域和清江流域广大地区，除 15 个正州以外，羁縻州就达 50 个。根据朝廷的控制和紧要形势，唐朝的羁縻州在正州和羁縻州之间是有变动的。从元和方镇图形势图可以看到（见图 3－3），溪州、锦州、奖州、辰州和叙州是五溪所在地，东面是与荆南观察使、湖南观察使和桂管观察使所属境地相邻接壤，西南则是处在羁縻州的包围中，与南诏接境，为缘边镇守及襟带之地，在大历四年（769），辰州一度上升为中都督府，置辰、溪、

---

① 《宋史》卷 493，第 14173 页，瞿州莲认为是溪州内部彭氏和田氏的政权争夺。见瞿州莲、瞿宏州《金石铭文中的历史记忆——永顺土司金石铭文整理研究》，民族出版社 2014 年版，第 174 页。谢华则认为彭允殊指出旧三年刺史则为州所易，非指下溪州事，而是誓下所辖各州。见谢华编著《湘西土司辑略》，中华书局 1959 年版，第 36 页。笔者认为此条信息反映的是誓下州刺史世袭体系受到了朝廷的限制。

② 彭武文著诠：《溪州铜柱及其铭文考辨》，岳麓书社 1994 年版，第 36 页。

③ （唐）樊绰：《蛮书校注》，向达校注，中华书局 1962 年版，第 35 页。《新唐书》中有关于两爨蛮鬼主的介绍："夷人尚鬼，谓主祭者为鬼主"；"大部落有大鬼主，百家则置小鬼主"；"两林地虽狭，而诸部推为长，号都大鬼主"。见《新唐书》卷 222《南蛮传下》，中华书局 1975 年标点本，第 6315—6318 页。

④ 《元和郡县图志》卷 31《江南道六》，第 735—754 页。

巫、锦、业五州团练观察使。[①] 溪州在唐时期是为正州，刺史、县令都由朝廷任命，不包括溪州铜柱所载的彭士愁有记载的溪州刺史就有六位，最后一位薛昭纬任职时间是在天复中（902—904），[②] 山西永乐县人李泽在开成五年（840）之前就曾担任过溪州大乡县主簿。[③] 在唐末之前，溪州处在朝廷的管控和分治下，形成不了可与朝廷抗衡的政治势力。在唐朝的两百多年间，相较于东汉时期武陵蛮的多次叛乱，五溪境内目前只看到三次大的反叛记载，第一次是开元十二年（712）五溪首领覃行璋反，被镇军大将军兼内侍杨思勖残酷镇压。[④] 第二次是元和元年（806）溪州向子琪率领溪峒夷僚反，黔州刺史郗士美设计讨平，[⑤] 向子琪被迁往京兆地区分化为官。[⑥] 第三次是元和六年（811）辰溆蛮酋张伯靖连九洞抗议黔中都督苛政反叛，唐朝先后出动了黔中、荆南、剑南和湖南观察使前往镇压，历时三年，张伯靖后降于荆南节度，他也被授为右威翊府中郎将。[⑦] 到唐末黄巢起义方镇割据混乱之际，各势力分据其地，溪州周边各州蛮酋也纷纷自立为刺史，或被节度授为刺史，如叙州昌师益，辰州宋邺，朗州雷满还组建了“朗团军”，澧州向环也屠牛劳众集夷僚组建了“朗北团”军。[⑧] 以溪州彭氏为首的溪、奖、锦三州六姓联盟也开始壮大，成为纵横辰澧间的一股地方势力。铜柱铭文记载：

---

① 《新唐书》卷69《方镇六》，第1938页。

② 郁贤皓：《唐刺史考（四）·江南东道 江南西道 黔中道》，江苏古籍出版社1987年版，第2541—2542页。

③ 见《唐故溪州大乡县主簿李府君墓志铭》，载周绍良主编《全唐文新编·第4部·第1册》，吉林文史出版社2000年版，第9003—9004页。

④ 《旧唐书》卷184《杨思勖传》，第4756页。

⑤ 《旧唐书》卷157《郗士美传》，郗士美是贞元二十年（804）到元和二年（807）主政黔中。第4146页。又见吴廷燮《唐方镇年表》，二十四史研究资料丛刊，中华书局1980年版，第939—940页。

⑥ 在《舆地纪胜》黔州官吏条下记载向子琪以武功显后迁京兆尹，见《舆地纪胜》卷76《黔州·官吏》，中华书局1992年影印本，第4579页。

⑦ 《新唐书》卷222《南蛮传》，第6320—6321页。

⑧ 《新唐书》卷186《邓处讷传》，中华书局1975年标点本，第5421页。

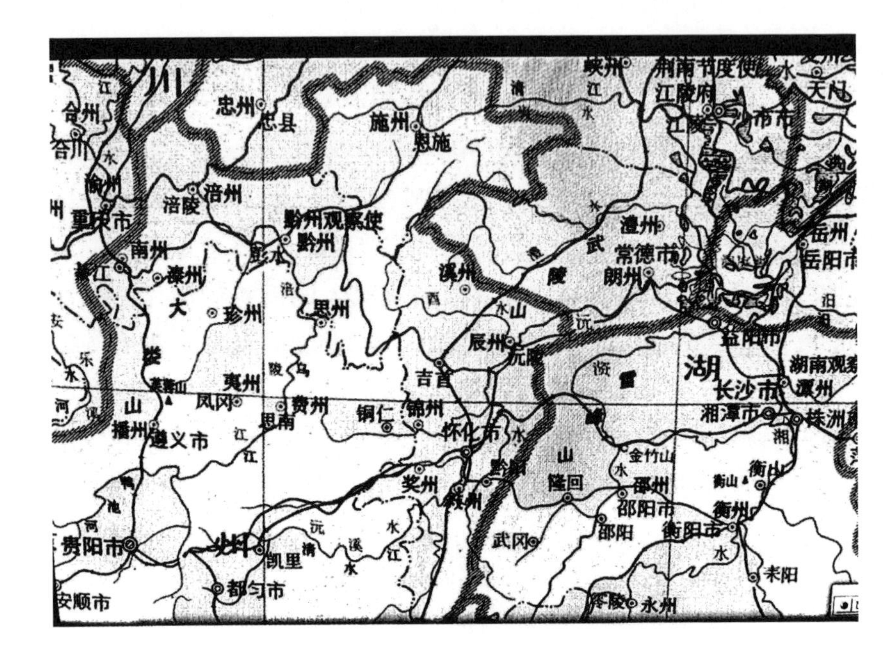

图3－3 元和方镇图 溪州奖州锦州形势图（谭其骧 1982）

> 溪州彭士愁，世传郡印，家总州兵，布惠立威，识恩知劝，故能历三四代，长千万夫。①

从铜柱铭文就可知有彭士愁、彭师杲和彭允瑫三代，在方志和彭氏族谱中，称彭瑊为溪州彭氏之祖，在乾隆十年《永顺县志》记载：

> 又查土司旧志载：五代梁开平间，授彭瑊溪州刺史，是为永顺始祖者彭瑊也。（原籍江西吉安府吉水县）又土人云：永顺地先为土蛮吴著送世业，因著送久延彭氏助理，彭以私恩得人心，日渐强盛，遂谋逐著送，著送奔猛峒，（猛峒即今永顺

① 彭武文著诠：《溪州铜柱及其铭文考辨》，岳麓书社 1994 年版，第 36 页。

建城处。）彭复率众击之，著送败走乐大，（乐大，地在今龙山境。）仅守一隅。时有慢水向姓归彭氏（慢水，地名。今属龙山。）彭氏令合攻著送，及彭向夹攻，著送势穷，遁入乐大吾山（土人云：山最高且险，周围石壁中通一径，非扳援不能至。上有坪，有池，池水清洌，畜鲫鱼，鱼身生绿毛，以人迹罕到故也。内有吴著送旧址。麟按《土司旧志》所载略与地同，但止云乐大山，缺“吾”字耳。）竟困毙其处。彭氏遂以乐大之地酬向氏，至今子孙世守之。后著送阴灵作祟，彭氏惧，乃建祠以祀，今祠尚存旧司城。土人报赛，亦必及之云。信如斯言，是永顺始于彭，又实始于吴也。第未知所据，姑附录之。①

县志记载了彭氏入主溪州的传说，是得人心然后通过武力征服成为一区之主。为父输诚纳质成为马氏楚国一员的彭师杲因为忠诚于楚国马氏为史家所列传，在宋人路振《九国志》的彭师暠传中，记载了师暠溪州人，世为诸蛮酋长，父彭士愁为唐末溪州刺史，在士愁之世昆弟众多，为蛮族所归附。② 从铜柱铭文、宋人的记载和方志中土人的传说，都透出彭氏早期的兴起是善于笼络人心，且族类势力强盛为众蛮族所归附，结合唐朝溪州刺史的任职情况，彭氏被授或自称溪州刺史当为唐末天复年后，以武力强盛吸引众族归附成为诸蛮酋首认可的都誓主。在彭氏归附楚国之后，南宁州莫氏十八州、都云尹氏率领的昆明十二部和牂牁张氏的七州相继归附。③

① 乾隆《永顺县志》卷1《沿革》，乾隆十年刻本，第44页a。

② （清）阮元辑：《宛委别藏·九国志 云间志》，江苏古籍出版社1988年影印本，第260—263页。

③ 《新五代史》卷66《楚世家第六》，中华书局1974年标点本，第826页。

表 3-1　　誓下体系溪州铜柱铭文原刻人名及职位表①

姓名	官衔	涉及地名
彭士愁	静边都指挥使、金紫光禄大夫、检校太保、使持节、溪州诸军事、守溪州刺史兼御史大夫、上柱国、陇西县开国男、食邑三百户	溪州
彭允瑫	武安军节度、左押衙、开江都指挥使、知使防遏营、金紫光禄大夫、检校司徒、前溪州诸军事、守溪州刺史兼御史大夫、上柱国	溪州
田弘佑	武安军节度、左押衙、充静寇都指挥使、金紫光禄大夫、检校司徒、前溪州诸军事、守溪州刺史兼御史大夫、上柱国	溪州
彭师佐	武安军节度、左押衙、金紫光禄大夫、检校司徒、前溪州诸军事、守溪州刺史兼御史大夫、上柱国	溪州
田倖晖	武安军节度、左押衙、金紫光禄大夫、检校司徒、前溪州诸军事守、溪州刺史兼御史大夫、上柱国	溪州
彭师槺	武安军节度、左押衙、充砂井镇遏使、银青光禄大夫、检校尚书左仆射兼御史大夫、上柱国	砂井镇
龚朗芝	武安军节度、左押衙、前砂井镇遏使、三井都管使、银青光禄大夫、检校尚书左仆射兼御史大夫、上柱国	砂井镇，三井
彭师裕	武安军节度、左押衙、充溪州副使、银青光禄大夫、检校尚书右仆射、守溪州三亭县令兼御史大夫、上柱国	溪州三亭县
覃彦胜	武安军节度、左押衙、充金涧里指挥使、银青光禄大夫、检校尚书左仆射兼御史大夫、上柱国	金涧里
田弘赟	武安军节度、左押衙、银青光禄大夫、检校尚书左仆射兼御史大夫，上柱国	
彭师杲	武安军节度、左押衙、左义胜第三都都将、银青光禄大夫、检校刑部尚书、前守富州别驾兼御史大夫、上柱国	富州
彭师晃	武安军节度、讨击副使、左归义第三都都将、银青光禄大夫、检校散骑常侍兼御史大夫、上柱国	

① 彭武文著诠:《溪州铜柱及其铭文考辨》，岳麓书社 1994 年版，第 38—44 页。

续表

姓名	官衔	涉及地名
向宗彦	武安军节度、衙前兵马使、前溪州左厢都押衙、银青光禄大夫、检校太子宾客兼监察御史、上柱国	溪州
龚贵	武安军节度、同十将、前溪州左厢都虞侯、银青光禄大夫、检校太子宾客兼监察御史、上柱国	溪州
彭允臻	前溪州大乡县令、将仕郎、试大理评事兼监察御史、赐绯鱼袋	溪州大乡县
覃彦仙	武安军同节度副使、摄溪州司马、银青光禄大夫、检校左散骑常侍兼御史大夫、上柱国	溪州
覃彦富	武安军节度副使、前摄大乡县令、银青光禄大夫、检校左散骑常侍兼御史大夫、上柱国	大乡县
田思道	武安军节度、摄押衙、充静寇都副兵马使、银青光禄大夫、检校右散骑常侍兼御史大夫、上柱国	
朱彦蝺	武安军节度副将、充溪州知后官、银青光禄大夫、检校国子祭酒兼御史大夫、上柱国	溪州

三　神宗开边与誓下州范围的确定

《九国志》记载彭士愁之世，“其地西接牂牁、郁林，南抵桂林、象郡，东北控澧朗，方数千里”[①]。《新五代史》也载溪州西接牂牁、郁林，南通桂林、象郡。[②] 誓下州难于确定具体边界。从已知的史料，早期应在唐朝溪、锦、奖三州所在地[③]。锦州所辖的五县分别是在今天的铜仁、麻阳、凤凰、保靖和松桃境，即在辰水及其以北地区，奖州所辖的三县在舞水流域，即今天舞水上游的黔东

① （清）阮元辑：《宛委别藏·九国志 云间志》，江苏古籍出版社1988年影印本，第260—263页。

② 《新五代史》卷66《楚世家六》，中华书局1974年标点本，第826页。

③ 李荣村考证了溪州势力不会达到远在大凉山区的两林地区和隔着桂林的象郡。见李荣村《溪州彭氏蛮部的兴起及其辖地范围——土家早期历史的研究》，《“中央”研究院历史语言研究所集刊》第56本第4分，1985年12月。

南境和湖南新晃、芷江境内。[①] 从元和方镇溪州形势图（图 3－3）可知三州在黔州、思州、费州的东面，即乌江东面的五溪地区，大致范围涉及今天的湘、鄂、黔、渝四省市交界地，也是今天土家族的主要分布区。通过五溪尤其是沅水及其支流向西溯流可入贵州，向南可入广西，向东越辰、澧、朗可入洞庭。在五代之际，彭士愁率领溪、奖、锦蛮万余人侵犯辰、澧境，其势力至少在溪州之战之前达到顶峰，[②] 纵横五溪之间，参与五溪物质交流的贸易，锦州是五溪最好的丹砂出产地。[③] 南江地区除了丹砂，还出产黄金，宋神宗时期担任辰州知州的陶弼就写有南江采矿的情景："採金人簇青莎岸，射虎兵围黄叶林。"[④] 开边先为州后为军，之后又改为州的沅水支流郎溪（又名渠水）境的靖州就有金袍铺、金城保、宝溪山和旺溪山，皆与产金有关。[⑤] 五代时期从南向北注入沅水的支流靖州、会同所在的郎溪境和城步所在的巫水境属溆州，十洞即在此境。在五代楚国吕师周讨伐溆州蛮潘金盛后，即张伯靖酋帅之后，苻彦通再次于后周广顺年间成为溆州蛮酋长，称王溪峒间，王逵为防范溆州与溪州联手，[⑥] 先以蛮酋土团都指挥使刘瑫为西境镇遏使防备，后招安苻彦通并授予黔中节度使，《资治通鉴》记载：

---

① 锦州所属五县为卢阳、洛浦、招喻、渭阳、常丰，奖州所属三县为峨山、渭溪、梓姜。梓姜县由羁縻充州划入。见《元和郡县图志》卷 31《江南道六》，中华书局 1983 年标点本，第 749—754 页，其位置又见谭其骧主编《中国历史地图集》第 5 册《隋・唐・五代十国时期》，中国地图出版社 1982 年版，第 59—60 页，思邛水即今天发源于贵州梵净山流经松桃、印江的印江水，在《太平寰宇记》记载思邛水发源于锦州洛浦县界。可见洛浦也包括在今天的松桃境。见《太平寰宇记》卷 122《江南西道二十・思州》，中华书局 2007 年标点本，第 2423 页。

② 在溪州之战后，马氏就表彭士愁为溪州刺史，刘勍为锦州刺史。见《资治通鉴》卷 282《后晋纪三》，天福五年二月庚戌条，中华书局 1956 年标点本，第 9210 页。彭氏在 939 年后锦州辖地的经营至少受到了马氏的掣肘。

③ 《方舆胜览》辰州条记载了"辰砂不出于辰。辰砂本出麻阳县。唐以麻阳县及开山洞为锦州，今隶沅州，不属辰也"。《方舆胜览》卷 30《辰州》，中华书局 2003 年标点本，第 546 页。

④ 《舆地纪胜》卷 75《荆湖北路・辰州・诗》，中华书局 1992 年影印本，第 2503 页，

⑤ 《舆地纪胜》卷 72《荆湖北路・靖州・景物下》，第 2421 页。

⑥ 溪州铜柱铭文加刻有"十洞彭如憙，知州苻彦贵"，苻彦贵或许与苻彦通有关联。见《溪州铜柱及其铭文考辨》，第 36 页。

> 诸将欲召溆州酋长苻彦通为援，行逢曰：“蛮贪而无义，前年从马希萼入潭州，焚掠无遗。吾兵以义举，往无不克，乌用此物，使暴殄百姓哉！”乃止。然亦畏彦通为后患，以蛮酋土团都指挥使刘瑫为群蛮所惮，补西境镇遏使以备之。①

> 马希萼之帅群蛮破长沙也，府库累世之积，皆为溆州蛮酋苻彦通所掠，彦通由是富强，称王于溪峒间。王逵既得湖南，欲遣使抚之，募能往者，其将王虔朗请行。……“溪峒之地，隋、唐之世皆为州县，著在图籍。今足下上无天子之诏，下无使府之命，虽自王于山谷之间，不过蛮夷一酋长耳！曷若去王号，自归于王公，王公必以天子之命授足下节度使，与中国侯伯等夷，岂不尊荣哉！”彦通大喜，即日去王号……承制，以彦通为黔中节度使。②

在周行逢据马氏地时，又任钟志存为叙州刺史，周行逢死后，钟志存奔走武阳，叙州等十洞地区为杨氏所据。宋人王象之在《舆地纪胜》记载：

> 后周时，节度使周行逢死。叙州刺史钟存志奔武阳，而杨正岩以十洞称徽、诚二州（周显德中）。皇朝十洞酋长杨通蕴送款内附。③

可见叙州十洞地区也曾与溪州地区有联系，在五代时期，其在南江的势力就不断地被分化或取代。誓下州联盟体不仅是一个地方政治体，更是一个对外交流的经济体。虽然这种地方实体随着王朝分化，体现在经济上的合作日渐式微，也进一步形成南北江的

① 《资治通鉴》卷291《后周纪二》，广顺二年九月庚午条，第9483—9484页。
② 《资治通鉴》卷292《后周纪三》，显德元年五月戊辰条，第9521页。
③ 《舆地纪胜》卷72《荆湖北路·靖州·沿革》，第2416页。

族群分野。[①] 南江现在多为瑶族、侗族和苗族聚居，而北江多为土家族聚居。这种建立在族类认同基础上的合作传统一直延续到明代时期，在朝廷官徐珊督木时就感叹采办大木极其艰难，人员难于招集，而永顺土司不藉粮资，“片纸倩千人立就”。[②] 宋代将辰、鼎、澧州之界外的溪峒州即沅水流域称南北江，辰州以北地区主要是酉水流域称为北江，辰州以南主要是沅水中上游包括支流舞水、辰水、叙水等地区称为南江。[③] 早期的彭氏六姓联盟体范围是在南北江地区。在溪州铜柱原刻铭文所涉及的地方砂井镇和三井镇，应是丹砂出产地方，[④] 北宋知晃州田氏因献古晃州印被授为晃州刺史，《宋史》记载：“淳化二年，知晃州田汉权言，本管砂井步夷人粟忠获古晃州印一钮来献。因请命以汉权为晃州刺史。”[⑤] 晃州在今天的新晃境，为南江地区。在熙宁开边以后，南江地区纳入朝廷的正州管理中，沅水成为一条沟通西南与中原的主要的交通要道，南江获得了朝廷的开发，设置沅州、靖州，正如《方舆胜览》卷三十一《湖北路·沅州》所记：

> 山溪险阻，虽蛮俗之杂居，地僻人稀，亦土风之素朴。画戟兵森，聊化九溪之俗。虽喜则人怒则兽，性固靡常，然卖尔剑买尔牛，化之亦易。[⑥]

---

① 马力认为南北江的分化从五代溪州之战后就已开始，通过委派刺史、设置军队对遏制溪州割据势力的壮大卓有成效。见马力《北宋南江地区羁縻州考》，《文史》第34辑，中华书局1992年版，第187—200页。

② 谭庆虎、田赤校注：《〈卯洞集〉校注》，湖北人民出版社2011年版，第34页。

③ 《武经总要·前集》卷21《荆湖北路·溪峒州》，明万历二十七年刊刻本，第4页a—b。马力认为主要包括沅陵县以西的酉水流域，北至澧水上游一线。马力：《北宋北江羁縻州》，《史学月刊》1988年第1期。

④ 在《舆地纪胜·沅州》朱砂条下记载麻阳有多处砂井，有罗瓮七井、西律七井、麻阳县之奖、波、晃三州有万山一井。《舆地纪胜》卷71《荆湖北路·沅州·景物上》，第2404页。

⑤ 《宋史》卷493《蛮夷传一》，第14174页；《宋会要辑稿·蕃夷五》，第9880页。

⑥ 《方舆胜览》卷31《湖北路·沅州》，第555页。

在汪彦章写的《靖州营造记》云：

> 初，夷人散居溪谷间，各为酋长。及上版图，职方氏为王民与彼之山川壤比疆连。犬牙相入也。岁久声教所覃，去椎髻之俗而饰冠巾，转侏离之音而通字画，奉官吏约束，一如中州。①

而誓下联盟随着南江的开发，也逐渐向东北迁移，以北江为主。

第二节　众建誓下州与溪峒西高州田氏的扩张

溪峒西高州田氏是西南溪峒蛮夷的大姓之一，北宋初期地理典籍《太平寰宇记》记载了西高州的建置变化，综合了唐朝珍州和奖州沿革的内容。唐朝珍州和奖州分属乌江和沅江流域，宋朝西高州田氏活动区域又多与鄂西施州相连，使得后世对西高州所在存有不同的观点。② 溪峒西高州的变化与宋朝的羁縻溪峒政策息息相关，通过溪峒田氏活动为中心来分析溪峒高州的变化，可以更好地把握宋朝“溪峒专条”对誓下联盟的有效分化和溪峒社会的影响。

---

① 《方舆胜览》卷31《湖北路·靖州》“形胜”，第556—557页。

② 胡挠认为溪峒高州在鄂西，谢华认为是在大娄山贵州桐梓、凤泉地，李荣村对胡挠提出的宋西高州田氏世居施州哥罗寨地提出商榷，通过考证，认为西高州田氏自西向东迁移，太祖朝的高州田氏是在黔省的大娄山区域，真宗朝的西高州田氏是在今川、鄂两省之间，即渝、鄂之间。最后才是胡挠所主张的鄂西地区。而谭其骧在北宋荆湖南北路地图上标注了溪峒鹤州为西高州（舞水）、高州（酉水上游）的位置，这显示谭其骧认为溪峒舞水西高州和酉水高州不是同一州，但对于其中原因没有论述，笔者持与谭其骧相同的观点，并试图说明溪峒高州的位置及其变化。胡挠：《关于羁縻珍州、高州及高罗土司的考证》，《中央民族学院学报（哲学社会科学版）》1983年第1期，第39—41页；谢华：《湘西土司辑略》，中华书局1959年版，第32页；李荣村：《北宋西南边区高州田氏之东迁》，《“中央”研究院历史语言研究所集刊》第63本第1分，1993年4月，第173—200页；谭其骧主编：《中国历史地图集》第6册《宋·辽·金时期》，中国地图出版社1982年版，第27—28页。

一 西高州田氏在沅水流域

乐史《太平寰宇记》卷一二二“西高州”条记载：

> 西高州，夜郎郡。今理夜郎县。州即同夷州。古山獠夜郎国之地。……唐蒙发巴蜀卒治道，自僰道抵牂牁江。即谓此地。……晋水嘉二年分牂牁置夜郎郡，兼置充州。唐贞观十七年廓开边夷，置播州镇。后因州中有降珍山。乃以镇为珍州，取山名郡也。长安四年又改为舞州。开元十三年改为鹤州，十四年复为珍州。至皇朝乾德四年，刺史田迁上言：自给赐珍州郡名以来，连罹火灾，乞改州名。因改为高州。寻以岭南有高州，故加西字。
>
> 领县四：夜郎，丽皋，荣德，乐源。四至八到：东至东京。阙。西北至西京四千三百三十五里。西北至长安取江陵府路四千五百五十五里，取开州路三千四百七十里。东南至播州三百里。正东微北至夷州二百里。北至溱州二百四十里。西接夷獠界。户：唐开元户二百六十三。……唐武德二年以梓潼县为充州，与牂牁同置。开元十五年改为夜郎县……以上三县，皆唐贞观十六年开山洞，分夜郎之地以置。其县并在州侧近，或十里，或二十里，随所畲田处为寄理移转，不定其所。①

关于西高州的记载有以下信息：其一，治所在夜郎县，州同夷州，古夜郎国地，晋分牂牁郡置夜郎郡，兼置充州；其二，唐贞观十六年开边置播州镇，以镇为珍州；其三，唐时期先后改名舞州、鹤州，复为珍州；其四，宋乾德四年珍州刺史田迁因为火灾申请改名为高州；其五，领夜郎、丽皋、荣德和乐源四县。其中夜郎县是指

① 《太平寰宇记》卷 122《江南西道二十 · 西高州》，第 2425 页。为行文方便，书中以《寰宇记》代替《太平寰宇记》。

唐武德二年（619）所置的充州梓潼县，在开元十五年（728）改名夜郎县。其他三县则是唐贞观十六年开夜郎地所置，随所畬田处为寄理移转，不定其所。对比西高州与《元和郡县图志》的珍州和奖州条，内容多有相同。[①]《太平寰宇记》是研究北宋初期珍贵的史料，但也存在杂汇各时代资料，有紊乱难辨不足之处。[②] 对西高州的位置所在，必须结合相关地理典籍和田氏活动空间才能分辨其所指。

改名高州的珍州是否是唐时期珍州。在《宋史·地理志》珍州条记载为唐贞观中开山洞置，唐末没于夷，在大观二年骆氏献地复建为珍州。[③] 关于高州由珍州改名在宋人的典籍中多有记载，对于田氏珍州是否就是唐朝珍州的沿袭多语焉不详。宋朝有关西高州的地理典籍还有《元丰九域志》《舆地广记》和《方舆胜览》。基本都沿袭了《寰宇记》的记载，但又各有取舍。《元丰九域志》将西高州列入夔州路化外州，没有标记具体位置所在。《舆地广记》则将夔州路化外州西高州视为唐珍州废后地属溱州后的改置，认为西高州置于唐代，这显然不符。《方舆胜览》珍州条在《寰宇记》的基础上补充了徽宗朝大骆解上下族骆世华、骆文贵献地设置珍州的内容。[④] 宋时期的地理典籍对西高州地理位置多指向唐朝珍州所在的大娄山，即乌江流域的遵义地区。但是在唐时期只有沅水流域的奖州地先后改名过舞州和鹤州，未见改名珍州的记载。《寰宇记》还注明了西高州即同夷州，夷州是唐武德四年分思州宁夷县置，在大娄山南麓，乌江流域北岸，今湄潭县、凤冈县地，东面与乌江干

① 《元和郡县图志》卷30《江南道六·珍州 奖州》，第743—744、753—754页。

② 廖幼华：《〈太平寰宇记〉史料价值述略》，《新国学》第2卷，巴蜀书社2000年版，第407—425页。

③ 《宋史》卷89《地理志五》，第2229页。

④ 关于西高州的记载见于（宋）王存《元丰九域志》卷10《化外州·夔州路》西高州，魏嵩山、王文楚点校，中华书局1984年标点本，第483页；（宋）欧阳忞《舆地广记》卷33《夔州路·化外州》西高州，李勇先、王小红校注，四川大学出版社2003年标点本，第1033页；（宋）祝穆《方舆胜览》卷61《夔州路·珍州建置沿革下》，中华书局2003年标点本，第1077页。

流沿线思州（今沿河）、费州（今思南）、乌江南岸和沅水上游之间的充州（今石阡、镇远）相邻。在《武经总要》前集卷二十关于西高州的记载中，田氏是世袭其地，同书卷二十一溪峒州条南江二十州中鹤州条又注为西高州。[①] 田氏珍州是否是唐时期的珍州即遵义地区，存在疑点。《宋史·蛮夷传》高州蛮记载："宋初，其酋田仙以地内附，赐名珍州，拜为刺史。仙以郡多火灾，请易今名。"[②] 又显示了田氏珍州名是由宋朝赐名而来。

西高州治所夜郎县所在。在《元和郡县图志》中只有珍州和奖州条记载有夜郎县，《旧唐书·地理志》中，有三州置夜郎县，分别为业州之夜郎，珍州之夜郎和夷州之夜郎。业州即奖州，业州和夷州之夜郎县或更名或废，只有珍州夜郎县自唐至宋名未改。清代学者靖道谟在其《夜郎考》中指出了唐时期三夜郎县的位置所在，业州之夜郎在黎平、镇远之间；夷州之夜郎在石阡、思南之间；珍州之夜郎在遵义正安州桐梓县。[③]《寰宇记》记载西高州夜郎县是由充州所属的梓潼县改名而来，这给确认西高州的位置提供了信息。按充州是唐黔州所管的羁縻州，《寰宇记》充州条所领县四：梓潼、底水、思王和思渝。思王县约在今思南县，在《旧唐书·地理志》羁縻充州领有八县，《新唐书》羁縻州充州条小字注领七县：平蛮、东停、韶明、牂柯、东陵、辰水、思王。[④] 辰水即今天的辰水境，铜仁麻阳一带，梓潼县不在新旧《唐书》充州条所列县内。《读史方舆纪要》卷一百二十二废充州条推测其地在今镇远、都匀一带。[⑤] 民国《贵州通志》也认为镇远为唐梓潼县治所，[⑥]《旧唐书·地理

---

① 《武经总要·前集》卷20《梓夔路·施州·羁縻州·西高州》，第18页a；卷21《荆湖北路·溪峒州·南江 鹤州》，第6页a，《武经总要》，明万历二十七年刻本。

② 《宋史》卷496《蛮夷传四》，第14243页。

③ 乾隆《镇远府志》卷1《疆域》，第8a—9ab页。

④ 《新唐书》卷43《地理七》，第1143页。

⑤ （清）顾祖禹：《读史方舆纪要》卷122《贵州三》，贺次君、施和金点校，中国古代地理总志丛刊，中华书局2005年标点本，第5303页。为行文方便，文中以《纪要》代替《读史方舆纪要》。

⑥ 民国《贵州通志》卷1《舆地志·建置沿革三》，贵州大学出版社2010年标点本，第84页。

志》业州条梓薑县是在天宝三载（745）充州废为羁縻州后划入，[①]《元和郡县图志》奖州条显示是在建中四年（783）梓姜县由羁縻充州划入。[②] 梓薑县、梓姜县和梓潼县当为同一县。西高州所领改名夜郎县的充州梓潼县当为梓薑县，唐时期有梓潼县，但其县是在剑南道的剑州属下，与充州相隔数千里。[③] 西高州所领夜郎县即为唐奖州境的梓姜县，即唐羁縻充州境，五代时期的奖州、锦州境，北宋时期的溪峒州南江二十州境。这和《武经总要》所记载的鹤州条注为西高州所在相符。

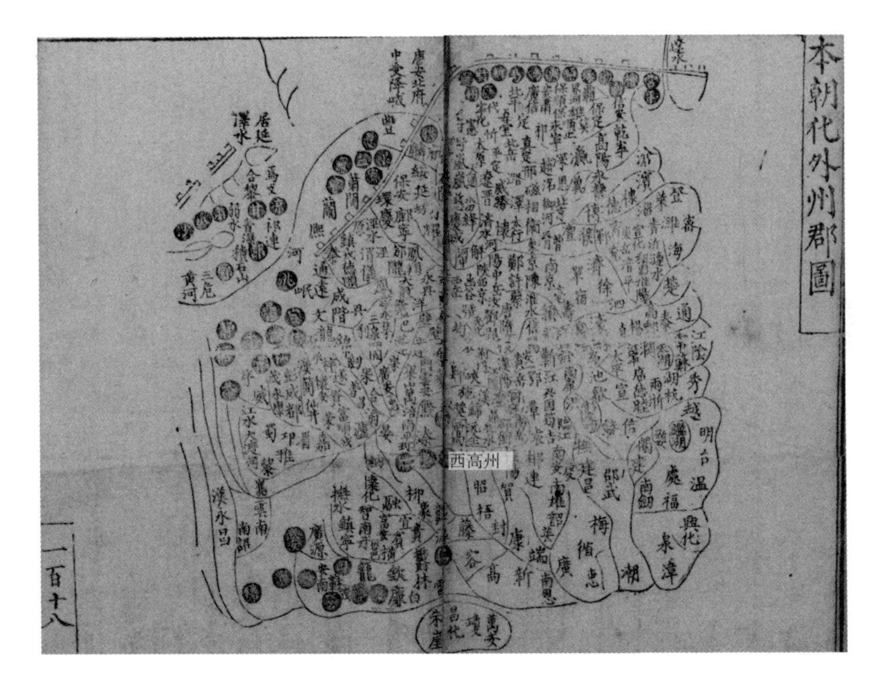

图3－4　宋代化外州郡图[④]

① 《旧唐书》卷40《地理三》，第1624页。

② 《元和郡县图志》卷30《江南道六·珍州》，第743页。

③ 《旧唐书》卷41《地理四》，第1670页。

④ 资料来源于（北宋）税安礼著，旧本题宋苏轼撰《历代地理指掌图》4册，明刊本，第118页a、b。

西高州为奖州之夜郎地。西高州夜郎县即为唐奖州的梓姜县，奖州由业州改名，唐时由辰州地及开山洞先后分置为溪州、巫州、锦州和业州，奖州即沅水流域中上游沅州所在地，章惇开边所置沅州处在“牂牁武陵二县之交”[①]。晋永嘉之乱后，流寓南方的北人多设侨郡县，辰阳所设夜郎郡为没入北周夜郎侨民所设。[②]《隋书·地理志》沅陵郡辰溪条批注就有“旧曰辰阳，平陈改名，并废故夜郎郡”[③]。南北朝时沅江流域辰溪曾设置夜郎郡，沅水流域奖州之有夜郎县是因之早期的侨郡设置。奖州夜郎县在唐时期分置为峨山和渭溪县，渭溪县由渭溪水得名，《元和郡县图志》奖州条下渭溪水由北自锦州渭阳县流入，《贵州通志》舆地志认为渭溪水为今铜仁西南境公鹅屯、官和场间之海龙溪下入兰岩河，[④] 即今天的车坝河，发源于石阡、岑巩县界，流经岑巩、江口县境，在贵州玉屏大龙镇由北注入舞水。峨山县在唐长寿初从渭溪南移至渭溪北，峨山县当在今玉屏与新晃境内，为唐奖州州治所在，梓姜县东北至州水路400里，应在舞水沿线，熙宁七年设置沅州，以卢阳县为州治，即在今芷江县，西至羁縻田、古州480里，[⑤]《纪要》记载峨山废县在州西百里，可见羁縻田、古州当为唐梓姜县境。[⑥] 从《寰宇记》所记载西高州四至来看，东南与播州、正东微北与夷州、正北与溱州相邻，实为唐珍州所在位置，在唐时期，珍州治所也多有变动，从表3-2中珍州与长安的距离就可看出，依然在大娄山区。乌江自思南以下可通航，从贵州经乌江涪陵入长江，是唐时期连接云南与陕西主要交通要道之一。[⑦] 贵州到长安的距离《元和郡县图志》与《寰宇记》的记载相同，为4335里，正南微西与羁縻充州相距190

---

① 《舆地纪胜》卷71《荆湖北路·沅州风俗形胜》，第2402页。

② 民国《贵州通志》卷1《舆地志·建置沿革二》，贵州大学出版社2010年标点本，第56页。

③ 《隋书》卷31《地理下》，第890页。

④ 民国《贵州通志》卷1《舆地志·建置沿革三》，第83页。

⑤ 《元丰九域志》卷6《荆湖路·沅州》，第275页。

⑥ 田、古州应该是指田氏的西高州境，在元丰以后，随着正州的设置和朝廷的经营，田氏一族从舞水流域向东迁移，酉水以北地区成为田氏活动的主阵地。

⑦ 严耕望:《唐代交通图考》第4卷《山剑滇黔区》，上海古籍出版社2007年版，第1285页。

里，正北微西至珍州 190 里，治所涪川县离涪陵江岸二十里，去长安当走涪陵江水路。[①] 费州离充州 190 里，充州夜郎县在今镇远一带，当西北方向陆路后走乌江水路到长安，应为 4525 里，与西高州到长安距离 4555 里相差不远，且方位也相同。从宋时期的《历代地理指掌图》的化外州郡图来看，西高州的位置也在思州、奖州、费州之间，即夔州路和广南路之间，即今湘黔桂之间。而同图中也列有珍州，在播州、溱州、夷州和南平军之间，从而推断，西高州所治夜郎县，北宋初期当在沅水流域舞水上流，即在今镇远至新晃一带，也即奖州之夜郎县。有宋一朝，在乌江流域的东面，从镇远到秀山、酉阳的广大地区，也为田氏所居。[②]

表 3－2　唐宋时期珍州、费州、宋西高州距离长安、洛阳对比表[③]

州名	治所（县）	距离长安方位及里数（里）	距离洛阳方位及里数（里）	资料来源
珍州	夜郎县（旧播州城）	4100	3700	《旧唐书》卷 40《地理三》
珍州	营德县（乐源）	4450	4960	《通典》卷 183《州郡十三》

① 《太平寰宇记》卷 121《江南西道十九・费州》，第 2414—2416 页。

② 镇远以北至黔州以南，秀山、酉阳到铜仁一带为田氏所居。谭其骧在北宋（政和十一年）荆湖南北路地图上标注了溪峒西高州（舞水鹤州）、高州（酉水上游）的位置。显然谭其骧认为西高州地并非在大娄山地区，而是在武陵山沅水流域，在政和年间已经改为鹤州地，谭其骧主编《中国历史地图集》第 6 册《宋・辽・金时期》，中国地图出版社 1982 年版，第 29—30 页。

③ 《太平寰宇记》是北宋初期继承了唐李吉甫《元和郡县图志》体裁的一部著名地理志，记载了宋初时期的政区设置，沿用了《元和郡县图志》的资料并有所扩充，其距离方位里数多有相同，如《元和郡县图志》费州条与《寰宇记》费州条一致。《元和郡县图志》卷 30《江南道六・费州》，第 741—742 页；《太平寰宇记》卷 121《江南西道十九・费州》，第 2414—2416 页，推测其里数测算当无多大变化，故对于这两部典籍的距离对比就唐里和宋里的差异则忽略不计。

续表

州名	治所（县）	距离长安方位及里数（里）	距离洛阳方位及里数（里）	资料来源
珍州	夜郎县	东北 5550	东北 4545	《元和郡县志》卷 30
西高州	夜郎县（原梓潼县）	西北取江陵府路 4555 开州路 3470	西北 4335	《太平寰宇记》卷 122
费州	涪川	4700	4900	《旧唐书》卷 40 《地理三》
费州	涪川	东北 4300	东北 3500	《通典》卷 183 《州郡十三》
费州	涪川	东北取江陵府路 4335	东北 4125	《元和郡县志》卷 30
费州	涪川	西北取江陵府路 4335 开州路 3250	西北 3500	《太平寰宇记》卷 121

二　西高州田氏一族与誓下溪州

关于西高州田氏不同地点的争议，存在时空认识上的差异。宋初朝廷设置溪峒州以行羁縻管理。溪峒州的四至及之间的边界，在宋人的典籍中，并不清晰，除正州有大致的分土界限外，沿边溪峒在正州与化外之间的界限存在一定的张力，归顺则为省地，叛逆则为蛮地，视朝廷经制情况时有变动。[①] 溪峒州名或继承或新赐，因时因地各有不同。[②] 只有将西高州田氏放在历史活动中考察才能获得更清晰的认识。

改朝换代之际，宋太祖平定荆湖之时，溪峒彭氏、田氏各以所

① 嘉祐三年，溪峒溪州彭仕义被招安，雷简夫将省地扩展 500 余里。见《续资治通鉴长编》卷 187，仁宗嘉祐三年八月庚申条，第 4520 页。在南宋时期，正州辰州泸溪县大部分地又陷为猺地，曹彦药在谈及辰州土军时，就提到“猺地旧在会溪之外。今已在北江之内，蛮獠日张，省地日削”。(宋) 曹彦约：《昌谷集》卷 11《辰州议刀弩手及土军利害札子》，《昌谷集》卷 10—11，《四库全书》影印本，第 31 页 b。

② 由于史籍辗转相承，在宋人典籍中所列的溪峒羁縻州县，有的已成古迹，非本朝所置，有的在朝廷的经制过程中已归附正州，存在徒具其名的“虚像”。见谭其骧主编《中国历史地图集》第 6 册《宋·辽·金时期》编列，中国地图出版社 1982 年版；刘复生：《宋代羁縻州“虚像”及其制度问题》，《中国边疆史地研究》2007 年第 4 期。

领州归顺宋廷，并授予刺史。在马力考证的北江41个羁縻州中，其中知州彭氏有20州，田氏有13州，向氏6州，覃氏4州，罗、朱、苻氏各一州。[①] 考证南江地区的20个羁縻州中，则舒氏、田氏和向氏势力相当，其中舒氏7州，田氏7州，向氏6州。[②] 在南北江溪峒州中，彭氏、田氏、向氏各据州地具有一定的势力，从各自的主州阵地向四周扩张，灵活地运用宋朝的溪峒政策来扩张各自的势力。南北江地区的羁縻州中，田氏占据就有20州之多，这20州并不是宋初田氏既有的州额，而是在宋廷的朝贡和册封的制度下逐渐发展起来。西高州田氏就从宋初的誓下州之一发展到宋廷认可的一族六州的势力，并成为一方区域的都誓主。

从溪州铜柱原刻铭文可知，田姓是联盟中的一族（见上节表3-1）。在《宋史·蛮夷传》、宋人彭百川的《太平治迹统类》誓下二十州[③]的记载中，西高州都在其中。根据命名传统和高州相关的田氏活动轨迹来看（表3—3），由珍州改为西高州的田氏一支，依次为田景迁——田彦伊——田承宝；顺州田氏一支，依次为田彦晏——（子未知）——田忠俊；保顺州田氏一支，依次田彦晓—田承恩；富州田氏一支，依次为田承亮——田承喜（兄终弟及）——（未知）——田洪昉——田思富；奉化州田氏一支，依次为田忠猛——田洪万——田思越；南州田氏一支，田忠遂——田洪景；安副（福）州田氏一支，依次为田忠隐——（未知）——南宋田彦武——田承政；新远州田氏一支，依次为田忠利——田洪祐——田思迁——田彦伊；恭顺州田氏一支为田洪奖——田思；京赐州田氏一支，依次为田忠稳——田洪照——（未知）——南宋田彦宣（东路都誓首）。从田氏各支继承的顺序可推知田氏一族的世系为景（思）——彦——承——忠——洪，从已知田景迁活动的时间乾德三年到奉化州田洪万元祐六年126年间，按25年一代来算，可有5

① 马力：《北宋北江羁縻州》，《史学月刊》1988年第1期。

② 马力：《北宋南江地区羁縻州考》，《文史》第34辑，中华书局1992年版，第187—200页。

③ （宋）彭百川：《太平治迹统类》第11册，江苏广陵古籍刻印社1981年影印本，第5b—7a页。

代，刚好吻合。在溪州铜柱铭文原刻还有田弘祐、田弘赟、田思道，加刻有田思满、田思赵、田彦胜、田彦强、田彦存，[①] 田彦强还见于咸平六年以高州义军指挥使身份进贡的记录。田洪赟归顺宋庭授予万州刺史，[②] 珍州录事参军田思晓因持两端被迁往内地博州，[③] 田思迁宋初一度担任溪州刺史。[④] 而且从第六代开始又以世系思——彦开始承袭，如新远州。从世系来看，与西高州相关的田氏一族各州，与南江晃、奖、锦、懿州的田氏一族明显不同。[⑤] 溪州铜柱铭文作为马氏楚国与溪州彭氏交战之后达成协议的誓约，即是结成君臣关系的体现，又是溪峒誓下部族身份的证明。这也是从立柱至北宋前期，铜柱被三次移动，[⑥] 仍有人名不断被加刻的原因。从溪州铜柱铭文所记来看，显示所记田氏与高州一族的关联。从北宋时期的历史活动来看，天禧年间朝廷讨伐下溪州彭儒猛，悬赏激励高州蛮捕杀儒猛，未见高州蛮参与讨伐的记载，反而是辰、鼎都巡检使张纶认为溪、高州蛮同恶，其后彭儒猛也是通过顺州田彦晏向宋廷请状归顺。[⑦] 西高州田氏一族与溪州誓下州即有着一定的关联，在五代时期是誓下州中的一族，入宋西高州田氏其中一支脱离溪州誓下联盟，积极利用宋廷的溪峒政策，扩展自身的势力。[⑧]

---

① 彭武文:《溪州铜柱及其铭文考辨》，岳麓书社 1994 年版，第 1—13 页。

② 《续资治通鉴长编》卷 4，乾德元年秋七月癸亥，第 98 页。

③ 《续资治通鉴长编》卷 8，乾德五年冬十月丁丑，第 196 页。

④ 在乾德四年田思迁以溪州刺史身份进贡，到太平兴国七年溪州刺史职位才回到彭允殊一族。《长编》卷 7，田思迁为溪州刺史，《宋史·蛮夷传》田思迁为下溪州刺史，《宋史》卷 493《蛮夷传一》，第 14173 页；《续资治通鉴长编》卷 7，乾德四年秋七月丁丑，第 174 页。

⑤ 《宋史》卷 493《蛮夷传一》，第 14180 页。

⑥ 彭武文:《溪州铜柱及其铭文考辨》，岳麓书社 1994 年版，第 131—132 页。

⑦ 《续资治通鉴长编》卷 91，天禧二年夏四月乙丑，第 2107 页；卷 92，天禧二年五月丁卯，第 2116 页。

⑧ 谢华认为誓下州在沅水流域及其支流酉水地区，即宋时的南北两江地区，不包括桑植和梅山地区，入宋以后，誓下联盟发生改变，南江各族互不统属。见谢华编著《湘西土司辑略》，第 356 页。笔者认为宋南江大族田氏、舒氏、向氏各不相统属，但不排除南江还有不在其三大姓所统辖的誓下溪峒州地，如章惇开江置沅州和诚州后，所在南江的锦州、龙赐州、古州和监州仍属羁縻州，后三州还为彭氏所统，见《宋会要辑稿》藩夷五，第 9960 页；《续资治通鉴长编》卷 356，元丰八年五月癸丑，第 8519 页。

三　西高州田氏从舞水流域向酉水流域的东移

西高州宋初在沅水支流舞水上游地区。高州田承宝在咸平五年被朝廷授予管内山河九溪十洞抚谕都监一职，十洞在今怀化靖州、会同一带，《舆地纪胜》靖州条记载了十洞在五代后周显德中为杨氏所据，[①] 九溪为沅水流域的九条支流。[②] 溪州铜柱加刻铭文有十洞彭如憙和知州苻彦贵。[③] 在溪州大战之后，楚国马希范就开始分化溪州的势力，在表彭士愁为溪州刺史的同时，也将楚国将领刘勍任为锦州刺史。[④] 后周广顺年间溆州蛮酋长苻彦通称王溪峒，朗州王逵为防范溆州与溪州联手，先以蛮酋土团都指挥使刘瑫为西境镇遏使防备，后又招安苻彦通为黔中节度使。[⑤] 九溪十洞当在沅水流域中上游一带。[⑥] 接替田彦伊高州刺史职位的是田承进，田承宝的势力当在沅水流域一带，在相关的溪峒州中，京赐州田氏一族还成为一方都誓首，其知州田忠稳被称为猺人，猺作为宋人对南蛮种落的称谓，同清代以苗概称南方民族，同样具有泛称的指代。[⑦] 宋代的瑶族，主要分布在"湖南九郡"，即荆湖南、北路与广西接壤的广大地区，傜人"居山谷间，其山自衡州常宁县属于桂阳、郴连贺韶四州，环纡千余里"[⑧]，辰、沅、靖三州是瑶族的重要居地。乌江流域思州望族田氏在宋徽宗大观元年以田祐恭归顺朝廷开始显著于史籍，为思州知州，被授予贵州防御使、夔州路兵马钤辖、珍州南平

---

① 《舆地纪胜》卷72《荆湖北路·靖州沿革》，第2416页。

② 《舆地纪胜》卷72《荆湖北路·靖州景物上》，第2419页。

③ 彭武文:《溪州铜柱及其铭文考辨》，岳麓书社1994年版，第11、13页。

④ 《资治通鉴》卷282，天福五年二月庚戌，第9211页。

⑤ 《资治通鉴》卷291，广顺二年九月庚午；卷292，显德元年五月戊辰，第9483—9484页；第9521—9522页。

⑥ 洪亮吉认为宋九溪十洞中的九溪为镇远与思州之间的九条溪流，田承宝所担任的九溪十洞抚谕都监即此地。民国《贵州通志》卷1《舆地志·建置沿革四》，贵州大学出版社2010年标点本，第108页。

⑦ 吴永章:《瑶族史》，四川民族出版社1993年版，第133页。

⑧ 《续资治通鉴长编》卷143，庆历三年九月乙丑，第3430页。

军务、川城一带都巡检兼知务川城。[①] 思南田氏族谱记载田祐恭一族为陕西京兆路紫荆堂田氏，思南、思州、镇远、沱江和郎溪土司都是其后裔。[②] 显然，南宋高宗时期为东路都誓首的京赐州田氏与田祐恭不是一支。

溪峒顺州最早见于咸平五年宋廷颁布的《德音条贯不须降去诏》的溪猿二十州中，田彦晏以顺州蛮、知顺州、高州刺史、施州溪峒蛮首领的身份出现在真宗和仁宗朝的史料记载中（见表3－3），并于天圣元年与保顺州田承恩一起焚劫过施州宁边寨。[③] 军民一体的归顺州和安福州知州又分别充宁边寨东路沿边溪峒把截外夷巡检使和都巡检副使，担任着安靖蛮夷地区的职责。宁边寨和安副州从北宋一直到南宋都存在。新远州知州田忠利故去，其长子田洪祐本担任高州四甲巡检，为承袭其父的知州职，将四甲巡检一职让予其弟田洪保担任。文献中溪峒田氏一族在高州和顺州的记载上多有重合，如天圣四年朝贡的高州刺史田承进，知顺州的田彦晏在天圣六年又以溪峒蛮人高州刺史出现。可见溪峒州存在多个州名相同的情况，而非合并取代。如溪峒富州，有南江向氏、彭氏富州，[④] 施州境田氏富州（见表3－3）。[⑤] 这与宋溪峒政策相关，朝廷采取赐州名，许其贡奉，厚回赐的策略来治理溪峒，而溪峒各部酋则借州名以长夷落，利于回赐而争取不断增加州额。[⑥] 章惇开边南江，收复

---

① 《舆地纪胜》卷178《夔州路·思州沿革》，第4613页。

② 四川黔江地区民族事务委员会编：《川东南少数民族史料辑》，四川民族出版社1996年版，第372—380页。

③ 《续资治通鉴长编》卷101，天圣元年闰九月甲寅，第2338页。

④ 在溪州铜柱铭文就有前富州别驾彭师杲和知富州军州事覃文勇，见彭武文《溪州铜柱及其铭文考辨》，第36页；在胡宿《文恭集》彭师晡任职富州敕诰中明确富州是在辰溪地，彭师晡任富州州军事当在仁宗时期，见《溪峒新州知州彭师政、富州知州彭师晡并可银酒监武知本州军州事制》，载《全宋文》卷444《胡宿八》，《全宋文 》第11册，巴蜀书社1990年标点本，第228页；熙宁三年彭师倖承任富州知州，《宋会要辑稿·蕃夷五》，第9888页；在同时期向通汉后代向永晤接替向永昭袭知富州。见《溪峒永晤可袭知富州制》，载《全宋文》卷1462《郑獬六》，《全宋文》第34册，巴蜀书社1993年标点本，第263—264页。

⑤ 在天禧末、乾兴初，富州和顺州蛮一起侵犯施州，焚暗利寨，与田彦晏一起侵犯施州的富州应是田氏富州。《宋史》卷326《史方传》，第10526—10527页。

⑥ 《续资治通鉴长编》卷138，庆历二年十一月甲午，第3326页。

表 3 - 3　田景迁一族州名及职位变化表①

州名	姓名	官职身份	出现时间	资料来源	备注
高州	田景迁	高州刺史	乾德三年至开宝八年（965—975）	《宋史》卷493《蛮夷传一》；《续长编》卷9，乾德三年秋七月乙亥；《续长》编卷16，开宝八年六月癸未；《会要·藩夷五》	
	田彦伊	高州刺史	开宝八年至咸平五年（975—1002）	《宋史》卷493《蛮夷传一》；《续长编》卷16，开宝八年六月癸未；卷52咸平五年秋七月癸丑；《会要·藩夷五》	田景迁男承袭父职
	田承宝	山河使、九溪十洞抚谕都监	咸平五年（1002）	《宋史》卷493《蛮夷传一》；《续长编》卷52，咸平五年秋七月癸丑	田彦伊子
		由保顺朗将升宁武郎将	景德四年（1007）	《会要·藩夷五》；《续长编》卷65，景德四年五月丁酉	

① 表中《续长编》为《续资治通鉴长编》，根据《宋史》《续长编》梳理，苏颂在神宗熙宁元年到四年间担任知制诰（1068—1071）；宋庠大致在景祐二年到宝元二年之间（1035—1039）担任知制诰；胡宿在皇祐元年到嘉祐三年之间（1049—1058）担任知制诰；刘攽在元祐元年至四年（1086—1089）之间担任中书舍人。表中田氏袭职无明确时间的，根据文集作者担任知制诰一职的时间来大致推算。

续表

州名	姓名	官职身份	出现时间	资料来源	备注
高州	田思钦	高州土军都指挥使升安化郎将	景德四年（1007）	《会要·藩夷五》；《续长编》卷65，景德四年五月丁酉	
		归顺等州蛮	天圣四年（1026）	《续长编》卷104，天圣四年二月甲戌	
	田承进	高州义军务头角，高州义军务五姓四甲头角	咸平六年（1003）	《宋史》卷493《蛮夷传一》，《续长编》卷54，咸平六年夏四月壬戌	
		高州刺史	天圣四年（1026）	《会要·蕃夷七》	
	田彦强	通判		溪州铜柱	
		南高州义军指挥使	咸平六年（1003）	《宋史》卷493《蛮夷传一》；《会要·藩夷五》；《续长编》卷55，咸平六年冬十月己巳	长编为高州
	田承海	南高州义军防虞指挥使	咸平六年（1003）	《宋史》卷493《蛮夷传一》；《会要·藩夷五》	
	田守元	溪峒高州四甲巡检	1068—1071	苏颂《苏魏公文集》卷31《外制》	
	田洪惟	可银酒监权充溪峒高州四甲巡检		苏颂《苏魏公文集》卷31《外制》	田守元男承袭父职

续表

州名	姓名	官职身份	出现时间	资料来源	备注
顺州	田彦晏	知顺州，归德将军，检校太子宾客	天禧二年至乾兴元年（1018—1022）	《宋史》卷493《蛮夷传一》	施州溪峒蛮首领
		宁远将军，检校工部尚书	天圣元年（1023）	《续长编》卷101，天圣元年八月甲寅	
		高州刺史	天圣六年（1028）	《会要·藩夷五》	
		故宁远将军知棣州	1049—1058	胡宿《文恭集》卷19《外制》	
	田忠俊	溪峒都巡检	1049—1058	胡宿《文恭集》卷19《外制》	田彦晏长孙
		金紫光禄大夫、检校司徒、使持节、顺州诸军事、顺州刺史、兼御史大夫、知顺州兼充溪峒都巡检、上柱国、京兆郡开国侯、食邑一千五百户，加检校太保	1035—1038	宋庠《元宪集》卷22《外制》	
		由检校太保、知溪峒顺州兼都巡检使升为检校太傅	元祐五年（1090）	《续长编》卷443元，祐五年六月辛丑	

续表

州名	姓名	官职身份	出现时间	资料来源	备注
保顺州	田彦晓	知保顺州	乾兴初（1022）	《宋史》卷493《蛮夷传一》	
	田承恩	顺州蛮	乾兴初（1022）	《宋史》卷493《蛮夷传一》	田彦晓子
		知保顺州，检校国子祭酒兼监察御史	天圣元年（1023）	《续长编》卷101，天圣元年八月甲寅	
		知保顺州	天圣五年（1027）	《舆地碑记目》卷四	
万州	田洪赟	万州刺史	建隆四年（963）	《宋史》卷493《蛮夷传一》，《续编》卷4，秋七月壬戌	溪州铜柱为田弘赟
	田彦存	知万州军州事		溪州铜柱	
	田承晓	安、远、顺、南、永宁、浊水州蛮酋	大中祥符四年（1011）	《续长编》卷76，大中祥符四年十二月庚申	
富州	田承喜	知富州	1049—1058	胡宿《文恭集》卷19《外制》	田承亮弟承袭兄职
	田思富	授银酒监武，知溪峒富州军州事		《全宋文》8273页	田洪昉子承袭父职
	田居用	施州宁远寨主、西头供奉官升东头供奉官	庆历六年（1046）	《续长编》卷159，庆历六年秋七月乙未	
	田承昌	施州宁远寨	庆历六年（1046）	《续长编》卷159，庆历六年秋七月乙未	
	田思忠	蛮人田思忠	元丰六年（1083）	《舆地碑记目》卷四	

续表

州名	姓名	官职身份	出现时间	资料来源	备注
奉化州	田洪万	知奉化州	元祐六年（1091）	《续长编》卷465，元祐六年闰八月戊辰	田忠猛男承袭父职
	田思越	知奉化州		《宋代诏令全集》第14册	田洪万男承袭父职
南州	田洪景	银酒监，充南州都巡检	绍圣四年（1097）	《续长编》卷489，绍圣四年六月乙未	田忠遂男承袭父职
安福州	田忠隐	检校太保、食邑三百户、食实封二百户、银青光禄大夫、检校礼部尚书、忠顺将军、知溪峒安福州军州事、充宁边寨东路沿溪峒把截外夷都巡检副使、兼监察御史、上骑都尉	1035—1038	宋庠《元宪集》卷22《外制》	
安副州	田承政	特授银青光禄大夫、检校国子祭酒、忠顺将军、知溪峒安副州军州事，充宁边寨东路沿边溪峒把截外夷都巡检副使，兼监察御史、武骑尉	淳熙十二年（1185）	《会要·蕃夷五》	田彦武子承袭

续表

州名	姓名	官职身份	出现时间	资料来源	备注
	田忠海	溪峒都巡检	元祐六年以前（1091）	《续长编》卷460，元祐六年六月乙卯	田思和（利）祖父
	田思和	银青光禄大夫、检校国子祭酒兼监察御史，充溪峒都巡检	元祐六年（1091）	《续长编》卷460，元祐六年六月乙卯；《宋史》卷17《本哲宗本纪一》	宋史为田思利，承袭祖父职
归顺州	田洪部	检校户部尚书、上轻车都尉、银青光禄大夫、检校国子祭酒、充溪峒怀远将军、知归顺州军州事、充宁边寨东路沿边溪峒把截外夷巡检使、兼监察御史、武骑尉、加检校太子宾客	1035—1038	宋庠《元宪集》卷22《外制》	
新远州	田忠利	故知溪峒新远州军州事	1068—1071	苏颂《苏魏公文集》卷33《外制》	
	田洪祐	知溪峒新远州军州事	1068—1071	苏颂《苏魏公文集》卷33《外制》	田忠利长男承袭父职
		溪峒高州四甲巡检	1068—1071	苏颂《苏魏公文集》卷33《外制》	卸任
	田洪保	溪峒高州四甲巡检	1068—1071	苏颂《苏魏公文集》卷33《外制》	田洪祐弟袭兄职
	田思迁	银青光禄大夫、检校国子祭酒、知溪峒新远州	元祐六年（1091）	《续长编》卷464，元祐六年八月己酉	田洪祐长男

续表

州名	姓名	官职身份	出现时间	资料来源	备注
	田彦伊	知溪峒新远州军事兼监察御史	元符二年（1099）	《续长编》卷506，元符二年二月丁酉；《会要·蕃夷五》	田思迁长男承袭
恭顺州	田洪奖	银青光禄大夫、检校国子祭酒、充溪峒恭顺知州兼监察御史、武骑尉	1086—1089	刘攽·彭城集	刘攽1086为中书舍人
	田思	银青光禄大夫、检校国子祭酒、充溪峒恭顺知州兼监察御史、武骑尉	1086—1089	刘攽《彭城集》卷22《外制》	
	田思赵	知州		溪州铜柱加刻	
	田思满	五溪都招安巡检使		溪州铜柱加刻	
京赐州	田忠稳	知京赐州	元祐七年（1092）	《续长编》卷476，元祐七年八月壬子	
	田洪照	银青光禄大夫、检校国子祭酒、知京赐州	元祐七年（1092）	《续长编》卷476，元祐七年八月壬子	
	田彦宣	知京赐州，东路都誓首	高宗时期 1140—1143	南宋·张扩《东窻集》卷14《制九》	
	田思迈	溪峒都誓首	1129—1130	南宋·李正民《大隐集》卷3《制》	袭封

续表

州名	姓名	官职身份	出现时间	资料来源	备注
安化州	田忠佐	授银青光禄大夫、检校散骑常侍、知溪峒安化州兼监察御史、飞龙骑尉	乾道四年（1168）	《宋史》卷493《蛮夷传一》	田彦古子承袭父职
款州	田承璲	承袭父田彦仁款州、银青光禄大夫、检校国子祭酒兼监察御史、武骑尉	乾道六年（1170）	《会要·蕃夷五》	田彦仁子

溪峒十七州地设置沅州。[1] 南江溪峒多数州不足百户，[2] 相当于今天一个村的人数。溪峒北江前后就多达60余州。[3] 施州尖木寨和澧州的灵溪寨（今慈利零溪镇）都是在咸平中为捍高州蛮而置，澧州武口寨（今张家界市武溪村）西接高州茨洞界，高州一族在真宗朝已扩充到以鄂西为中心，湘西北和川东南相邻的区域。南宋《方舆胜览》施州形胜条记载珍州刺史田景迁内附纳土后，以西江为界，西江以北尽入施州。[4]

四　种落自附，成为一方都誓首

溪峒田思迈和田彦宣先后在高宗朝袭职为都誓首，《田思迈袭封溪峒都誓首制》出自南宋李正民的《大隐集》，制诰如下：

尔父世守边，克谨侯度，刻章来上，以老自陈，溪山故

① 《元丰九域志》卷6《荆湖路·沅州》，中华书局1984年标点本，第275页。
② 《续资治通鉴长编》卷236，熙宁五年闰七月庚戌，第5727页。
③ 马力：《北宋北江羁縻州》，《史学月刊》1988年第1期。
④ 《方舆胜览》卷60《夔州路·施州建置沿革》，第1051页。

封，俾尔承袭，尔其敬念忠孝之义，永为封疆之臣，无忝乃父之训。①

李正民担任中书舍人在建炎三年五月至建炎四年十一月间（1129—1130）②，田思迈袭任都誓首一职的时间当在建炎年间（1129—1130）。《田彦宣承袭银青光禄大夫、检校国子祭酒、知京赐州、兼监察御史、武骑尉、充东路都誓首制》出自南宋张扩《东窗集》，制诰记载：

朕疏厚典，以怀远人，爵秩土疆，听其世袭。以尔父久于抚御，备罄忠勤，遽以疾辞，请延其嗣。参稽故事，昭锡赞书，玉灵所加，种落自附，益恭臣职，毋坠前修。③

张扩因结识秦桧的弟弟，其文才为秦桧赏识，从著作郎迁擢左史，在绍兴十年至十三年间（1140—1143）掌外制。④ 从制诰文中，可知田思迈的父亲世守边隅，以年老自陈溪山故封，让子承袭；田彦宣是在其父突然疾辞而袭任知京赐州并充东路都誓首。田思迈是继承父亲的职位，其父应是溪峒都誓首，时间当在北宋末年。都誓首

---

① 曾枣庄、刘琳主编：《全宋文》第163册，上海辞书出版社、安徽教育出版社2006年版，第69页。

② 李正民建炎三年四月由尚书吏部员外郎守左司员外郎，中书舍人一职见于建炎三年五月，中书舍人一职可起草诏令，在建炎四年十一月由中书舍人试尚书吏部侍郎、徽猷阁待制兼侍讲，之后未见担任有关知制诰一职。《建炎以来系年要录》卷22，建炎三年四月戊午；卷23，建炎三年五月戊寅；卷39，建炎四年十一月甲辰。《建炎以来系年要录》，胡坤点校，中华书局2013年标点本，第550、559、867页。

③ 王智勇、王蓉贵主编：《宋代诏令全集》第14册，四川大学出版社2012年版，第8271—8272页。

④ 关于张扩的事迹在《咸淳临安志》中卷之九十一《纪遗三·纪事》有记载，（宋）潜说友纂《咸淳临安志》卷86—97，浙江古籍出版社2012年影印本，第10册，第3277页，为避讳宋宁宗赵扩，在《建炎以来系年要录》中记载为张广。张扩绍兴十年为礼部员外郎，绍兴十一年守起居舍人，在绍兴十三年被弹劾坐提举江州太平观。《建炎以来系年要录》卷135，绍兴十年夏四月癸亥；卷141，绍兴十一年秋七月辛酉；卷149，绍兴十三年六月甲辰，第2516、2654、2817页。

与都誓主一样，都是种落内部盟誓选举的首领,[1] 并为朝廷所认可。田氏成为一方都誓首，应是自身势力和联盟领地的形成，而非对彭氏为首的都誓主的取代，元祐四年（1089）正月，都誓主彭仕诚及都头覃文懿被诏至辰州要求约束其辖内蛮人不要入省地作过。[2] 彭氏与田氏各为其领地联盟的领主，田景迁高州一族从乾德三年（965）于沅水流域归顺朝廷，在田承进时期已经发展到鄂西地区一族六州的势力,[3] 从景德四年（1007）田承宝与田思钦一起被授予军衔,[4] 天圣四年（1026），归顺等州蛮田思钦等三百多人贡献方物，从而推知归顺州是六州之一，从职位继承和职位关联来看，新远州、归顺州、安副（福）州都应是高州一族联盟。从进贡的情况来看，高州一族与溪州、顺州等族都各为不同的联盟。在仁宗朝，鉴于施州溪峒上京进贡人数多、杂，路途又存在骚扰官私和路寒蛮人多有困毙的情况，天圣四年夔州路转运使王立提出解决方案："自今或只将进奉土贡物纳于施州，贡表诣阙，其差来蛮人，依元定数即就施州给赐例物，发回溪峒；若愿得食盐，亦听就近取射数目，比折支与；若逐州欲得上京货易，每三年一次，许每十人内量令三二人上京"，并要"蛮人连书文状，取候朝旨。"差人传唤施州溪峒各州知晓并申报，天赐、顺、南、安、远、保顺等州前往听审，惟高州刺史田承进一族六州未有申报。[5]

鄂西土司有覃氏世袭的施南和散毛宣抚司，田氏世袭的忠建和容美宣抚司，其下又各有覃、田、向、谭、牟、秦、黄等姓氏主首的安抚司、长官司隶属，《读史方舆纪要》记载忠建宣抚司为宋保顺州地，其属下高罗安抚司为宋西高州地，忠峒安抚司为宋顺州

---

① 王云五主编，王太岳等纂：《丛书集成初编 0103 四库全书考证 32》，商务印书馆 1936 年版，第 3331 页。

② 《续资治通鉴长编》卷 421，元祐四年春正月戊戌，第 10195—10196 页。

③ 《宋会要辑稿·蕃夷五》，第 9886 页。

④ 《续资治通鉴长编》卷 65，景德四年五月丁酉，第 1454 页。

⑤ 《宋会要辑稿·蕃夷五》，第 9886 页。

地，施南宣抚司属下忠孝安抚司为西高州地，散毛宣抚司为宋富州地。[①] 康熙四十三年二月，受容美土司相邀，无锡文人顾彩前往鄂西并在其境内待了四个多月，将其所见撰成《容美纪游》一书，书中记载了容美与桑植、保靖、永顺和酉阳土司势位相埒，土司田舜年认为忠峒、忠孝等宣抚司“多田姓，故田亦巨族，然皆土人”。自认其“先世系中朝流寓，不与诸田合族”[②]。容美土司奉田思政为始祖，[③] 清初严守升在为容美土司写的《田氏世家》中指出，容美田氏《宗图》中称田思政在元朝袭职容美军民等处五路都总管，而巴东世谱又称田思政为宋元祐间袭授镇南等处军民五路都总管，[④] 时间上不符。容美土司在雍正十三年改土归流其地置鹤峰州，在道光二年编修的《鹤峰州志》凡例条中，对土人相传田氏之先有覃姓为峝长的说法，认为是荒邈难稽，[⑤] 但似乎也印证了田氏由外来迁移的说法。无论史料记载田思政袭职于元还是宋，从存在的史实来看，田氏从宋至明，一直为鄂西大族，而且自宋时起，鄂西的田氏大族就各有联盟。

小　结

南北江所在的湘鄂渝黔四省市边区是少数民族聚居区，各少数民族有着不同的生活方式、组织形式和社会风俗，并由此产生不同的归属和认同。土家族是世居其中的少数民族，田、彭、向、覃等是土家族的大姓，从宋延续至今。通过将溪州彭氏与西高州田氏置于相应的时空进行分析，认为誓下体系从南北江到以北江为中心，

---

① 《读史方舆纪要》卷82《湖广八》，第3860—3865页。

② 高润身主笔：《容美纪游注释》，《容美纪游》整理小组编，天津古籍出版社1991年版，第3页。

③ 《明武宗实录》卷187，正德十五年六月甲戌，“中央”研究院历史语言研究所编，国立北平图书馆藏红格抄本，第3562页。

④ 中共鹤峰县委统战部等编：《容美土司史料汇编》，1983年，第83页。

⑤ 道光《鹤峰州志》卷首《凡例》，第1页a。

是宋朝开发南江的结果，誓下体系作为溪峒社会自治的政治结构形态，有着自身的结盟策略和运行方式。随着五代时期被授予“正统合法性”的地位，其形成与发展都与王朝的政策息息相关。宋朝秉承因俗而治的思想，灵活运用羁縻政策治理西南蛮夷溪峒地区，“立法有溪峒之专条，行事有溪峒之体例”[①]。一方面将归顺溪峒州纳入乡兵的管理系统，置土丁、义军，命土人总领，以代王师，防守边徼；一方面又制定相应的溪峒政策，采取树其酋长、赐州额、赐名目、朝贡等措施，众建誓下州，将溪峒社会基层社会权力机构纳入朝廷的统治机构框架下。[②] 西高州田氏一族因势发展自身的实力，不断以州额的形式拓展在溪峒的领地，从沅水流域舞水上游地区向东北方向鄂西等地迁移，同时又脱离溪州誓下盟誓的约束成为一方领地的都誓首。在王朝恃文教而略武卫的溪峒治理过程中，即保存了“不居之地、不教之俗”的民族地区社会结构的独特性，促成了单一稳定民族共同体土家族的最终形成，又有效地分化溪峒势力，避免了溪峒州誓下联盟的壮大威胁到王朝的统一，为元明时期土司制度的实行和湖广土司格局的形成奠定了基础，增强了溪峒各州的王朝认同，这一群体也成为有明一朝国家赖以挞伐的重要力量，也是形成中国文化多元政治一体的重要组成部分。

---

① 《宋会要辑稿·藩夷五》，第 8366—8367 页。

② ［日］冈田宏二:《中国华南民族社会史研究》，第 407—408 页。

第四章

溪峒治理：从土官到土司的设置

元明清沿袭了宋朝因俗而治的理念，并将溪峒地区的治理纳入朝廷职官体系下进行。自元开始实行土司制度①，因事设官，授予以往不在行政区划的溪峒各酋长不同层级的官职以实行地方管理和相互制衡，沿至明清，制度规定更加完备。溪峒溪州土酋从“都誓主”到“静边都指挥使、金紫光禄大夫、检校太保、使持节、溪州诸军事、守溪州刺史兼御史大夫、上柱国、陇西县开国男、食邑三百户彭士愁”②、永顺土司彭弘海“钦命世镇湖广永顺等处军民宣慰使司宣慰使都督府致仕恩爵主爷”③的身份改变，溪峒社会的权力结构也从誓下州转向各不统摄的土司势力格局，酉水流域溪峒社会自宋以来形成的地域联盟被朝廷通过制度的安排分化和瓦解，各阶层又通过婚姻关系延续着这一共同体所具有的地域特征，基于文化基础上形成的具有宗族特征的权力阶层依然具有一定的稳定性。

---

① 土司制度的形成有元朝和明朝两说，多数学者认可元代说，不同看法的学者认为有元一朝土人的任用体现在职官体系的各个层面，其贡赋升迁等规定要求与非土官无异，认为元代只有土官之名而无土官之制。武沐、王素英：《元代只有土官之名没有土官之制》，《中国边疆史地研究》2015年第1期。

② 彭武文：《溪州铜柱及其铭文考辨》，岳麓书社1994年版，第6页。

③ 《宣慰彭弘海德政碑》拓片，藏于吉首大学人文学院资料室。

第一节　各从其俗，无失常业：从土官到土司

一　元代西水流域土官的设置

元世祖忽必烈在中统元年（1260）通过忽里台大会继承了蒙古国的大汗位，开始全面推行“汉法”，将政治中心由开平移到燕京，定为大都，着手统一全国，实行行省制度。继续实行蒙古汗国从西南迂回夹击南宋的方针，《元史》郭宝玉传记载了投降后的郭宝玉回答忽必烈问取中原的计策：

> “中原势大，不可忽也。西南诸蕃勇悍可用，宜先取之，藉以图金，必得志焉。”又言，“建国之初，宜颁新令”。帝从之。[①]

以诏谕为主，在西南民族地区推行郡县汉法遭到强烈的反抗后，[②]由于西南特殊的地理环境，为建立在西南地区的统治，并利用西南归附势力一统中原，改变西南地区有籍无军的现状，元世祖不得已维持西南既有的权力格局，在至元十六年（1279）九月：“诏遣使招谕西南诸蛮部族酋长，能率所部归附者，官不失职，民不失业。”[③] 在招降了乌江流域黔东南思州播州田杨两大势力后（播州即今天遵义地区，思州即今天的铜仁地区），至元二十年（1283），四川行省又平定了湘鄂渝黔四省市边区的九溪十八洞地区，根据酋长所领地之大小，定州县，设官职，“大处为州，小处为县，并立总管府，听顺元路宣慰司节制”[④]。在元人朱思本文稿中的“八番释”

① 《元史》卷 149《郭宝玉传》，中华书局 1976 年标点本，第 3521 页。

② 宪宗七年（1257），兀良合台在平定云南后，在西南地区推行汉法，实行郡县管理。见《元史》卷 121《兀良合台传》，第 2980 页。

③ 《元史》卷 10《本纪第十》，第 216 页。

④ 《元史》卷 63《地理志六》，第 1544 页。

条记载：

> 八番宣慰司都元帅，府治顺元，统八番安抚司，番各有府、州、军名，复有顺元宣抚，统蛮夷部落长官十数处。播州宣抚统黄平府，思州宣抚统镇远府，又各有部落长官，葛蛮、都云、永顺、南丹安抚、金筑府，又各有所统州县、部落长官无虑数十百处，皆溪峒险阻，地窄而名猥多。[①]

在官职的设置上，参用土人。[②] 元代继承了民族地区因俗而治的羁縻政治传统，在一定程度上保留了蛮酋的权力和内部的统治方式，实行“土官有罪，罚而不废”[③]。也开创性地将世袭土官纳入朝廷治理地方的职官体系。朝贡、纳质、缴纳赋税、安靖地方和佥军从征成为土官必须承担的义务，将虚名羁縻的地区纳入朝廷的正规编管之下，史载对播州宣尉使杨汉英的要求：

> （至元二十八年）爰自前宋归附，十五余年，阅实户数，乃有司当知之事，诸郡皆然，非独尔播。自今以往，咸奠厥居，流移失所者，招谕复业，有司常加存恤，毋致烦扰，重困吾民。[④]

在元统治者的观念里，杨汉英作为一个守土官，与其他郡县的职官是一样的要求。

始于元代的土司设置，其职官名称并非专指土官，土人的任用

---

① 朱思本：《八番释》，阮元原辑《贞一斋诗文稿》，商务印书馆影印本，第11页ab。

② 西南溪峒地区，因地形复杂，种类众多，风俗各异，难于治理，“所调官畏惮瘴疠，多不敢赴”，参用土人也是治理的策略。元朝对贵州金竹府属下官员，广西左右江口溪峒地区都参用土人。又见《元史》卷15《世祖本纪》，第315页；《元史》卷16《世祖本纪》，第340页；《元史》卷91《百官志七》，第2307—2308页。

③ 《元史》卷103《刑法志二》，第2635页。

④ 《元史》卷63《地理志六》，第1551页。

也多涉及职品不高的军民官职的各个层面，就西水流域来看（见表4－1），也多为职衔不高的蛮夷长官司、土知州、知府判官和千户等。从表4－1可知，早期归附元朝的有溪峒田氏和向氏，元人苏天爵在《平蛮记》记载了元朝枢密院副使刘国杰平定溪峒诸蛮叛乱的经过，田兴祖熟悉溪峒地理，[①] 担任军管上均州副万户，不仅参加平定辰澧间内附溪峒的复叛，与毗阳万户府、镇巢万户府分别镇守在辰州、沅州、靖州、常德和澧州间，[②] 叉巴洞向世雄是西水流域元初就被授予安抚使职位的土人，承担着招抚和安靖溪峒的职责，叉巴洞在今宣恩境内，为明代施南宣抚司下的摇把洞长官司所在地。[③] 元代江南湖北道肃政廉访司事分司辰州的张经奏议："至元十六年（1260），叉巴洞向世雄、向进益等归附，各钦授宣命虎符，充溪峒安抚使。其后，兄弟自相鱼肉，诸峒叛乱。"[④] 可见向氏并没有在这一区域中获得各土酋的认可。

表4－1　元代西水流域土官一览

地区	地方行政名称	土官名称及姓名	出现时间	来源
湘西	上均州	副万户田兴祖	至元二十一年（1284）	《元文类》卷27，又见明《五溪蛮图志·平蛮始末》
湘西	施溶州	知州田万顷	至元二十二年（1285）	《元史》卷162《刘国杰传》，又见明《五溪蛮图志·平蛮始末》

① 《国朝文类》卷27《平蛮记》，（元）苏天爵编：《元文类》，上海古籍出版社1993年影印本，第328—329页上。

② 《元史》卷99《兵志二·镇戍》，第2547页，又见《元史》卷20《成宗本纪三》，大德三年十二月己酉条。

③ 《读史方舆纪要》卷82《湖广八·施州卫》，第3862页。

④ （明）沈瓒编撰，（清）李涌重编，（民国）陈心传补编；《五溪蛮图志》，伍新福校，岳麓书社2012年点校本，第282页。

续表

地区	地方行政名称	土官名称及姓名	出现时间	来源
湘西	永顺路	蛮夷官彭世强	至元三十年（1293）	《元史》卷17《世祖本纪》
湘西	长官司	蛮夷官彭安国①子	元贞二年（1296）	《元史》卷19《成宗本纪》
湘西	永顺等处军民安抚司	安抚副使梓材②	至大三年（1310）	《元史》卷23《武宗本纪》
鄂西	叉巴诸洞	安抚大使及安抚使向世雄；溪峒安抚使向进益	至元二十年（1283）	《元史》卷12《世祖本纪》，（元）黄溍《金华黄先生文集（续金华丛书）》卷25《刘国杰神道碑》
鄂西	盘顺府	知府谋谷什用；土官墨奴什用	元统二年—至正十一年（1334—1351）	《元史》卷38《百官志一》，卷42《顺帝本纪》
鄂西	师壁安抚司	土官田驴什用	至元二十八年—至正十一年（1291—1351）	《元史》卷16《世祖本纪》，卷42《顺帝本纪》
鄂西	散毛洞	赐酋长金虎符	至元十七年（1280）	《元史》卷161《杨文安传》

① 彭安国见于《历代稽勋录》记载中，为永顺土司自五代彭瑊起第12代首领一百二十洞蛮民土官，虽名字无误，但时间记载在宋末元初，与《元史》记载不一致。见彭肇植《永顺宣慰司历代稽勋录·忠毅公安国》。

② 安抚副使梓材不能确定为土官，在《元史·职官志》中，安抚司可设置包括达鲁花赤等7位官员，其中同知一员，永顺等处安抚司最高长官应为达鲁花赤，安抚使不一定为土人所担任。永顺彭氏族谱中记载了在元代安抚司任职一事，后人也多理解为彭氏担任安抚使一职。从已有的资料来看，元朝廷应该没有授予彭氏安抚使一职，但不排除在永顺安抚司中任职，明代对归附的土官以原官授之，洪武二年，前来归附明廷的永顺宣抚彭添保被授为永顺军民安抚司同知。见《明太祖实录》卷47，洪武二年十一月己卯，“中央”研究院历史语言研究所校印本，第937页。

续表

地区	地方行政名称	土官名称及姓名	出现时间	来源
鄂西	师壁散毛洞	蛮夷官勾答什王；洞主覃顺	至元三十年（1293）；元贞元年（1295）	《元史》卷17《世祖本纪》，卷18《成宗本纪》
鄂西	黄沙寨	千户田墨施什用	至大三年（1310）	《元史》卷23《武宗本纪》
鄂西	来宁州	判官廖起龙	至大三年（1310）	《元史》卷23《武宗本纪》
鄂西	怀德府	判官田思远	至大三年（1310）	《元史》卷23《武宗本纪》
川东南	酉阳州	土官冉世昌	延祐七年（1320）	《元史》卷27《英宗本纪》

元朝实行蒙夷分治，西南各族一律纳入与汉人同等的地位，相对南人来讲，有的民族地位甚至还高，这在一定程度上对整合民族地区的国家认同和实现大一统的政治共同体具有推动作用。正如《元史》地理志开篇所载“唐所谓羁縻之州，往往在是，今皆赋役之，比于内地”①。但是溪峒地区山多田少，如内地一样承担赋税和徭役的话，又加上佥军的重担，必然会招致溪峒各地的反抗，至元二十一年（1284），五溪峒蛮叛乱，四川和湖广两省合力征讨，出动四路军队分别从西部思播地区、西北黔中、北部夔门和东部澧州征讨。② 遇上旱灾，溪峒反叛又蔓延至酉水、澧水一带。《常德府武陵图经志》义济局条记载：

> 至元癸巳（1293），因本府连年水旱相仍，百姓艰食，至于鬻妻卖子，不营一饱。盗贼公行，饿莩遍野。重以辰阳溪蛮

---

① 《元史》卷58《地理志一》，第1346页。

② 《元史》卷162《李忽兰吉传》，第3794—3795页。

啸凶，掠乡民，杀县长吏，其惊散流离至于是郡，丐食于道路者，何可数计？[①]

至元三十年（1293）冬，以酉水下游施溶州田万顷为中心的多个溪峒峒主反叛，有楠木峒千户孟再师，桑木溪鲁万丑等，历时两年，以枢密院副使刘国杰领各万户，动用了澧州路、常德路、辰州路、靖州、沅州等路、州、县官员、千户、百户和民义各层力量来平定叛乱，还号召溪峒覃氏、向氏、彭氏等各州洞酋长率部族听调以蛮攻蛮，最后叛乱被镇压，田万顷被斩，副万户田兴祖屯兵施溶州，刘国杰也恢复了溪峒边界居民自宋以来以强壮备边的寨兵和隘丁。[②] 溪州彭氏参与了这场叛乱的平定，并获得元廷的封赏，元贞二年（1296）十一月，赐彭安国金符，封其子为蛮夷官。[③] 同时，至元二十七年（1290）湘黔滇道路的开通，也引起沿途各族势力的纷争，导致行省政区的变动，原属四川行省的思、播军民宣抚司划归湖广行省。[④] 各重要地点的政区级别设置也纷纷上调，施溶州再次得到了设置，并新添了上溪州、安定州，慈利也由县上升为州，溪州彭氏的势力应该也在这次平定叛乱和道路纷争中获得了提升与整合，至元三十年（1293）四月，永顺路彭世强与金竹、散毛等217人被授予蛮夷官，《元史》世祖本纪记载：

（夏四月癸丑）光州蛮人光龙等一十二人及邦崖王文显等二十八人、金竹府马麟等一十六人、大龙番秃卢忽等五十四人、永顺路彭世强等九十人、安化州吴再荣等一十三人、师壁

① 《永乐大典方志辑佚》第4册，马蓉等点校，中华书局2004年点校本，第2411—2412页。

② （明）沈瓒：《五溪蛮图志》，岳麓书社2012年点校本，第285—292页。

③ 《元史》卷19《成宗本纪二》，第407页，在彭氏《历代稽勋录》中，彭安国及其子彭思万的承袭时间与此不符。见彭肇植《永顺宣慰司历代稽勋录·忠弼公安国·忠亿公思万》。

④ 见成臻铭、张科《湘黔滇古驿道开通对元代湖广土官社会的影响》，《青海民族研究》2015年第2期。

散毛洞勾答什王等四人，各授蛮夷官，赐以玺书遣归。[①]

《明史·地理志》记载永顺路是在至元中设置，[②] 在官修的《大元一统志》中不见永顺路和永顺安抚司的记载，永顺路应该是在平定南宋的过程中随事设置，在《大元混一方舆胜览》中记载有永顺、保靖、南渭三州安抚司，隶属湖广行省，下辖有包括永顺、南渭、保静、上溪等十八处各部蛮夷军民长官。[③]

至大三年（1310）四月，容美叛乱，改永顺、保靖、南渭安抚司为永顺等处军民安抚司，安抚副使梓材前往鄂西容美地区招抚田墨等蛮酋的动乱。[④] 在《元史·职官志》规定："安抚司，秩正三品。每司达鲁花赤一员，安抚使一员，同知、副使、佥事各一员，经历、知事各一员。损益不同者，各附见于后。"显示永顺等处安抚司是设置达鲁花赤的。[⑤] 这也就意味着首领管是蒙古官员，永顺安抚司应该是土流并治，蒙古官员监临，永顺等处军民安抚司承担着西水流域一带的保境安民和监视溪峒动态的重任。为便于统治，元代还大力发展蒙古学，在担任过元廷侍讲学士、知制诰同修国史、同知经筵事的黄溍所写的《广福司提举封奉训大夫太和州知州周公墓志铭》中就显示永顺安抚司设置过学校，广福司提举封奉训大夫、太和州知州周方平的长子绅担任过永顺安抚司的蒙古字教授。[⑥] 又有儒学教授，仕至翰林待制的元人柳贯所写的《刘彦明墓志铭》记载了歙县刘彦明在天历二年（1329）之前曾被授永顺等处

---

① 《元史》卷 17《世祖本纪十四》，第 372 页。

② 《明史》卷 44《地理志五》，第 1099 页。

③ 《大元一统志》和《大元混一方舆胜览》是对元地理政区的记载，官修的元一统志成书于至元三十一年，对土官的府州县等洞少有记载，而私著的大元混一方舆胜览则补充到了大德七年的政区资料，对蛮夷官地都有记载。见（元）刘应李原编，詹有谅改编《大元混一方舆胜览》，四川大学出版社 2003 年整理本，第 677 页；（元）孛兰肹等著《元一统志》，赵万里校辑，中华书局 1966 年点校本。

④ 《元史》卷 23《武宗本纪二》至大三年夏四月己酉条，第 524 页。

⑤ 《元史》卷 91《百官志七》，第 2310 页。

⑥ （元）黄溍：《金华黄先生文集》卷 36 续稿 33《广福司提举封奉训大夫太和州知州周公墓志铭》，《黄溍全集（下）》，王颋校注，天津古籍出版社 2008 年点校本，第 521 页。

军民安抚司儒学教授。[1] 元朝在有意识地将以彭氏为代表的溪州势力分化拆散。在《元史·地理志》记载中可知，永顺等处军民安抚司由原来所属湖广行省改隶四川行省，下辖包括驴迟洞等十七处蛮夷官。其原来下属的南渭州隶属远在贵州境的新添葛蛮安抚司，酉水下游地区的麦着土村，会溪施容等处，感化州等处，腊惹洞，驴迟洞等隶属思州安抚司。[2] 即宋时上、中、下溪州地分别隶属于四川行省的永顺等处军民安抚司和湖广行省的思州安抚司、新添葛蛮安抚司三地。虽然犬牙相入和山川形便是行政区划划界的原则，元代政区的设置更体现出犬牙相入的极端化，使得任何一个行省都不能成为完整的形胜之区。[3] 在酉水流域溪峒的归属上体现得尤为突出，澧水流域的上、下桑植隶属远在贵州的新添葛蛮安抚司。驴迟洞即明永顺土司所辖的长官司地，在《元史·地理志》中既列在思州安抚司下，又列在新添葛蛮安抚司下。这样的分化应该是达到了目的，在明太祖赐给归附大明永顺彭天宝的玺诰就谈到："上溪控制溪峒，必得世守之臣乃能尽抚绥之道。"[4] 这也说明彭天宝只有元朝上溪州的牌印。同时，这样的调整，也使得溪峒酉水一带自田万顷之后再没有发生叛乱，永顺军民安抚司和土官的设置，起到了保境安民的效果，自后溪峒叛乱也多在酉水上游鄂西散毛诸洞一带，以至于散毛在元人周致中《异域志》中专门作为夷类记载："散毛，种类甚多，喜战斗，不畏死，其诸洞惟散毛洞最大。"[5] 而溪州彭氏所整合的酉水流域主要地区终元未见叛乱，即使在元末以吴天保为首的动乱横扫南江的整个地区时，也未见北江溪峒诸蛮参与。[6] 可

---

① （元）柳贯：《柳待制文集》卷 11《刘彦明墓志铭并序》，《柳待制文集 5》，四部丛刊影印本，第 14 页 b。

② 《元史》卷 60《地理志三》，第 1448 页；《元史》卷 63《地理志六》，第 1550 页。

③ 周振鹤：《中国地方行政制度史》，上海人民出版社 2014 年版，第 241 页。

④ （明）廖道南：《楚纪》卷 1《皇运内纪前篇》，《北京图书馆古籍珍本丛刊》，书目文献出版社 1990 年影印本，第 28 页。

⑤ （元）周致中：《异域志》，中华书局 1981 年校注本，第 26 页。

⑥ 《元史》卷 41《顺帝本纪四》，第 876—883 页；《元史》卷 42《顺帝本纪五》，第 885—887 页。

见溪峒的治理有着自身的特点，元人许有壬在《送苏伯修赴湖广参政序》中也提到：

> 湖广地方数千里，南包岭海，西控庸蜀，其士质而秀，其俗俭而野。畲丁洞猺喜惊而嗜斗，羁州縻邑惮严而乐宽，御得其道，则狙诈咸作使自，御失其道，逢人困于干戈，重湖疲于饷馈，二十年于此矣。[①]

二　明代酉水流域川黔楚三地土司格局的确定

明代继承了元代土官制度，相较于元代土官土司与流官的混同性，明代确立了土司职名的专一性和职衔，宣慰司、宣抚司、招讨司、安抚司和长官司专属土官衔号成为定制，李世愉认为土司职衔的确立是土司制度成熟的标志。[②] 洪武初对归附的西南夷，即用原官授之。在归附的过程中，又根据土官对大明朝廷的贡献，来定职位的高低，加强了土官对朝廷国家的认同。[③] 同时，对土司所辖溪峒之地的层级管理，相对于元朝的错综复杂的分属关系，明朝在经营西南的过程中进行了政区调整，从洪武到永乐间，酉水流域的政区设置基本确定，酉水流域的腹心地主要是永顺宣慰司和保靖宣慰司及其所属地，有了相对稳定的隶属关系，又被称为"永乐定制"[④]，但就酉水上游鄂西南各方土司势力直到宣德三年（1428）才最终稳定。[⑤] 这一地区依然分属川黔楚三地，虽然在万历年间地方官员认为酉阳、永顺、保靖和邑梅土司地环铜仁红苗地，与铜仁之间相隔"远不过百余里，近不过六七十里，乃歧于不相属，是又同舟之胡越也，历年四司有讼者不之楚蜀而之黔，乃黔使勾稽又抗违

---

① （元）苏天爵：《滋溪文稿》，陈高华、孟繁清点校，中华书局1997年点校本，第552页。

② 李世愉：《清代土司制度论考》，中国社会科学出版社1998年版，第113页。

③ 佘贻泽：《明史论丛 明代土司制度》，学生书局1968年版，第42页。

④ 田敏：《土家族土司兴亡史》，民族出版社2000年版，第95—105页。

⑤ 《明宣宗实录》卷43，宣德三年五月戊寅，第1073—1074页。

不就”。提出将四司改属贵州，以便更好地实现以夷御夷之急务。[①]分属三地的现状一直存在，隶属于湖广都司的永顺宣慰司又下辖由彭氏、田氏、向氏、汪氏、张氏、黄氏世守的三州六洞长官司，保靖宣慰司下辖有田氏世守的五寨长官司和廖氏任职的竿子坪长官司。[②] 永顺土司在洪武二年（1369）归附，[③] 保靖土司彭世雄因为率

---

① 万历《铜仁府志》卷10《四川酉邑湖广永保四司改隶黔中议》，岳麓书社2014年标点本，第195页。

② 万历《大明会典》卷124《兵部七·永顺宣慰司·保靖宣慰司》，明万历十五年内府刊本，第22页ab页，土官姓氏又见乾隆《永顺府志》卷9《土司》，乾隆二十八年刻本，第13—19页。

③ 关于彭氏归附明朝的时间有争论，查阅史料有如下7条：1. 1366年宣尉使同知彭建思归附大明，见《明太祖实录》卷19，丙午年二月丁卯，第261页；2. 洪武二年改永顺宣抚司为军民安抚司，授彭添保安抚司同知。见《明太祖实录》卷47，洪武二年十一月己卯，第937页；3. 洪武六年改永顺安抚司为永顺宣慰司，见《明太祖实录》卷86，洪武六年十二月乙卯条，第1539页；4. 洪武七年永顺宣慰使顺德汪备和堂厓安抚使月直什用朝贡并上所授伪夏印。见《明太祖实录》卷89，洪武七年五月壬午，第1576—1577页；5.《大明一统志》记载永顺洪武二年归附，六年升为宣慰司，见《大明一统志》卷66《永顺宣慰司》，明天顺五年内府刊本，第35页b；6.《明史》记载是洪武五年顺德汪伦和堂厓安抚使遣人上其所受伪夏印，见《明史》卷310《湖广土司传》，第7991页；7.《明史·地理志》永顺宣慰司条记载是洪武二年为州，十二月置永顺军民安抚司，六年十二月升军民宣慰使司。《明史》卷44《地理志五》，第1099页。以上7条所记时间不一，这使得永顺土司归附时间存有争论，田敏认为顺德汪伦是彭添保的土名，永顺土司分别以洪武二年和六年先后两次归附大明，永顺由于受夏控制，在洪武四年夏被大明灭后，才在洪武五年上交夏印，并在洪武六年由安抚司升为宣慰司。见田敏《土家族土司兴亡史》，第60页，张振兴根据《永顺宣慰司历代稽勋录》认为顺德汪伦和彭添保不是同一人，两次归附的史料反映的是不同的历史事实。见张振兴、李汉林《永顺土司归附明廷相关史料记载异同探微——以〈历代稽勋录〉为中心》，《中央民族大学学报（哲学社会科学版）》2015年第2期。笔者基本认同张振兴的观点，认为彭添保与顺德汪伦不是同一人，但对文中所依据《稽勋录》史料持保留意见，笔者认为彭氏在元代永顺安抚司乃至后升为宣抚司不担任正职，即不担任经元朝委任的安抚使或者宣抚使，应该是授同知职务，明对归附土官以元官授之，这在《明实录》授予彭添保为安抚司同知也可推出。不然《明一统志》关于彭氏在元朝自改为安抚司、宣抚司的记载也为后世典籍所采用。在廖道南《楚纪》中记载了彭建思、彭世雄、彭万潜在甲辰年二月就上交元所授宣敕印章，朱元璋认为上溪控制溪峒，必得世守之臣乃能尽抚绥之道，授予彭添保为永顺安抚使。见廖道南《楚纪》卷1《皇运内纪前篇》，第28页；上溪州为元代所设置的土州，至少彭氏在元代掌有永顺上溪州等地，从《明实录》可知彭义保是彭添保的弟弟，见《明太祖实录》卷109，洪武九年闰九月丁未，第1816页。在《土官底簿》彭义保为上溪州知州。见《土官底簿》卷下《湖广·上溪州》，商务印书馆1935年影印本，第81b—82a页，上溪州从宋至元一直以土州存在，彭氏在归附大明时，应如《明史·地理志》所记，洪武二年先为州，后改为安抚司，在洪武四年灭夏后，六年升为宣慰司。

先归附大明自备土兵参与了至正二十三年（1363）朱元璋与陈友谅鄱阳湖的战争立下了功劳，在至正二十六年（1366）彭世雄被授为安抚使，并在洪武元年其子彭万里升为宣慰使。[①] 永顺土司在洪武六年升为宣慰使。鄂西施州卫所属土司从宣抚司到长官司就有十九个。[②] 其中酉水流域来凤地就有覃氏世守的散毛宣抚司，田氏世袭的大旺安抚司、东流和腊壁峒蛮夷长官司，乾隆修《来凤县志》记载有向氏世袭的漫水宣抚司、卯洞安抚司和百户长官司，[③] 漫水、卯洞和百户三司不见于明代典籍，洪武五年（1372）归附袭置的盘顺长官司，《明史·地理志》记载是隶属容美宣抚司，[④]《明实录》有盘顺宣抚司[⑤]、盘顺安抚司[⑥]和盘顺长官司朝贡的记录，[⑦] 在嘉靖二十六年（1547）盘顺安抚司朝贡被发现印文诈伪革赏，[⑧] 至后不见朝贡的记录，在万历年间盘顺司向明德参加了平播土司的从征[⑨]，在明末《为黔省永顺酉阳二司盟结事宜事》中关于永顺土司与酉阳土司土地纠纷解决中又见盘顺安抚司向位中间人的参与，[⑩] 可见在明一代，盘顺司一直存在，入清以漫水、卯洞和百户三司名归附，[⑪] 在卯洞最后一位土司向舜编写的《卯洞土司志》虽然记载了向氏土司内部之间的争斗，土司向位在万历年间袭职，[⑫] 也是不见盘顺司

---

① 参与鄱阳湖一战见于保靖彭氏族谱。《湘西土司辑略》，第73页；《明太祖实录》卷19，丙午年二月丁卯，第261页；卷35，洪武元年九月辛酉，第629页。

② 《大明一统志》卷66《施州卫军民指挥使司》，第29b—30b页。

③ 乾隆《来凤县志》卷3《疆域·土司》，《湖北府州县志》第13册，海南出版社2001年影印本，第394页。

④ 《明史》卷44《地理志五》，第1098页。

⑤ 《明宣宗实录》卷47，宣德三年九月丙子，第1149页。

⑥ 《明宣宗实录》卷51，宣德四年二月己卯，第1214页。

⑦ 《明太祖实录》卷73，洪武五年夏四月庚子，第1347页。

⑧ 《明世宗实录》卷319，嘉靖二十六年正月壬午，第5940页。

⑨ 贵州省文史研究馆编：《续黔南丛书 》第1辑 上《平播全书》，贵州人民出版社2012年标点本，第315页。

⑩ 中国第一历史档案馆、辽宁省档案馆编：《中国明朝档案总汇47》，广西师范大学出版社2001年影印本，第6页。

⑪ 乾隆《来凤县志》卷3《疆域·土司》，第394页。

⑫ 张兴文等注释：《卯峒土司志校注》，民族出版社2001年标点本，第159页。

的记载，或为避讳前朝不光彩的历史。宣恩县地有田氏世袭忠峒、高罗安抚司和木册长官司，[1] 川东南有隶属重庆卫冉氏世守的酉阳宣抚司，下辖有杨氏世守的石耶洞、邑梅洞、平茶洞长官司和冉氏麻兔洞长官司，[2] 酉阳冉氏归附是在洪武五年（1372），先设置为州，八年改为宣抚司，明天启元年（1621），土司冉跃龙因征辽战功升为宣慰使，[3] 其所领土司也有变动，洪武十七年（1384）平茶洞长官司改隶四川布政使司，永乐年间，又将邑梅洞长官司隶属重庆府，将麻兔洞司地划归贵州行省铜仁府，石耶洞司因功分袭所增的地坝副司隶属酉阳司。[4] 相较于酉水流域北源和流域中心地区行政设置的同一性，即土司辖境的治理方式的一致性——以土司职官为主要的治理主体，在清代雍正朝改流后，又代以一体化府县治理。酉水流域南源支流花垣河流经地区即西南地区黔东土司贵州松桃地，处在湘黔渝交界地带的“红苗”区，[5] 其设置又有所不同，在行政所属上存有变动。在明代就改流设府治理，隶属思南宣慰司，在永乐十一年思南和思州宣慰司改土归流后，设置乌罗府领之，正统四年废乌罗府后又改属铜仁府。因为其所在族类和位置的特殊性，就如严如熤在其《苗防备览》的松桃厅舆图中所示松桃之地旧名“三不管”，以瘠处川楚黔三省边徼。“山延川脉，水泻楚流”，入清后又设置直隶厅实行特殊治理。除乌罗司和平头著司所辖之地纳入朝廷职官体系下管理有赋税从征义务之外，环绕其间的苗寨是化外之地，时叛时顺，处于羁縻状态。道光《松桃厅志》就记载苗蛮与汉民分寨而居，有数十寨不等，“前明设府以来，其穹

---

① 道光《施南府志》卷21《官师》，第6b—8ab页。

② 万历《大明会典》卷124《兵部七·酉阳宣抚司》，明万历十五年内府刊本，第12页a，又见《明史》卷43《地理四·酉阳宣慰司》，第1049页。

③ 《明熹宗实录》卷12，天启元年七月庚戌，第601页。

④ 《大明一统志》卷69《重庆府》，明天顺五年内府刊本，第21页a；又见同治《增修酉阳直隶州总志》卷15《土官志二·地坝司》，第15页a—b。

⑤ 明人将环铜仁、思南、石阡和思州一带的生苗称为红苗，因其衣裳服饰用班丝红。见《明史》卷257《张鹤鸣传》，第6617页，又见（明）朱国祯《涌幢小品》卷30《西南夷》，中华书局1959年点校本，第706页。

远者均为数土司所不能辖”①。作为朝廷实现对民族地区实行有效治理的一种方式，乌罗正长官司杨氏、副长官司冉氏和平头著正长官司杨氏、副长官司田氏从明至清，一直是世袭土司。

第二节 岂惜一官与自署官属：溪峒地区的权力结构

正统四年（1439），明英宗在看了广西土知州莫祯上奏其所在溪峒蛮地宜择有名望者立为头目，以安靖地方的请求后，即敕总兵官柳溥等：

> 今得土官莫祯所言，除害靖边之事，其意可嘉，兹特录付尔等密看，如所言可行与否，仍密奏来。夫以夷攻夷，古有成说，使彼果能效力，省我边费，朝廷岂惜一官，要在有实效耳。大抵为将者，宜用众人所长，不可专执己意，古之良将，莫不皆然，尔其勉之用副委任之重。②

万历年间浙江嘉兴举人沈德符将自己的所闻所见撰写成《万历野获编》，其中关于永顺土司宣慰使所记：

> 彭元锦为政，酷忍不忍闻，其所统三州六长官司，俱夷灭无余，自署其子弟为酋长。今入观与承袭所列某司某司者，俱伪为之。③

从广西土官莫祯上奏可知，土官的任命，上到从三品的宣慰使，下到无品级的头目，都需要朝廷的认可。而时人对宣慰使彭元锦的记

---

① 道光《松桃厅志》卷 6《苗蛮》，道光十六年刻本，第 1 页 a。
② 《明英宗实录》卷 57，正统四年秋七月癸酉，第 1102 页。
③ （明）沈德符：《万历野获编》卷 30《樊哙祠》，中华书局 1959 年标点本，第 764 页。

载又可见，土司对其隶属州民又是生杀大权握于一手，自立官署，不受朝廷限制。以至于学者在评价土司的统治政权完全是一种“中央”集权式的封建专制统治，土司就是土皇帝，他是境内一切军政大权的主宰。① 其实明代朝廷有着制衡“大姓相擅，世积威约”土官的制度设计，“假重爵命威制，服属其势”②。对于溪峒地区蛮夷的治理，即存在土司对所属州民的“俗治”，又存在着朝廷规约下的土流并治，同治《永顺府志》就记载：

> 土人有罪，小则土知州、长官等治之，大则土司自治。若客户有犯，则付经历，以经历为客官也。③

一　朝廷任命的职官体系

土司地区有着不同于郡县制流官治理的职官体系，一是有朝廷任命的世袭土官和流官，土官袭替必奉朝命，又有监临制约土司的流官，“大率宣慰等司经历皆流官，府州县佐贰多流官”④。二是维持土司社会内部运行的土司自署职官。除流官外，维系溪峒社会的权力结构是如何运行的，其自署官署是否受朝廷制约，这需要结合具体的地区才能了解其运作的程序。⑤ 永乐七年（1409）大明朝廷定铨选，土官衙门奏保土人任职者，需要向兵部奏请擢用，其按例袭替者兵部按照相应的规定对奏请的土官进行相应的铨注及升降，

---

① 田敏：《土家族土司兴亡史》，民族出版社2000年版，第111页。

② （清）毛奇龄：《蛮司合志校注·序》，杨东甫、杨骥校注，广西人民出版社2015年版，第17页。

③ 同治《永顺府志》卷12《杂记》，第7页b。

④ 《明史》卷76《职官五》，第1875—1876页。

⑤ 成臻铭依据永顺宣慰司的碑刻史料将湖广土司社会结构主体分八个层级，四个等级，是纺锤形的。他认为土官及其土司子弟包含一、二阶层，为第一等级；土司自署职官舍把、总理、峒长、头目等包含三、四阶层为第二等级；手艺技术人员、基层办事人员和有执照的土民包含五、六、七阶层为第三等级，是土司社会的缓冲层和保护层；最后第四等级是客民为第八阶层。成臻铭：《明清时期湖广土司区的社会阶层与等级——以永顺宣慰司为例的历史人类学观察》，《吉首大学学报（社会科学版）》2006年第5期。

其他如保用通事、把事、随司办事长官，兵部具启裁度，余悉奏处分。① 可见，土官自署的官职也需要报送朝廷决定。

《大明会典》规定职官设置人员，从宣慰司到蛮夷长官司，宣慰司可设置宣慰使、同知、副使、佥事各一员，经历司经历、都事各一员；宣抚司可设置宣抚、同知、副使、佥事各一员，经历司经历、知事各一员；安抚司可设置安抚、同知、副使、佥事、吏目各一员；长官司可设置长官、副长官、吏目，蛮夷长官司可设长官、副长官，又有蛮夷官、苗民官、千夫长、副千夫长、百夫长，自蛮夷官以下可不选。各州设置知州、同知、通判、吏目各一员，若编户不及三十里有所属县分者裁减同知，无所属县分者裁减同知、判官。② 土州设官如正州。③ 由朝廷任命的土官群体是土司地区主要的权力阶层，由于各司为军民一体的地方机构，承担着“守疆土，修职贡，供征调”的义务，土官职名上有文官和武官之分，在管理上也由吏部和兵部分掌。关于中央统辖土司地区的管理机构，学者已有论述，④ 土官的额数和资格都由朝廷来认定，从有品级的各司各州土官，到无品级的包括蛮夷官、苗民官、千夫长、副千夫长和土官中头目。⑤ 这无疑加强了朝廷对土司地区的控制，也通过职衔的授予确立了土官的地位，道光《鹤峰州志》记载：“土官之班，以宣慰为上，宣抚次之，安抚又次之，长官又次之，然宣慰与宣抚不相统属。”⑥ 就制度设计而言，各土司之间没有层级的统属关系，对

---

① 《明太宗实录》卷 88，永乐七年二月丙子，第 1166 页。

② 万历《大明会典》卷 4《吏部三·官制三·外官》各州、各宣慰使司条、各安抚司、长官司、蛮夷长官司条，第 11b—13a、b 页。

③ 《明史》卷 76《职官五》，第 1876 页。

④ 顾诚：《明帝国的疆土管理体制》，《历史研究》1989 年第 3 期；吴永章：《中国土司制度渊源与发展史》，四川民族出版社 1988 年版，第 161—163 页；郭红、靳润成：《中国行政区划通史 明代卷》，复旦大学出版社 2007 年版，第 226、435—436、599—606 页；张万东：《明清王朝对渝东南土司统治研究》，博士学位论文，吉林大学，2016 年，第 38—67 页；温春来：《从“异域”到“旧疆”——宋至清贵州西北部地区的制度、开发与认同》，生活·读书·新知三联书店 2008 年版，第 45—54 页。

⑤ 万历《大明会典》卷 118《兵部一 ·官制资格》，第 3 页 a、b。

⑥ 道光《鹤峰州志》卷 14《杂述志》，第 1 页 b。

有统辖关系的各土官来说，就级别而言，存有高低和主从之分，但就各土官与朝廷的关系来说，有着一定的平行关系。[①]

“土司之官九级，自从三品至从七品，皆无岁禄。其子弟、族属、妻女、若婿及甥之袭替，胥从其俗。”[②] 从《大明会典》的官制资格规定来看，土官还包括没有品级的蛮夷官、土目等。李世愉认为土目有三种内涵：一是少数民族的首领，是长期自然形成；二是土司的佐治官，隶属于土司，是土司指派的自署官员；三是土司的一个等级，由政府任命的。认为土目作为土司的等级是在清代才有的。[③] 如果从土目相当于无品级的土司等级这个含义来说，在明代已存在，如嘉靖七年（1528）王阳明在平定广西苏、受土目之变后，在思恩地设九个土巡检司，以头目管之，为世官。[④] 鄂西土司金峒安抚土舍覃璧因争袭起乱，伤及官兵，安抚被降为峒长。[⑤] 在朝廷授任的土官群体中，世袭的土司，不仅包括各宣慰使、宣抚使、安抚使、各洞长官、土知州外，还包括同知、副使、佥事等。如酉阳土司之下设有佥事，并一直世袭，冉应良、其孙冉佐、冉廷璋都明确地以佥事身份存在于《明实录》记载中。[⑥] 同治《冉氏忠孝谱》记载：冉载朝四子，长子冉如彪为宣抚使，二子冉如狼为宣抚佥事。冉氏宣抚使一职的世袭为冉如彪—冉应仁—冉兴邦—冉琛—冉瑄—冉廷辅—冉云—冉舜臣—冉仪—冉元—冉维翰—冉维屏—冉御龙—冉跃龙—冉天麟—冉天育—冉奇镳。[⑦]《冉氏家谱》记

① 李世愉认为土目与土司之间的关系除主从关系外，更多的情况下是平行关系。见李世愉《清代土司制度论考》，中国社会科学出版社 1998 年版，第 182—183 页。从土目作为朝廷任命的无品级的土官这一身份来看，作为隶属关系的各土司而言，照样存在这一平行关系。黄开华认为赴阙受职这一规定增进了中央与地方的联系，加强了中央统治权力，减少了地方行政长官和土官大族的专横和跋扈。见佘贻泽《明代土司制度》，第 43 页。

② 《明史》卷 72《职官志一》，第 1752 页。

③ 李世愉：《清代土司制度论考》，中国社会科学出版社 1998 年版，第 175—176 页。

④ 《明史》卷 318《土司传二》，第 8252 页。

⑤ 《明史》卷 310《土司传》，第 7990 页。

⑥ 《明宣宗实录》卷 103，宣德八年六月癸未，第 2293 页；《明英宗实录》卷 62，正统四年十二月丁丑，第 1174 页；大《明英宗实录》卷 267，景泰七年六月癸丑，第 5671 页。

⑦ 同治《冉氏忠孝谱》卷 1，酉阳冉氏族谱续修委员会，2010 年 9 月重刊《冉氏忠孝谱》。

载担任佥事还有冉兴祖、冉儒。[1] 从以上可知佥事一职有冉如狼—冉应良—冉兴祖—冉佐—冉儒，冉佐为冉应良孙，可知佥事一职也是为冉氏世袭。鄂西散毛宣抚司是覃氏世袭，于斌在宣德年间就以散毛宣抚司的佥事身份派遣舍人、把事朝贡，此见于明实录，[2] 也以散毛宣抚司的土官身份朝贡。[3]

保靖宣慰司就曾设置过副宣慰使，宣慰使彭万里弟麦各踵之子大虫可宜，占领土地杀掉年幼的彭万里孙袭职宣慰使的药哈俾，并占据十四寨，事后被朝廷处死，并革职副宣慰不准世袭，但所据村寨如故。其后人通过战功获授两江口长官司，受宣慰使阻扰，互相攻击，奏疏无宁岁，两边各有属民站队，后在朝廷的调解下归还七寨。两江口因是来往喉襟之地，以辰州清水溪堡官兵来镇守。[4] 其两家矛盾在永乐元年就已开始，并相互攻杀，宣德四年兵部奏："保靖旧有二宣慰，一为人所杀，一以杀人当死，其同知以下官皆缺，请改流官治之。"[5] 可见保靖土司除宣慰使外，只设置过副宣慰使。

由朝廷任命的土官群体是溪峒地区的最高权力层，虽有等级高低，土官的世袭和官阶皆由朝廷决定，各级别的土司在一定程度上处于相互制衡的态势。从这一层面来说，土司地区最高级别的土官并非是不可一世的土皇帝，不仅受所属各地低级的土官分权，如隶属保靖宣慰司的竿子坪长官司、五寨长官司和两江口长官司，永顺宣慰司所属的三州六洞司。还受同一官署的世袭土官分权，如冉氏的佥事、保靖宣慰使副使等。虽然这一级土官如同知、副使、佥事、吏目等，多不见于史料的记载，有时又以土官统称之，各自以

---

① 四川黔江地区民族事务委员会编：《川东南少数民族史料辑》，四川民族出版社 1996 年版，第 304 页。

② 《明宣宗实录》卷 23，宣德元年十二月丙戌，第 622 页；《明宣宗实录》卷 108，宣德九年春正月戊辰，第 2428 页。

③ 《明宣宗实录》卷 61，宣德五年正月丁巳，第 1450 页。

④ 《明孝宗实录》卷 200，弘治十六年六月乙巳，第 3707—3709 页。

⑤ 《明史》卷 310《土司传》，第 7995 页。

独立的身份世袭并与朝廷互通声息，对所属土官来说，仍具有以蛮治蛮的效果。学者孟凡松提到了明代朝廷为平衡世袭土官特权和朝廷对民族地区有效治理的制度分权设计。① 但这一群体对土官的分权并不明显，尤其这一群体多由土官的族人担任，其影响更不显著，散毛宣抚异姓佥事也仅见于宣德年间，而且在土司地区职官流官化的管理中，② 即在土司地区设置的经历、巡检、千户等，也逐渐被土官所取代。在永顺土司官署所在地即今天老司城祖师殿存有嘉靖十年（1531）铸造的铜钟，铜钟铭文：

> 道日增辉
>
> 大明国湖广永顺等处军民宣慰使司吴著大村工地，居奉神喜舍。信士彭士俊、把总向晟、张虎、彭九龄、向永寿、汪斌，管家严谨、彭远、彭志高，头目田鹗、田九口、田大用、上同。
>
> 皇图永固
>
> 恩官、前致仕宣慰使司彭世麒，恩官、致仕宣慰使彭明辅，现任宣慰使彭宗舜，官舍彭明伦、彭明义、彭明德，经历司信官徐林。
>
> 法轮常转
>
> 右泊合司舍把众信人等，即日上午圣造，言念俊等，百年光景，如白驹易过，“四重深恩”未报，没齿难忘，食夕拳拳，心怀切切，由是同登处喜，舍资财，铸造洪钟一口，入于本司马浦圣殿，永克供养，上愿：皇风清穆，圣寿长更；祁：官长安荣，封疆永固；不父：众信均使，康宁俗美，岁丰民安，物阜谨意。
>
> 帝道遐昌

① 孟凡松：《郡县的历程》，博士学位论文，陕西师范大学，2009年，第57页。

② 孟凡松认为土职管理流官化是土司制转向郡县制的原因，孟凡松：《郡县的历程》，博士学位论文，陕西师范大学，2009年，第60页；成臻铭认为土司制的崩溃是土舍官职化引起了族权与政权的分离。成臻铭：《论明清时期的土舍》，《民族研究》2001年第3期。

大运嘉靖十年岁次辛卯三月初五日庚寅良吉造。炷匠饶衡等。[①]

从上可知参加仪式排在一起有自署官把总、管家和头目，而信士只是宗教信徒的一种身份，并没有地位，但是信士彭士俊排在自署官前面，从道光《彭氏族谱》可知彭士俊为致仕宣慰使彭世麒的四弟，其地位也崇，[②] 世袭土官有前、现任宣慰使和官舍，经历徐林应是朝廷任命的流官，与世袭土官排在一起，也显示出对流官的看重。在康熙十八年永顺彭氏土官《摄理永顺司司务彭廷椿启本》中向朝廷反映了容美土司自授官职、扩张土地和颁发自编的《大会全书》等僭越朝廷礼法的行为，其中落款就有摄理司务臣彭廷椿、应袭臣彭弘海、护印舍臣彭元镇、经历臣彭元懋、白崖洞长官司长官臣张应斗。[③] 彭元懋在清初康熙元年《偏沅巡抚周召南上报的题本》中是以永顺土司亲舍的身份出现。在康熙朝《大清会典》所列的承袭土官中，就有桑植宣慰使土经历一员，[④] 在所列各地世袭的人员中，除酉阳土司有宣慰使、司徒两员外，各级土司的长官依然只是一员。[⑤]

二　土司自署的职官体系

溪峒地区权力层还包括土司自署官员群体[⑥]。主要分为各级世

① 嘉靖十年岁次辛卯《祖师殿大钟铸文》，来源于吉首大学人文学院拓片。

② 道光三年《彭氏源流族谱》，吉首大学人文学院田野收集。

③ 中国科学院：《明清史料·丁编》，商务印书馆 1951 年影印本，第 10 本，第 759—760 页。

④ 康熙《大清会典》卷 14《吏部十二·土官承袭》，沈云龙主编，伊桑阿等纂修：《近代中国史料丛刊三编》第 72 辑，文海出版社 1993 年影印本，第 557 页。

⑤ 康熙《大清会典》卷 85《兵部·武选清吏司·土司》，《近代中国史料丛刊三编》第 73 辑，第 4256—4265 页。

⑥ 已有的研究多未关注自署官员的朝廷报备程序，将基层组织都列为自署官员群体。成臻铭将自署官员群体分为行署、旗、峒三级，这里主要讨论行署这一群体。见成臻铭《明清时期湖广土司自署职官初探》，《吉首大学学报（社会科学版）》2002 年第 4 期。

袭土官的官舍、土舍[①]，土官亲族，行署官员如总理、家政，具体经办人员如通事、把事、舍把、头目、把总等。《永顺府志》记载："土司经制，把总三十一员，分管五十八旗随堂办事，此系专言永顺司者，把总即当日舍把之类。"[②] 明末清初史学家谈迁在《北游录》记载了永保土司彭弘澍、彭朝柱时期的情况：

> 永顺长官司长官彭弘澍，地周七百余里，设五十一旗，各旗或千人，或三五百人，自耕而食，听征发，十抽其一，各裹饷，限日践更，无踰期者，五十旗舍把分领之。其一土官自领。
>
> 保靖长官司长官彭朝柱，与永顺司同支，今甥舅矣，亦时仇杀。设十三旗，地陋于永顺，而兵锐过之。旗各一舍把，土官自领其一……舍把各居一庄。自耕织。[③]

在嘉靖七年王阳明《札付永顺宣慰司官舍彭宗舜冠带听调》中记载了官舍彭宗舜带领舍把彭明伦、田大有出征，彭明伦是致仕宣慰使彭世麒的九子，与现任彭明辅同辈[④]，彭宗舜是彭明辅的次子，长子身故，因此他是有袭彭明辅职资格的官舍。[⑤] 作为长辈的舍把彭明伦不一定会听命于还未袭职的晚辈调遣，所以王阳明专门出具

---

① 土舍作为土司的舍人指称，在不同的情境下又存有不同的指代，李世愉将土舍分为三个含义：一是土司的子弟和族人，二是土司的等级，认为在清代实行了土司分袭制度后土舍成为土司的一个等级，三是管理少数民族的头目。见李世愉《清代土司制度论考》，第201页；成臻铭认为土舍是由土目转化而来，之后又转为不同级别的土司及土司自署官员，认为土舍的官僚化导致土司政权与族权分开，土司家族组织发展演变导致土司社会政治生活的全面家族化，从而为改土归流准备了条件。成臻铭：《论明清时期的土舍》，《民族研究》2001年第3期。笔者认为，土司制是宋朝将部落联盟的自治组织纳入王朝控制下的延续。土舍只是土司社会的一个群体，促进改流的原因应该是土司社会的经济基础发生了变化。

② 乾隆《永顺府志》卷12《杂记》，第3页b。

③ （清）谈迁：《北游录·纪闻上·永顺保靖二司土风》，中华书局1960年标点本，第331—333页。

④ 嘉靖元年《彭显英妻正室彭氏墓志铭》拓片，藏于吉首大学人文学院资料室。

⑤ 湘西自治州文物管理处等：《老司城遗址周边遗存调查报告》，岳麓书社2013年版，第131页。

了彭宗舜应袭官舍的文告：

> 为照军旅之政，非威严则不肃；等级之辨，非冠带无以章。今官舍彭宗舜于常调之外，自备家丁，随父报效，不避艰险，勤劳王事，固朝廷之所嘉与，况又勘系应次男，今以土舍领兵，于体统未肃，合就遵照敕谕便宜事理，给与冠带，以便行事。①

在《八寨断藤峡捷音疏》中田大有又以头目的身份出现。② 可见舍把是分管各旗峒的军事行政长官，多以土舍、土官亲族、头目来担任，这一群体是维持溪峒社会运转的最基本的权力层。

改土归流后的第一任永顺知府袁承宠为革除溪峒社会积习，颁布了二十一条《详革土司积弊略》，多是关于土司旧例和社会风气，其中一条：

> 土民傀送，宜禁绝也。查土官向例，每年每户派送食米，并鸡鸭肉肘。自土官、家政、总理以及该管舍把四处，断不可缺，虽无力穷民，亦必拮据以供。今虽改土，并无土官、总理、家政名目，访闻各舍把子弟，尚因仍陋例私行取索者，应亟请禁除。③

自署的土官群体，由土官衙门奏保朝廷上司，一般都会批准，没有限制，而且这些经制群体也经常朝贡和出征，在永顺土司彭廷椿上奏的启本中就提到，“土官世受国制殊恩，土官至宣慰使为极，有功加衔，部落土把总为止，或有奉调出力懋赏加衔授职，大必请

---

① 《王阳明全集》卷18《别录十 · 札付永顺宣慰司官舍彭宗舜冠带听调》，上海古籍出版社2011年标点本，第693页。

② 《王阳明全集》卷15《别录七 · 八寨断藤峡捷音疏》，上海古籍出版社2011年标点本，第555页。

③ 乾隆《永顺府志》卷11《檄示 》，第23页a。

命于朝廷，小必听命有司”[①]。而且在永乐七年和嘉靖十八年礼部议奏中都提到了土官保用通事、把事和随司办事长官也需要报送朝廷具启裁度。[②]

舍把听命于土司，土民听命于所管舍把，对所管舍把，俱称为父母官。乾隆《永顺府志》记载：

> 查土司旧例，凡所管舍把，俱称为父母官。新委到任即受贺礼，以致土民因仍故习，每于保正乡约承役之时，俱送贺礼，或称为老爷，或称为父母官，以致舍把之名虽除，舍把之实未改，应永行严革。[③]

在清初康熙元年偏沅巡抚周召南上报的题本中，详细记载了处理永顺土司彭肇桓与保靖土司彭鼎之间因争夺户口矛盾的过程。由于夔东十三家的反清势力还在，周召南刚接任偏沅巡抚一职，认为“永保土司处在川黔之界，切近施州邻寇，乃以小忿致相仇雠者两载，窃恐酿成边衅，实切隐忧”。处理过程非常谨慎，既要杜绝欺邻造衅逞凶，越境杀人，以正名分，以肃王章，树立新朝的威信，又要圆满解决两家的矛盾不致生衅。先后动用了刑官王孙麟、游击张邦节等，一面遴委正员，一面察有医官孙希贤与两家土司故官有旧交，就委孙希贤先后三次往返土司两地传达朝廷和息的意见，以重亲戚之谊，世守爵土，光前裕后，奠安生民，倾心效顺，克尽职守。详尽地记录了朝廷流官参与解决的过程，大致是永顺司所管名叫彭一魁的人员在保靖司不回，二者在朝廷守官调解下，保靖司选老成舍把彭应祥共男妇六口送与永顺，以作抵口业。两司并于康熙元年（1662）七月初六日各差舍把三员到适中地南渭州信坪地歃血立誓，会盟和好。参与的人员永顺司有亲舍彭元懋，把总向楚英、

---

① 中国科学院：《明清史料·丁编》，商务印书馆1951年影印本，第10本，第759页。

② 《明太宗实录》卷88，永乐七年二月丙子，第1166页；《明世宗实录》卷221，嘉靖十八年二月辛亥，第4589页。

③ 乾隆《永顺府志》卷11《檄示》，第20页a。

田法井，保靖司有亲舍彭玉柱，把总许国祥、陈万忠。①

对于所抵口业一事，永顺司在回文中并不满意，希望能交还原人以换所抵口业人员。两司的矛盾也可能并不仅仅只有脱户一个问题，但从解决的方式来看，土司属下的土民可以用来相互交换，这反映了土民地位低下的同时，也显示出土民与土司的依附关系。要想稳定土民这个耕种赋役征战的最基本的群体，头目也是维持土司社会稳定的力量。

第三节　从碑刻所见土司婚姻圈的酉水区域特性

酉水流域作为一个文化的空间，从北宋时期，就可见这一地域的政治联盟体系誓下州的存在。从溪州铜柱的盟约也可知早期联盟对溪货交易规定的经济特性。② 施坚雅认为中国传统社会存在稳定的市场体系，市场对于传统中国的社会一体化具有重大意义，它既与行政体系平行，又超出于后者之上，既加强了后者又使后者补足。作为一个社会范围，同一个市场体系内的宗族间的联系可能会永久存在。③ 这也意味着婚姻圈与市场中心存在着重合的关系。杜赞奇认为婚姻圈和市场范围内的关系都是文化权力网络中的一部分，婚姻圈并不必然与市场范围相重合。④ 两者对婚姻圈有着不同的认识，但都关注到了婚姻不单是人类的延续，但同时也是特定区域内族群之间某种关系的体现。酉水流域作为一个文化共同体的空间，群体之间无论是政治、经济还是社会交往中的婚姻关系都体现

---

① 中国科学院:《明清史料·丁编》，商务印书馆1951年影印本，第8本，第211—215页。

② 溪货是指溪峒地区所产的土货，溪州铜柱就刻有“王庭差纲，收买溪货，并都幕采伐土产，不许辄有庇占”。见《溪州铜柱及其铭文考辨》，第36页。

③ [美]施坚雅:《中国农村的市场和社会结构》，史建云、徐秀丽译，中国社会科学出版社1998年版，第40、46页。

④ [美]杜赞奇:《文化、权力与国家：1900—1942年的华北农村》，王福明译，江苏人民出版社1996年版，第19页。

了这一区域之内的关联，有着地域自身的特点和历史进程。永顺宣慰司、保靖宣慰司和酉阳宣抚司是酉水流域三个高级别的土司。随着碑刻和民间文献家谱的发现，对于三家土司的婚姻关系多有关注，已有的研究多从婚姻联盟的权力属性去考量，将婚姻视为联盟的手段或工具,[①] 而忽略了这一群体之间婚姻关系本身所具有的地域和文化属性，这也是本节所要论述的内容。

一　永顺宣慰司的通婚关系

永顺宣慰司是酉水流域最大的土司，下辖三州六洞，三州即上溪洲，南渭州和施溶州，大致相当于酉水干流的上、中、下游地区，六洞即白崖洞、田家洞、麦著黄洞、驴迟洞、腊惹洞和施溶洞。六洞除麦著黄洞和施溶洞靠近酉水干流外，其他四洞都在酉水支流辐射的内陆腹地。在万历《慈利县志》记载永顺宣慰司西北抵保靖，外抵酉阳，北抵忠建金峒，正南抵竿子坪，正东抵大庸所。[②] 可见在明万历时期，其势力已经涵盖来凤所在卯洞以上地区。由于彭氏在南宋时期由酉水下游河岸据点退回到具有军事防御性质的酉水支流灵溪河畔老司城，并以之为治所，在改土归流后其治所旁边的家族墓又得到了清朝官府的保护，在政治中心转移后，老司城沦为一个落寞的小山村，随着土司世界文化遗产的申报成功，现在作为一个景点又恢复了八百年前的繁华。保靖土司治所选在交通通畅的酉水岸边，即今天的保靖县城所在地，改流后又作为官府的中

① 瞿州莲注意到了习俗对婚姻的影响，但她将这一习俗的呈现看作彭氏土司应对政治的结果，而非习俗存在本身。参见瞿州莲、瞿宏州《明代永顺土司的婚姻习俗及其特点：以湖南永顺老司城碑刻为中心的历史人类学考察》，《广西民族研究》2015 年第 1 期；谢晓辉《联姻结盟与谱系传承：明代湘西苗疆土司的变迁》，《中国社会历史评论》第 13 卷，天津古籍出版社 2012 年版；瞿州莲、瞿宏州《从土司通婚看土司之间的关系变化：以湖南永顺老司城碑刻为中心的考察》，《云南师范大学学报（哲学社会科学版）》2012 年第 2 期；尹宁《从永顺土司正妻出生家族的调整看明中后期永、保土司关系的变迁》，《三峡大学学报（人文社会科学版）》2016 年第 3 期；张凯《国家教化与土司向化——明清时期湘西北地区的制度与社会》，博士学位论文，中山大学，2016 年。

② 万历《慈利县志》卷 17《土夷》，第 1 页 a。

心，其遗留的痕迹所存无几。永顺土司的遗存保存的相对完好。而发现的永顺土司的墓志、碑刻、摩崖题刻及其民间文献族谱，结合正史的典籍，为深入了解永顺土司的通婚关系提供了资料。

从明代永顺宣慰使通婚情况来看（见表 4－2），可知永顺土司的通婚对象除了永顺宣慰司下辖的腊惹洞长官司、施溶州知州、驴迟洞长官司和麦著黄洞长官司外，西北边有保靖宣慰司、保靖两江口长官司，酉阳宣抚司，东边有桑植安抚司，桑植上、下洞司，九溪卫上洞，永定茅冈洞，南边有五寨长官司，北边有散毛宣抚司、施南宣抚司，卯洞。基本都在酉水流域辐射范围内。桑植、茅冈等地虽然在澧水流域，但从地理位置来看，仍可看作为酉水流域辐射的范围内。作为永顺土司税粮的基地和官庄，十万坪、杉木村就与桑植相邻，致仕宣慰彭世麒在嘉靖二年（1523）秋天带领一行人在万坪收粟一万石以备赈济，并刻于钟灵山石上。[①] 乾隆《永顺县志》记载，“十万坪在县东北，离城八十里，为桑植要道。居民稠密，商贾往来，田土膏腴，远山环秀。杉木村在县东北，离城一百二十里，为桑植九溪要道。民居环聚，竹木交荫，葱蔚可观”[②]。散毛宣抚司和卯洞都在今天的来凤县地，属于酉水流域的上游地区，是名贵木材楠木的生长地。嘉靖二十年（1541）九庙火灾，需要楠木复建，明廷派遣工部侍郎到湖广、四川采办大木（即楠木）。辰州同知徐珊深入卯洞，亲自督办采木事宜。保靖、永顺二宣慰使就参与帮助徐珊完成了任务。[③] 在保靖土司彭象乾上奏兵部的奏章中称彭元锦伪造志书，将辰州会溪巡检司改为会溪寨，明溪巡检司改为明溪寨，施州卫高罗安抚司改为高罗寨，大旺安抚司改作大旺寨，摇把洞长官司改作摇把寨，九溪卫麻僚所改作麻僚寨等。[④] 施溶洞长官司为汪氏世袭，《永顺县志》记载元末汪良任会溪巡检司巡检，

---

① 钟灵山石刻，又见《老司城遗址周边遗存调查报告》，第 129 页。

② 乾隆《永顺县志》卷 1《舆地志・市村》，第 48 页 a、b。

③ 《卯洞集》，第 1—2 页。

④ 《中国明朝档案总汇》47，第 33—34 页。

明洪武三年（1370）内附施溶洞长官司，领其地。[①] 会溪巡检司在明代一直存在，设置巡检一员，为辰州府管辖，在清康熙五十六年（1717）才裁。[②] 不管保靖土司说的是否真实，这从另一方面也反映了永顺土司在势力强盛时期扩张的地区基本都是在酉水流域的辐射区域内。从表中不一定能反映全部的历史事实，就如学者分析彭氏选择正妻的身份来改善之间的关系，但随着材料的发现，即使是有正妻的关系存在，也有相互之间的矛盾存现。如保靖土司彭象乾的正妻为彭元锦的女儿，在彭泓澍上奏兵部的奏章中称其祖彭元锦之女嫁与彭象乾为正室。[③] 但在正史的记载中，彭元锦为帮助其姻亲彭氏所生的保靖官舍彭象坤争夺保靖司位，与酉阳土司冉御龙、保靖彭象乾展开过争杀。彭象乾为酉阳土司之女冉氏所生。万历年间任辰州知府的瞿汝稷在处理永顺土司干涉保靖土司权力继承的事件中，以朝廷的权威震慑了永顺土司，制止了永、保土司之间因权力继承而生争斗，这也反映了婚姻关系影响着权力的继承。在瞿汝稷传中记载：

湖南土官永顺彭元锦最强。与酉阳冉御龙相雠杀。而保靖彭象乾者御龙之出也，象乾失爱于其父，欲立其弟象坤，元锦助象坤聚兵逐之，事久不解，公移檄谕元锦，曰："窃闻宣慰悦礼乐而敦诗书，数奏肤公不自矜，伐荀循是道，先允林世麟之贤声可跂而及也。乃以挟立彭象坤一事啧有烦言，夫立后自有成法，抚按司道诸臣孰肯从宣慰而紊国家之法耶。宣慰世受爵封，耳目綦声色，口体綦甘适，指挥进退，罔不如意，三州六司之人，岂尽勇力才谞不逮宣慰，而俛首听服哉！亦恃国家之法耳……宣慰诚能听本府之言，尊国家之法，保靖立后一从汉法，请力任其无咎。不然宣慰所树碑家庙，以播事垂戒子

① 乾隆《永顺县志》卷1《舆地志・沿革》，第43页a。
② 乾隆《辰州府志》卷22《沅陵县表》，第14页a。
③ 《中国明朝档案总汇》47，第13页。

孙，后事之师岂遽忘之也。”元锦捧檄泣曰，太守生我矣。遂解兵去，不敢逐象乾。①

表 4－2　　明代永顺宣慰使通婚情况一览②

姓名	妻妾	女儿出适	资料来源
彭显英 天顺六年 (1462) 袭职	正室彭氏保靖两江口长官司长官彭武长女、次女，侧室桑植安抚使向宽与彭吕次女向授契	保靖宣慰司宣慰使彭文焕，腊惹洞长官司长官向胜祖，酉阳宣抚使冉舜臣	《诰封明故太淑人彭母墓志铭》，《故正斋次室淑人向氏墓志铭》《冉氏族谱》
彭世麒 弘治五年 (1492) 袭职	正室仁房夫人彭德英保靖两江口长官司彭胜祖次女，侧室静房夫人向鸳英（向凤英）腊惹洞长官向源女，宝房彭氏彦英，壮房覃氏贵英，姬氏若干人	十七女：保靖宣慰彭九霄，酉阳宣抚冉仪、舍人冉值，散毛宣抚覃斌，施南宣抚覃良臣，桑植安抚向绶、下洞长官向天爵、上洞长官向仕奇，五寨长官田庆□，九溪卫上峒峒长向友旺，永定卫茅冈峒长覃尧之，两江口长官彭世英，施溶州知州田贵，腊惹洞长官向仕珑，驴迟洞长官向一阳，麦著黄洞长官黄全萁	《明故永顺宣慰使彭思斋墓志铭》，《思垒彭侯故室淑人向氏墓志铭》，《仁房夫人墓志铭》，《淑人刘氏墓志铭》
彭世麟	正室两江口长官女彭氏，侧室腊惹洞长官向氏，妾鹞麻向氏，卯洞向氏，辰州李氏	彭达礼适下洞洞长向天爵	《麦坡墓志铭》

① （清）钱谦益:《牧斋初学集》卷 72《瞿元立传》，上海古籍出版社 1985 年点校本，第 1605—1607 页。

② 表中所列袭职时间来源于《彭氏历代稽勋录》。

续表

姓名	妻妾	女儿出适	资料来源
彭明辅 正德五年 （1510） 袭职	正室桑植安抚司向世英长女	两江口长官司长官彭惠	《诰封明故太淑人彭母墓志铭》《明武宗实录》卷179，正德十四年冬十月辛酉
彭宗汉 卒未袭无嗣	聘桑植安抚向绶长女		《诰封明故太淑人彭母墓志铭》
彭宗舜 嘉靖六年 （1527） 袭职	正室保靖宣慰使彭九霄长女		《明故怀远将军永顺宣慰使司宣慰使忠轩彭君墓志铭》
彭翼南 嘉靖三十三年 （1554） 袭职	正室彭氏保靖宣慰使彭荩臣女，侧室淑人冉氏酉阳宣抚冉玄女，向氏桑植安抚向仕禄女，彭氏两江口官舍彭志显女	保靖宣慰使	《皇明诰封昭毅将军授云南右布政使湖广永顺宣慰彭侯墓志铭》
彭永年	冉氏酉阳宣慰司女	酉阳宣抚司冉维屏	《冉氏族谱》
隆庆三年 （1569）袭职			
彭元锦 万历十五年 （1587） 袭职	受封夫人：汪氏，田氏惹乳，妾王氏	女保靖宣慰使彭象乾正室 酉阳宣慰司冉御龙	《冉氏族谱》，《明史》卷310《湖广土司》，《中国明朝档案总汇》47， 乾隆《永顺府志》卷12《杂记》
彭弘澍 崇祯五年 （1632）嗣任		长元英、次德音适保靖宣慰使彭鼎	《保靖宣慰司彭鼎墓志铭》

从《冉氏族谱》中得知彭元锦的女儿也嫁给冉御龙为妾。在族谱冉御龙传中记载了其父眉坡公冉维屏“娶妾彭氏永顺宣慰使女，生子应龙”，又记载了冉御龙“妾彭氏亦永司女，公恶永司，因疏远不使”[①]。可见彭翼南、彭永年、彭元锦三代都与酉阳世为姻亲。虽然为姻亲，但在争袭利益的驱动下，依然相互争杀。冉应龙为彭元锦的外甥。彭象乾为冉御龙的外甥，两土司为了各自外甥的利益展开了争杀。在辰州知府的调解下三土司归于平静。从事件上来看，虽然冉御龙、彭象乾都同为彭元锦的女婿，但在外甥与女婿的选择上，是否可以理解彭元锦相助的是外甥，是文化习俗使然，即姑舅表亲的习俗，早就存在于这区域的文化体系中。酉水上游卯峒司向氏族谱关于明永乐七年（1409）承袭的向喇喏传赞中记载，“东莫如永顺，南莫如四川之酉阳，虽属婚媾，亦即仇雠”[②]。学者认为姑舅表亲是母系社会特重舅权的表现。[③] 就永顺土司而言，而非学者所分析的婚姻仅是是政治联盟的工具和手段。姑舅表亲这种习俗一直存在于民族地区，在改土归流建府后，第一任知府袁承宠就颁布革除骨种、坐床恶俗。姑舅表亲，又称为还骨种，在雍正七年（1729）上任知府袁承宠看来是土司旧俗，“即凡姑氏之女必嫁舅氏之子，名曰骨种，无论年之大小，竟有姑家之女年长十余岁，必待舅家之子成立婚配”[④]。在乾隆四年（1739）上任的永顺知县王伯麟看来：

> 永顺土人陋习，凡姊妹出嫁于人，所生外甥女长成，其母舅人等必索取骨种，或银钱布匹，或牲畜米谷，以餍其欲，然后许嫁。如或力不能备，必准算一女与母舅之子为婚，且不论男女年貌是否相当，以致多有男小女大，男大女小，不相正配者。陋习相沿，有乖风化，业经本县示禁在案，合再刊示谕

---

① 《冉氏忠孝谱》同治谱卷1《中乾公》。

② 《卯峒土司志》，第133页。

③ 汪玢玲：《中国婚姻史》，武汉大学出版社2013年版，第7页。

④ 乾隆《永顺府志》卷11《檄示》，第20页b。

> 禁。嗣后，除姑舅两姨姊妹两家，愿为婚姻者，仍照例听其自便外，如敢仍踵前辙，勒索骨种及准算甥女，不论年貌混配己子者，着该地保甲牌邻同女父母据实禀报，以凭严拿重惩。倘敢知情徇隐，查出并究不贷。①

雍正时期的袁知府认为姑舅婚是土司留下来的旧俗，一律禁止并革除，但是事与愿违，骨种的习俗依然存在。十年之后，继任的知县王伯麟不再强调是土司的旧俗，而是土人的陋习，虽然在乾隆七年（1742）继续颁布禁骨种的陋习，但是已经有了变通，只是禁止强迫勒索骨种，对愿为婚姻者，听其便，其实是认可了这种习俗。

姑舅表亲是为了保障舅家子嗣的延续。这种婚姻习俗早就存在于溪峒地区，《容斋四笔》就记载有“凡昏姻，兄死弟继，姑舅之昏，他人取之，必贿男家，否则争，甚则仇杀”②。永顺土司彭显英的继承者彭世麒的侧室腊惹洞长官司向源女向氏的墓志铭就反映了这种习俗在彭显英祖辈彭源时期就已存在：

> 按来状，向氏号清房者，腊惹洞长官向源之伯女也，年十五归于侯。其归也，以清房父祖乃侯姑祖之脉，侯之祖源寔清房姑祖之子，以姻缔亲，续世之好也。③

在梳理所发现的永顺土司的墓志铭中，有墓志的正室或者侧室，无一例外都是因为母以子贵，或者是女儿出嫁的好，才留下墓志，大多都是寂寂无闻。笔者在永顺县土家村寨咱河村调查，收集

① 乾隆《永顺县志》卷4《风俗志》，第4b—5a页。

② （宋）洪迈：《容斋随笔》卷16《渠阳蛮俗》，孔凡礼点校，中华书局2005年点校本，第821页。

③ 《彭世麒昭毅将军思垒彭侯故室淑人向氏墓志铭》，其拓片存放在吉首大学历史与文化学院资料室。

到一本彭氏族谱，记载其始祖为彭世麒与酉阳冉氏所生的德明公，[①]但在彭世麒的墓志上也未见冉氏。又如彭显英的正室为保靖两江口长官彭武女，先前是彭武长女为嫡，因为无出，继续聘娶彭武次女为正室，才生嫡子彭世麒、彭世麟两兄弟，侧室为桑植安抚使向宽与彭吕次女，也是因袭姑舅表亲之俗，所生二女，长兰洁适保靖宣慰使彭文焕，次娥娇适腊惹洞长官向胜祖。彭文涣当为正史记载的保靖宣慰使彭翰，从保靖彭氏族谱可知，彭翰袭职为弘治十六年(1503)。[②] 从墓志铭可知向氏去世是在正德二年（1507）九月，墓志上记载："兰洁适今保靖宣慰使彭文焕。"应为彭翰无疑，彭翰与彭世麒为姻亲，《明实录》记载了正德五年（1510），彭翰与彭世麒为争村寨相攻，在抚按官的调解下将所争村寨分断为两司，以土俗歃血割契以杜后争，各罚米三百石，承勘官各二百石，已去职者，罚半之。解决了两土司的争端。[③] 可见，即使是姻亲，在土地的利益上也是各不相让。将土司婚姻视为调解政治联盟的手段的认识应是不全面。

彭世麒的正室彭氏无子，侧室向氏子明辅袭职为宣慰使而留墓志于世，其墓志为官至中书的周惠畴所撰写。而彭世麒的侧室刘氏不知其所出，生子一明乡，为冠带舍人，女二，一个嫁给了酉阳宣抚使冉仪，一个嫁给了桑植上峝峝长向友旺。刘氏应为普通人家，早于彭世麒一年去世，其墓志为位高权重的北京刑部主事辰阳进士王世隆所写，应为彭世麒延请所撰，记载的是：

> 永顺彭慰使天祥，家法甚严，内口不出于外。故淑人刘氏没，其详不可得闻也。□然亦略得其□，常闻其母感异以成口，壬辰（1472）三月念三日而生淑人。其父延星士推其禄命，星士曰："是女婴之干支也，禀得中和之气，他日笄而字，

---

① 笔者收集的《彭氏族谱》，由咱河村五组彭世章提供。咱河村即乾隆县志所载的内龙保四甲地。

② 谢华：《湘西土司辑略》，第 78 页。

③ 《明武宗实录》卷 60，正德五年二月乙卯，第 1332 页。

必大贵，显非凡命也。”及龄，有相士见而奇之，曰：“是女他日得婿，必近乘龙真夫人之相也。”父母甚钟爱之。弘治甲寅岁（1491年），天祥始问名而纳采焉……卜是年六月十七日葬雅草坪，从舅姑之墓侧焉。铭曰：“柔质静专，孝敬躬先，奉萱爱日，梦兰自天，子孙贵介，甥婿藩宣，雅草之阡，灵溪之泉，淑人幽宅，于斯万年。”皇明嘉靖末年六月之吉。[①]

在时人所书写的墓志铭中，淑人刘氏不知所出详情，父母请人为其算命被推测为好命，相较于土司之间的婚姻关系而言，似乎刘氏并没有显赫的地位。墓志所记刘氏葬在从舅姑之墓侧，可见刘氏也有因袭姑舅之婚的习俗。在婚姻圈表中将彭世麟列为其中，是因为彭世麟是彭世麒的弟弟，同为保靖两江口长官司女彭氏所出，在正史记载上也是战功卓著，尤其是在正德年间平叛四川农民起义计擒首领蓝廷瑞等立下了功劳。[②] 在正德五年至六年（1510—1511）还代理过司事。在其墓志上就记载了：

正德庚午辛未岁，代司事，同目把彭朝、张虎、彭尚勇、彭胜等领兵征讨川陕、河南、湖贵诸丑，与树大功。孝于亲，恭于兄，安于义分，接往来士大夫以礼，处土著舍目以和，凡公门庶务罔不协力赞襄，事事就绪。上下咸知其为人，所以不负为今致仕使君、钦授龙虎将军、上护军、大兄恩斋公钟爱，荐至之难弟也。[③]

从墓志发现，永顺土司广交外界名士，从彭显英就开始重视与文人的交往，“在成化二十二年（1486）致仕后营治猛洞河别墅，优游林下，日与文人、诗士倡和岁月”[④]。到彭世麒时期，开始重视

① 《彭世麒明故彭淑人刘氏墓志铭》，其拓片存放在吉首大学人文学院资料室。

② 《明武宗实录》卷78，正德六年八月己卯，第1705—1706页。

③ 《麦坡墓志铭》，见于萧卓夫编著《溪州名胜拾萃》，民族出版社1997年版，第100—101页。

④ （清）彭肇植：《永顺宣慰司历代稽勋录·忠肃公》。

名声，“造竖牌坊，以彰圣典”[1]，构建“世忠堂”。在王阳明门人唐愈贤撰写的彭世麒墓志记载：

> 构堂四扁曰世恩怀忠，思亲箐边要，皆志其忠孝之思也。平生谨敏和易，部曲畏其威，面而怀其恩，延礼文儒教养子弟。[2]

明代大儒陈献章、陈建，[3] 总镇湖广的顾溥都写过永顺《世忠堂铭》。[4] 王世隆为拜其为师的学生彭宗舜所写的墓志铭中记载了彭世麒：

> 倜傥好义，轻财乐施。氏中朝大夫，若东白白沙、东山其泉、阳明士生、闻山高吾、云巢诸名，公皆是礼厚币以求教，故一方典章文物，丕变庶口中，旧思察之力也。[5]

从墓志铭和文献资料中都显示了彭氏土司与中原名儒多有交往，中原首辅徐阶为彭翼南所写的墓志中就赞扬了自彭世麒以来重视文化的事迹：

> 侯为儿时，性颖敏，举动不凡；及少长，务学不倦，喜诵诗评史，延巨儒为师友，资如东廓（邹东廓）、念奄、则远、宗之、道林、华峰，皆及门受学，刊阳明《遵诲诸集》以思贤，修司志、家谱诸书以传后，他如当路群贤曾侍侧者，罔不

---

① （清）彭肇植：《永顺宣慰司历代稽勋录·忠毅公》。

② 《明故永顺宣慰使彭思斋墓志铭》，其拓片存放在吉首大学人文学院资料室。

③ 陈献章是赠以《世忠堂诗》。见同治《永顺县志》卷 6《艺文志·世忠堂铭》，第 28 页 a、b。《艺文志·诗》，第 56 页 a。

④ 嘉靖《湖广图经总志》卷 17《辰州诗》，第 30 页 a，书目文献出版社 1991 年影印本，第 1490 页。

⑤ 《明故怀远将军彭宗舜墓志铭》，其拓片存放在吉首大学人文学院资料室。

> 师法之，故多闻见，而不富学识，非敏而勤者乎？席祖父丰盈场，强盛而不侮邻，封不钤民庶。凡送迎，出予必裕，故士夫工贾胥得其欢心。①

受中原文化的影响，在家司合一的彭氏管理实践中多有体现，聘请名儒，修司志，写族谱，建司学，但是在婚姻习俗上依然保持着姑舅婚的地方特色，从上面介绍的改土归流后流官所修的地方志中就可看出。

在彭世麒时期无论是在军功、献大木，还是在家庭、兄弟关系和文人交往上，都是一个欣欣向荣时期，关系相当和谐，彭世麒也多次受到明廷表彰。所知其时期的婚姻圈也最广，北可达至施南宣抚司，南可延及五寨长官司。施南宣抚司在今湖北利川县，《清史稿》记载：

> 施南宣抚司元施南道宣慰使。明洪武四年，覃大富入朝，七年，升宣抚司。清因之。雍正时，覃禹鼎袭。禹鼎，容美土司田明如婿也，有罪辄匿容美。当事以明如之先从征红苗有功，置勿问。十三年，明如被逮，自经死。禹鼎以淫恶抗提，拟罪改流，以其地置利川县。②

施南宣抚司是覃氏世袭，在宋时期，彭、向、覃就已是一个联盟体。从以上史料来看，覃氏也是容美的婚姻通婚对象。从通婚表中所列已知的十位永顺土司的通婚对象来看，保靖、酉阳和桑植三地居多，所列的九代土司继承人中，已知与保靖彭氏通婚就有七代，与桑植向氏通婚就有五代，与酉阳冉氏通婚也有五代。

值得一提的是永顺土司与保靖两江口彭氏的通婚关系。在同治《龙山县志》记载两江口长官司莫古送，系药师、图南弟，因征讨

---

① 《彭翼南永顺宣慰彭侯墓志铭》，其拓片存放在吉首大学人文学院资料室。

② 《清史稿》卷512《湖广土司传》，中华书局1977年标点本，第14209页。

功授两江口长官职。① 两江口是指大小两江的交汇处，故称。大江即指北江酉水，小江指发源于贵州松桃的花垣河，（见图 4 –1 两江口位置图），乾隆二十八年（1763）《永顺府志》记载：

> 小江，即松桃河，松桃地名在贵州境，源发于黔省铜仁县之苗地，通四川之洪安汛，历永绥之茶洞，抵花园两河口与古铜溪会，通新寨，历普溪渡与大江会，谓之小江口，又谓之两江口，明史云两江口系襟喉要地者是也。②
>
> 明史土司传载保靖之两江口系要地，宜调清水堡之官兵守之，今保靖境梅树河松桃河会流之处曰两江口，附近有地名清水，与四川秀山县、辰州府永绥厅之排乍蜡尔等处相近。③

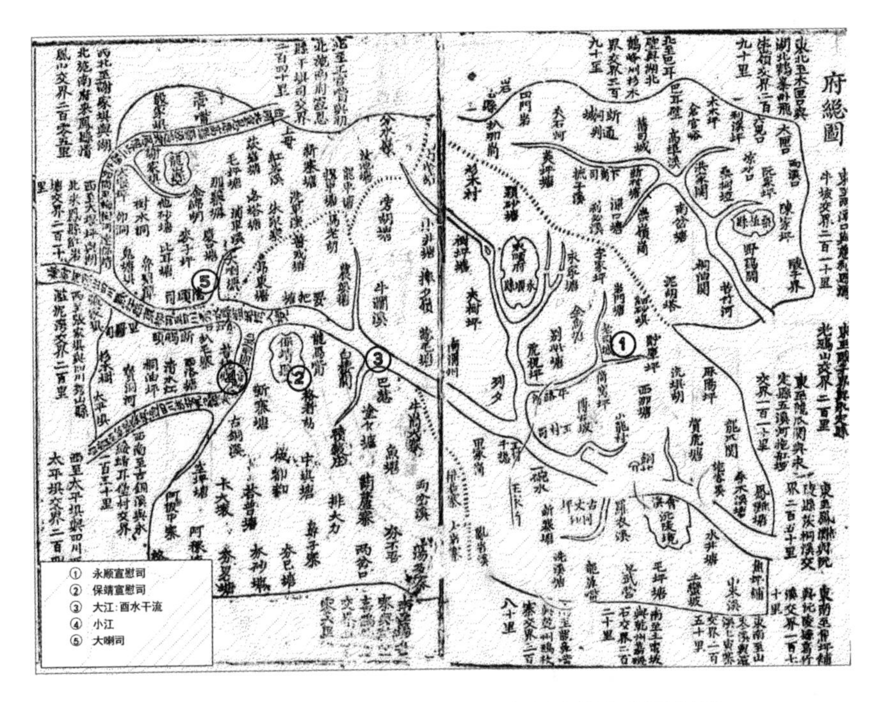

图 4 –1 两江口长官司位置示意图（底图为乾隆永顺府图）

---

① 同治《龙山县志》卷 6《兵防上 · 土司》，成文出版社 1975 年影印本，第 207 页。

② 乾隆《永顺府志》卷 2《山水》，第 14b—15a 页。

③ 乾隆《永顺府志》卷 1《沿革》，第 13 页 a。

两江口位置非常重要，古铜溪是苗民贸易的据点，与保靖司相距不远，雍正九年（1731）改土归流后流官编写的第一部《保靖县志》记载：

> 古铜溪兼通水道，可行小舟，名曰小江，下接保河，溯而上之其水源，直通六里红苗，界内向来贸易，民人常有驾舟装运货物入内。①

从《明史》可知，保靖宣慰使彭万里弟麦各踵之子大虫可宜杀死其应袭的侄子，即彭万里孙彭勇烈的儿子彭药哈俾，占据了大小两江十四寨，大虫可宜被处死，保靖宣慰使一职由彭勇烈的兄弟彭勇杰承袭，大虫可宜虽然被处死，副宣慰使一职却被革除，但其后代仍然占据十四寨，大虫可宜子彭顺即县志所记载的莫古送，因为战功获得两江口长官一职，其后代也通过战功继续保持着这一官职，因为土地的利益，其后代彭忠—彭武—彭胜祖—彭世英与过继给药哈俾彭勇杰子彭图南的后代彭显宗、彭仕珑等相互攻讦，冲突不断。两江口彭氏又与永顺彭氏成为姻亲，保靖土司更难于约束两江口彭氏。在保靖宣慰使彭仕珑的力争下，弘治十六年，两江口司归还仕珑小江七寨，止领大江七寨，并调清水溪堡官军来守两江口，将彭世英徙于沱埠，以绝争端，沱埠应该在大喇司处，彭世英子彭惠因为利益被剥夺对镇巡官怀怨在心，加上永顺宣慰使彭明辅与之连姻，助以兵力，与保靖宣慰使彭九霄相互仇杀数年，死者五百余人，正德十四年，在都御史吴廷举的调解下，以大江之右五寨归保靖司，大江之左二寨属辰州，设大剌巡检司。令流官巡检一人主之，惠免迁徙，仍居沱埠。以土舍名目协理巡检司事。十年之上

---

① 雍正《保靖县志》卷4《艺文志·详设市场》，成文出版社1975年影印本，第188页。

能改过自新或听调有功，则量授土官副巡检。[①]

从以上简单的叙述可知在保靖宣慰使的干涉下，两江口长官司的地盘从占据酉水两岸的大部分地方退到大河的左边大喇司地（图 4 – 1）。虽然设置流官，安置彭惠作为官舍协助管理，规定十年如果没有争端，可授为副巡检。实际上大喇司一直由彭氏所管理，直到改土归流，仍由彭氏后代担任把总。[②] 只是隶属已改变，交由辰州管理，而非保靖宣慰司，在一定程度上避免了争端，也是对保靖彭氏势力的限制。同治《龙山县志》记载：

> 正德十四年因保靖宣慰司彭翰与惠兄弟争地构怨仇杀，互相讦癸，十五年钦委都御史吴廷举亲诣勘踏，断以溪水七十二条，四至界限归彭惠管理，敕立石碑于喇竹口金斗山，以杜争端，其地东至史禹山，与永顺分岭为界，南至大河，与保靖分江为界，西至龙崖洞八面山抵酉阳司界，北至红崖河抵永顺司界，大小一百有七寨，额拨秋粮五十石，编设军民十二甲，以惠自请改其地隶辰州。[③]

从以上史料可知，由两江口转到大喇司的保靖两江口彭氏，仍然占据着相当有利的位置和村寨。大喇司在龙山县酉水最长的支流洗车河进入北江酉水的交汇处。两江口失去了掌握苗路的货物进出口的有利位置，但依然把控着土民货物进出酉水的要路。《龙山县志》记载：

> 洗车溪，在县南一百六十里，即红岩溪下流也。源出辰旗里比沙沟，东流至红岩溪，下经比洞至梯子岩，折而南至洗车溪，溪左右依山为岸，市廛排列，屋瓦鳞次，随山势高低，沙静水明，楼阁涵影，溪上石桥平阔，覆以长廊，并连左右廛

---

① 《明史》卷 310《湖广土司》第 7995—7998 页；《明武宗实录》卷 179，正德十四年冬十月甲申，第 3496—3497 页。

② 《清高宗实录》卷 807，乾隆三十三年三月辛亥，中华书局出版 1986 年影印本，第 906 页。

③ 同治《龙山县志》卷 6《兵防上 · 土司》，成文出版社 1975 年影印本，第 208—209 页。

> 舍，轻舟上下，浪云泻春。溪右落塔岩水注之，涧流斜交，形如丁字，略彴横驾，垂阳夹阴，红墙白板村舍纵横，鸡犬之声与两岸相应，竹树参差，炊烟出没，三山屏拥岚翠，迸流如隔人境。由洗车溪南流至猫儿滩，捞车溪、正河两水左右注之，更南流至庆口，浦车溪、牛栏溪水右注之，更南流出隆头镇入北河。溪水可通小舟，若货具多，则用众舸分载之，出隆头镇乃并入大舟。[①]

学者认为自两江口长官司被改流设置为大喇司以后，两江口彭氏不再是永顺土司姻亲考虑的对象，转而重视与保靖宣慰司缔结姻亲。[②] 笔者并不赞同这样的说法。两江口的势力虽然遭到了削弱，但从所辖的地方以及世代承袭来看，两江口彭氏依然为酉水流域上层的土著阶层。在同治《保靖县志》记载大喇司一族始祖彭世雄墓在花园，彭惠、彭志显、彭启忠、彭一正和彭泽永的墓在比耳。[③] 从彭氏墓葬的地方可见两江口彭氏从掌控花园一带苗路向龙山方向的转移。花园即在今天的花垣县，比耳在保靖县境，酉水岸边。县志记载，比耳场在县西北七十里，市肆相向，货物杂集，为上游巨镇。[④] 在龙山县苗市镇星火村叶家寨发现的嘉庆朝叶氏的墓碑上，记载了其先祖叶尚谨被彭惠子彭志显延为幕友，其先祖子叶仲邦被授予永顺宣慰司把总一职，[⑤] 苗市镇就在洗车河的中游地带，顺流而下就到隆头大喇入北河。可见永顺土司与大喇司的彭氏依然是往来相通，互通有无。

二　永顺宣慰司婚姻圈的特点

婚姻圈的区域性是酉水流域三家土司的主要特点。从已知的永

---

① 同治《龙山县志》卷3《山水》，成文出版社1975年影印本，第112—113页。

② 尹宁：《从永顺土司正妻出生家族的调整看明中后期永、保土司关系的变迁》，《三峡大学学报（人文社会科学版）》2016年第3期。

③ 同治《保靖县志》卷2《塚墓》，第66页b。

④ 同治《保靖县志》卷2《市场》，第36页a。

⑤ 田仁利编著：《湘西土家族苗族自治州金石通纂》，第603—604页。

顺彭氏通婚关系来看，彭氏的主要通婚对象为其所辖下的三州六洞司地，保靖、酉阳和桑植地区，具有很强的区域性和阶层性。由于保靖土司资料的欠缺，很少看见其通婚女方的资料，不能较为完整地梳理保靖宣慰司和两江口彭氏的通婚关系，但从永顺的通婚关系也可看出这一区域的关联。保靖彭氏族谱着重记载了白氏的事迹：

> 彭白氏，荩臣妻，守忠母。荩臣长子守忠随父征战有功，赐冠带回司袭侯。本年（嘉靖三十九年1560）十一月十三日病卒。其妻杨氏有遗腹子养正未生。守忠母白氏奉文管理印务，署司事。四十一年，白氏捐银两为砦民纳秋粮……馈牛酒犒赏苗人廖老洽等以旌其劳，使安心把路。一时政令翕然，溪峒咸颂。时钦差总督都御史罗口报称：“白氏署印以来，法度一新，诸苗颇服……”又分守道参政蔡口批称：“白氏以女流护印，代替寨民出办粮银，即完官府之事，又恤洞民之艰，委宜嘉奖。”万历元年（1573），白氏以病息，其孙养正十二岁，袭职。①

白氏之所以载入谱册，是因为彭氏一族在嘉靖年间多次为朝从征，宣慰使彭九霄三子，长子虎臣、次子良臣先后死于从征，因兄弟二人无嗣，三子荩臣袭职，荩臣父子二人也是战功卓著，尤其与永顺土司一起在嘉靖三十三年（1554）的抗倭战争中立下了赫赫战功。② 但是在嘉靖三十九年（1560）父子二人先后去世。白氏在此关头担下了重任，管理有方，并能将权力顺利地传递到长大成人的孙子彭养正手上。虽然对白氏有记载，但白氏出自哪里并没有记载。从酉阳土司的通婚关系可以推测其来自哪里。白氏也是冉氏土司的通婚对象（表4－3），冉跃龙和冉奇镳都娶有后溪的白氏，冉

---

① 谢华：《湘西土司辑略》，第81—82页。

② 《明史》卷310《湖广土司》，第7998页。

跃龙因为征辽战功被升职为宣慰使，其正室舒氏也受封诰命夫人。[1] 在冉氏族谱里，冉跃龙侧室白氏因为子天育袭职被授予一品太夫人荣耀，并立有传，记载了白氏助夫练兵习武。[2] 保靖白氏应该与白氏是同一家族里所出。从保靖彭氏家谱可知彭荩臣三兄弟皆为彭九霄正妻冉氏所出。而白氏所在的后溪就地处保靖和酉阳二司的中间，在白氏族谱里记载了其迁入酉水的来历和发家史。

表4-3　　酉阳宣抚司通婚情况一览（1469—1734）

姓名	妻妾	通婚地区	资料来源
冉云	正室杨德圭，侧室文氏	本司	冉氏族谱
冉舜臣	正室彭氏永顺宣慰使彭显英女，侧室本司段氏，向氏，李氏，张氏水德司长官司女	永顺宣慰司， 思南水德江长官司 本司	《冉氏族谱》
冉仪	正室彭氏永顺宣慰使彭世麒女，侧室本司段氏，新添卫宋氏，本司张氏，息宁姑彭氏，平茶司杨氏，五寨司田氏，熊家村熊氏，水德司张氏，俊倍司杨氏，重庆府巴县廖氏	永顺宣慰司，新添卫，息宁姑，平茶长官司，五寨长官司，思南水德江长官司，俊倍洞，重庆府巴县	《冉氏族谱》
冉元	正室黎氏，侧室荆州府李氏，俊倍司杨氏，永顺司彭氏	荆州府，俊倍洞，永顺宣慰司	《冉氏族谱》
冉维屏	正室本司指挥使杨胜业女，刘氏，永顺宣慰司彭氏	永顺宣慰司 （冉维屏应有一女适保靖宣慰使）	《冉氏族谱》 《湘西土司辑略》

① 《明熹宗实录》卷12，天启元年七月庚戌，第601页。
② 《冉氏忠孝谱同治谱》卷1《白太夫人传》。

续表

姓名	妻妾	通婚地区	资料来源
冉御龙	正室杨氏 侧室永顺宣慰司彭元锦女（因争嫡杀死冉御龙，被重庆府处死）	永顺宣慰司	《冉氏族谱》
冉跃龙	正室舒氏，侧室本司总管官侄女白氏，王氏，李氏，杨氏，刘氏	本司（因援辽功加升为宣慰使）	《冉氏族谱》
冉天育	正室孔氏，侧室李、袁、董氏	缺籍（在明史记载崇祯年间冉天麟为宣慰使，族谱冉跃龙长子冉天麒崇祯十四年三江之变宵遁，舍人把总拥庶长子冉天育袭职）	《冉氏族谱》，《明史》卷312，《酉阳土司》
冉奇镳	正室彭氏保靖宣慰使女，侧室本司杨氏，思南府李氏，本司杨氏，后溪白氏，王氏	保靖宣慰司，思南府，本司，后溪。（冉奇镳于顺治十五年归顺大清）	《冉氏族谱》
冉永沛	正室恭人保靖宣慰使女，恭人杜氏江南华亭人黔江县令南池杜公长女，侧室陈家园陈氏，本司王氏，江右人符氏，本司季氏	有六女，一适唐崖长官司，一适杜姓，一适思南府孙姓，一适贵州省溪司长官司，一适容美长官司，一适黔江朱姓，通婚涉及地区除以上还包括保靖宣慰司，陈家园，本司	《冉氏族谱》
冉元龄	正室保靖宣慰司彭氏，侧室熊氏、余氏	保靖宣慰司，其后由其子冉广煊代理司事，出现争袭，在雍正十二年改流	《冉氏族谱》

洪武二年，得闻酉溪蛮破作叛，意欲入地征讨，于是齐集商议，移居里耶大江坪住札。一载无权，不敢擅入。洪武三年，有彭友义、田中鹤系我祖姻亲，又属豫章原籍，往接我祖。此时，龙祖愿往石堤龙隄河，虎祖愿往山安买菜，狮祖、

象祖、马祖同上茶园坝杉树湾。屯扎彭、田二姓，即令同庹有仁、吴开通、涂遇春、龚辅明、鲁文成、何茂开等，与我祖歃血盟誓，如能剿除土蛮，产业概归白姓掌管。我祖兴兵，蛮贼望风逃窜，不敢对敌。追至蛮王盖，将贼首诛灭，余众溃散，酉州地界姑得安宁。我祖奏凯班师，途遇孺子哭之哀，问其姓氏，不能答。随携白营，抚养成立，更名哭保，世代同姓，即指堡顶几处，付与耕种，执掌子孙管业；此时，地界未入川楚，原无统辖，虽冉、田二姓亦追贼有功，只是贵州营溪甲、宿渤海、井干、邑梅、麻杜、石耶、地坝、高洞等处概归冉土司统驭，自立把界官衔。独我大小二江之民不服土司控御，愿立我祖白豫为独立长官，总管合洞军民，毋得造次作叛。于是拨狮祖管锡灵姑老寨，拨马祖管酉酬溪口竹园坝，我祖统辖后溪五洞五甲五族野民……单言豫祖下车之时，插边为界，众姓感其除害有功，乐任驱策，并不服土司调遣。土司势孤，因与我祖联姻，永远和好，世代亲睦，仍守现职，坐镇酉东，每年节礼申敬，两释猜疑。①

从以上史料可知，白氏一族是因为与彭、田的姻亲得以在里耶落脚，因此才能在这一带获得立足之地并壮大。宋龙、后溪在秀山、保靖、永顺、酉阳四地交界处，可以说这一带为苗蛮飞地。后溪在酉水岸边，弘治十二年（1499），酉阳、保靖、永顺三土司就曾因邑梅等杨氏土官动员宋龙、后溪诸蛮聚兵杀掠展开过合剿，《明实录》记载：

四川酉阳宣抚司土民冉通等，并保靖永顺二宣慰司彭仕珑、彭世麒并奏，邑梅副长官杨胜刚父子谋据酉阳，结构俊倍等洞长杨广震等，号召宋农、后溪诸蛮聚兵杀掠，荼毒夷民，请发兵讨之。兵部先据酉阳宣抚冉舜臣奏，已遣抚谕发兵。至

---

① 《川东南少数民族史料辑》，第325页。

是再议，谓酉阳苗蛮溪峒连络，易相扇动不蚤为区处，恐各洞蜂起，卒难剿平，请行镇巡官谕之，如不听，仍如前奏发重庆等卫官军并播州酉阳宣慰司土兵耀武以威之，终弗靖，则行令湖广守臣发永顺保靖二宣慰司土兵合剿，从之。①

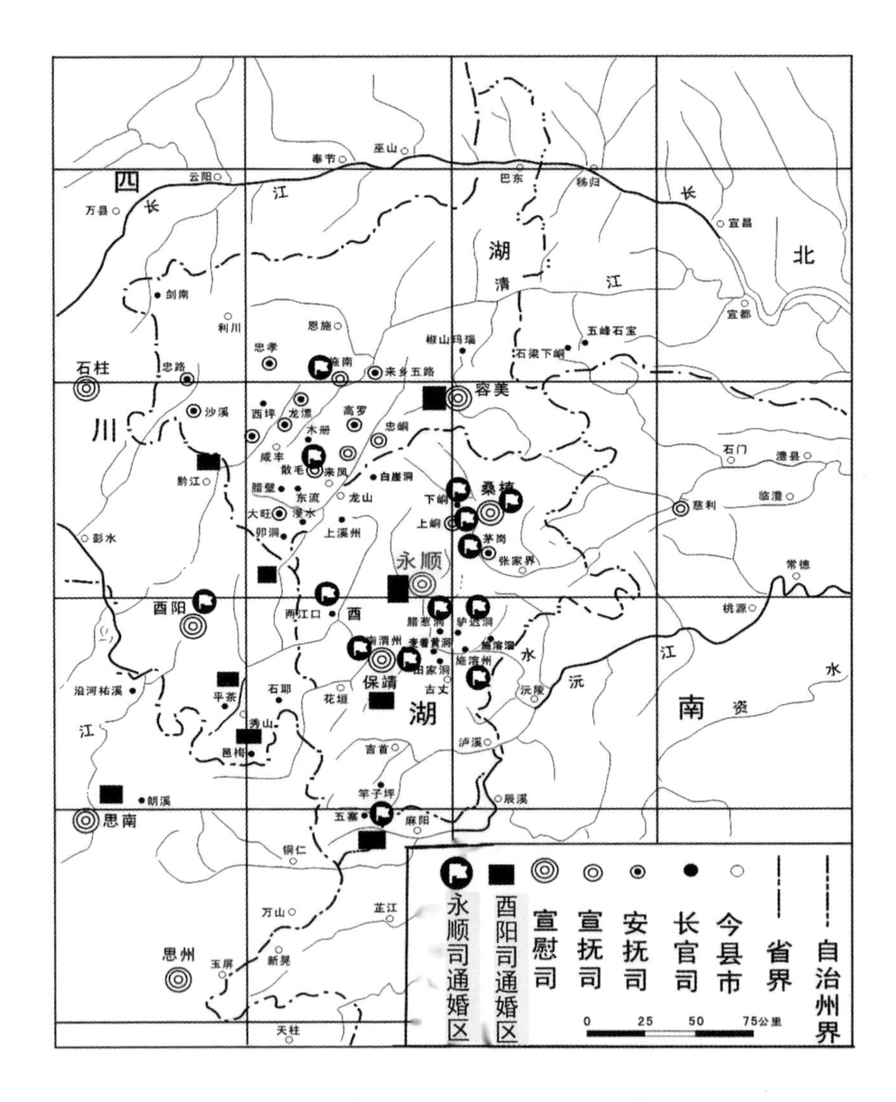

图 4－2　永顺宣慰使、酉阳宣慰使通婚情况图

（底图为谭其骧《中国历史地图集》明湖广）

① 《明孝宗实录》卷 152，弘治十二年七月丁亥，第 2701 页。

并且从彭氏白氏和酉阳白氏的记载中都体现出白氏具有女中豪杰的侠义，体民意，懂得在危难中担重任，不张扬行事。这应该也跟白氏的出身相关。总之，后溪一带也在酉水流域里。

在永顺九代土司继承人中，已知与保靖彭氏通婚就有七代，与桑植向氏通婚就有五代，与酉阳冉氏通婚也有五代。从冉氏十代的通婚情况来看，有四代与保靖宣慰司通婚，五代与永顺通婚，从冉氏和永顺所呈现的通婚图来看，主要是在酉水流域这个婚姻圈里。虽然《大明会典》规定："（嘉靖）三十三年，土官土舍嫁娶，止许本境本类，不许越省"①，"凡同姓为婚者各杖六十离异"②。但是就彭氏土司婚姻关系来看，并没有受到限制。朝中大夫为其所写的墓志铭中，对其忠孝报国传家，安靖地方，人文向化极尽赞赏，对存在的同姓为婚，与四川酉阳的跨境通婚并没有微词。这说明，土司制度本就是从俗而治，对早已存在的婚姻圈的事实，也是从俗听之。

前面已提到，酉水流域自宋以来姑舅表亲婚姻习俗盛行。姑舅表亲是内婚制的一种，内婚制源于种类的认同，姑舅表亲被视为最适当的婚姻。从理论上讲，姑表婚不但能使家人凝聚在一起，而且还能防止家产的散失。③ 显然，这一习俗的盛行跟所处的环境相关。对于"皆焚山而耕，所种粟豆而已。食不足则猎野兽，至烧龟蛇啖之"④ 的溪峒地区来讲，无疑这种习俗有助于化解风险。上层之间的婚姻联盟是极其自然的现象，姑舅表亲婚姻习俗的盛行是受地方文化的影响。这种习俗宋代就已盛行，姻党相连是联盟体之间的一种常态。景祐四年（1037），知施州刘允忠就利用这层关系招天赐州诱降溪蛮谭彦绾、向进等⑤。这种早已存在的联盟习俗在宋代就

---

① 万历《大明会典》卷121《兵部四·土夷袭替》，第13页a。

② 万历《大明会典》卷163《刑部五·同姓为婚》，第19页a。

③ ［芬兰］韦斯特马克：《人类婚姻史》第2卷，李彬等译，商务印书馆2002年版，第521、543、546页。

④ 《老学庵笔记》，第44页。

⑤ 《续资治通鉴长编》卷120，景祐四年闰四月癸未，第2829页。

为朝廷所利用，在元代，承认了“土官病故，子、侄、兄弟袭之，无则妻承夫职”的蛮俗。[①] 随着入明以来对土官袭职按谱系传承的系列规定，明白取具宗支图本，并官吏人等结状，附写考功等，洪武二十七年，（1394）令土官无子，许弟袭，三十年（1397），令土官无子、弟，而其妻或婿为夷民信服者，许令一人袭。[②] 在朝廷强调谱系传承的规定下，也可以看到土司群体对袭职的应对和博弈，如两江口彭氏因战功的分袭成功，酉阳冉应龙借助永顺舅方势力对承袭的染指等。朝廷的规定也存在姑舅表亲婚姻习俗中舅权的延伸，在三土司的继承争袭中，没有看到一例女婿袭职。姑舅表亲是在早已存在的婚姻联盟体中进行，重复联姻加强了联盟，使得通婚在原本的联姻体之间进行，从而形成了另一文化层面的婚姻圈。[③] 在酉水沿岸保靖县碗米坡镇起车村发现有保存完好的两座田氏家族墓，一座是生于万历五年（1577）殁于天启七年（1627）的把总田逢年墓，其墓志记载：

亲翁雁门世弟，棠棣多能，奉旨征辽征豹，四弟逢月阵亡。平贼有功，历皇恩敕，分地保邑，世授副爵把职，永享阀阅流香。为序。

孝男　恩袭把总田万富　万禄　万贵

年家眷弟　同职把总　彭农管题

一座是崇祯五年（1632）田逢年子田万贵的墓，其墓志记载：

皇明恩袭把总田万贵字良青老大人墓

生于万历二十七年冬月初十日子时　受生

殁于崇祯壬申年冬月初二日卯时　告终

---

① 《元史》卷26《仁宗三》，第589页。

② 万历《大明会典》卷121《兵部四·土夷袭替》，第10页a、b。

③ 曹端波等：《贵州东部高地苗族的婚姻、市场与文化》，知识产权出版社2013年版，第25页。

孝男　长　副爵千总田应祥　三房田应瑞　四房田应泰　五房田应祺[1]

从《皇明恩袭把总田万贵墓碑》文中可知其副爵千总一职为其长子所承袭。王朝对土司的继承规定，也运用于世袭的土司自署官职体系中。墓碑资料显示了土司地区自署官职体系之间的联姻情况，田氏因战功获得世袭把总的官职，与同样身为把总的彭氏为姻亲关系。很显然，同一市场体系下的各部落自然是婚姻首选对象，反过来又促进了文化共同体的形成。每个溪峒不同氏族之间歃血盟誓的联盟，使得这一地区各部落都有着千丝万缕的联系。已知的永顺彭氏与桑植向氏、保靖彭氏和腊惹洞向氏都是存在世交重姻，遵循着姑舅表亲习俗，并在有限的婚姻圈去扩大姻连的对象，相同的地域，相同的文化认同，首先考虑的肯定是有相互交往熟悉的通婚对象。

在徐阶为彭翼南所写的墓志铭中，提到了彭翼南：

衣服不着锦绮，仪从惟尚简朴。尝获贼中美姬，督臣以充赏，侯即沉之江，其不心骄贵而迩声色。[2]

说的是嘉靖年间讨伐海寇徐海的事情，在徐海死后，胡宗宪将徐海的夫人娼妓王翘儿赏给彭翼南，王翘儿投江而死。在徐阶的笔下彭翼南是不为女色所动，将王翘儿沉于江。在明朝文人的笔下则是王翘儿不愿归于酋长自己投江的选择：

“明山遇我厚，我以国事诱杀之，杀一酋而更属一酋，何面目生乎？”夜半投江死。[3]

---

① 《湘西土家族苗族自治州金石通纂》，第553—554页。

② 《彭翼南永顺宣慰彭侯墓志铭》。

③ （明）李诩：《戒庵老人漫笔》，中华书局1982年标点本，第190页。

虽然彭氏一族在尽力表现向化朝廷，并获得中朝大夫的认可，但在王翘儿的眼中也不过一酋长而已。

小 结

本章主要叙述了酉水流域自宋以来的各大家族从土官到土司的形成过程、权力结构和土司通婚关系的地域特征。通过文献的梳理，认为酉水流域在元代已纳入土流并治的职官体系管理之下，而溪峒各上层家族也以不同的身份进入元代的各级职官体系中，依然担负着蛮与民的不同治理。在朝代变动之际，对拥有一定实力的家族都是一次地方权力格局变动的机会，但不影响这一区域的治理稳定性。溪峒彭氏一族在元代并没有获得如乌江流域思州田氏和播州杨氏的地位和官职，并且自宋以来形成的地域联盟继续被分化和瓦解。酉水流域彭氏联盟被分属为三地管理，为保靖彭氏一族的分化独立提供了条件。基于地域文化基础上形成的权力阶层依然有着一定的稳定性，随着入明土司制度的确定，酉水流域分属不同土司的地方权力格局最终形成，朝廷通过功授官职、土司承袭的规定、额以贡赋、听从征调等手段实现对土司的控制和分化，在通婚关系上则又呈现出这一地域共同体联盟的稳定性，各土司通过婚姻关系的变化来应对着彼此之间的势力消长和制衡。

第五章

从峒到旗甲：溪峒社会的组成和表现形式

宋人将西南少数民族地区统称为溪峒（或为溪洞）。溪峒即包含有地理特征的概念，又有蛮夷区落社会的概念，峒作为溪峒社会中最小的社会单位，根据山川形势自成一区，或称为溪，或称为峒，“其规模的大小又与峒子的广狭及其辐射范围有关，客观上有较大的局限性”[①]。在唐宋时期就已作为羁縻州县的行政单位而存在，旗甲是土司制下溪峒社会的军政合一的组织形式，是在溪峒组织基础之上建立的一种适合溪峒社会发展的特殊组织形式，改土归流后为里甲制度所取代。

第一节　峒组织的形成与表现形式

溪州立于唐，取五溪相会之意，[②] 酉水是五溪之一，在宋又称为北江，“古老相传云，楚子灭巴，巴子兄弟五人流入黔中，各为一溪之长。一说云，五溪蛮皆槃瓠子孙，自为统长，非巴子也”[③]。在顺治十三年（1656），永顺土司彭弘澍率领所属的三州六司三百

① 史继忠：《说溪峒》，《贵州民族学院学报（社会科学版）》1990 年第 4 期。

② 《舆地广记》卷 28《荆湖北路·化外州·溪州》，第 820 页。

③ 《通典》卷 183《州郡十三·黔州》，第 4883 页。

八十洞人户归降清朝。[①] 可见峒是溪峒社会一直存在的社会单位。基于血缘与地缘结合的社会组织是溪峒社会极其自然的社会现象。巴斯认为族群并非局限在共同文化基础上形成的群体，而是在文化差异基础上的群体的建构过程。[②] 溪峒作为特殊地理环境下各个不同部族长期生活而形成的最基本的社会自治聚落，虽然具有建立在自然环境基础上而形成的共性文化，聚而成村者曰峒，峒各有长。但各个溪峒有着自身的组织方式，从而形成具有不同文化特质的群体，这个过程不是一蹴而就的，是经过长期的历史过程形成的，溪峒自身的社会形态、历史过程与族群的形成息息相关。

一 互助联盟：溪峒最基本的自助手段和方式

永顺土司彭弘海于致仕的第二年康熙五十二年（1713）在治所老司城举办了树立《德政碑》的仪式，碑文的正面记载了彭弘海一生的丰功伟绩，并在背面刻下了参加的各州洞及其代表人员。其所辖的五十八旗三百八十洞的代表总计有369人参加了这一盛典。从参加的各洞寨代表来看，都是存在一个峒寨有不同姓氏的代表，如马罗洞来了洞长官田暹，还来了署事田善继、田石员、毛有名、殷子荣、唐志亮五人。[③] 溪峒由于特殊的地理环境，一个家族很难独立生存，《溪蛮丛笑》中“门款”和“隘口”条可以说很形象地反映了溪峒的地理环境和社会形态：

> 彼此歃血誓约，缓急相援，名门款，凡众山环锁，盘纡茀郁。绝顶贯大木数十百，穴一门来去，此古人因谷为寨，因山为障之意，名曰隘口。[④]

---

① 《清世祖实录》卷104，顺治十三年冬十月壬寅条，中华书局1986年影印本，第810页。

② ［挪威］费雷德里克·巴斯主编：《族群与边界》，李丽琴译，商务印书馆2014年版，第1—10页。

③ 康熙五十二年《宣慰彭弘海德政碑》拓片，藏于吉首大学人文学院资料室。

④ 《溪蛮丛笑》，第4、7页。

溪州联盟是各溪峒之间的联盟，对于单一溪峒来说，也是经由歃血盟誓达成溪峒这一相对独立的最基本组织内部的联盟。而马罗洞长官司的设置就最能体现溪峒这一最基本社会组织的结构过程。马罗洞即今龙山县的三元乡所在地，处在龙山县的最北端，其西、北面都与湖北宣恩县交界。乾隆《永顺县志》记载：

> 马罗洞长官司，古诸蛮地。系飞旗马罗二姓，古老蛮民也。与荆南诸司接壤，于明嘉靖间秦施溶州舍田滋为巡边总管，历年久，诸邻交睦，边民爱戴，遂授长官世职，弹压此土，盖系自设，故未及请印与六长官同列。①

《明实录》记载田菑为永顺宣慰司头目，蛮夷长官司副长官，被永顺土司授为巡边总管，主要担负着永顺司边境的管理。受马罗洞边民爱戴，得授以蛮夷长官司一职，嘉靖年间田菑、田耕父子随永顺土司参加抗倭战争作战英勇，立下功劳，田菑战死，田耕获赠父职殓银百两，田耕推掉赏银希望能袭承祖职，即获得张思、明溪地的首领官，朝廷勘察认为张思、明溪为酉阳县地，其祖职亦无根据，拒绝了田耕的请求。② 菑与滋同音，田菑应该为县志所载的田滋，从实录可知，田氏想趁此战功确定其祖父占据酉阳和永顺交界处边地的合法性，但被朝廷所拒绝，事实上这一边界也为永顺土司田把总所占据。③ 马罗洞长官司田氏一职并未获得朝廷世袭的官印，但田氏一直为马罗洞的首领，并为永顺土司和边民所认可，其主要原因，就是田氏取得了马罗各洞边民的承认。并与马罗洞寨各姓氏之长联盟成为一个自治的溪峒共同体。而这个溪峒共同体因为边界的特殊性，也为容美土司所拉拢。康熙十八年（1679）永顺土司彭廷椿就奏报容美土司侵占了马罗洞等地。④ 在改土归流后龙山设县

① 乾隆《永顺县志》卷1《地舆志·沿革》，第43页b。

② 《明世宗实录》卷495，嘉靖四十年四月辛丑，第8210—8211页。

③ 《明清史料·辛编》，第372—378页。

④ 《明清史料·丁编》，第759页。

实行里甲制，马罗洞改为马罗里，光绪《龙山县志》记载：马罗里，在县北二十里，下有村寨遥见坪、陈家湾、三元堡、猛虎寨、殷家壩、王官嘴、铁厂沟、凉风岗、四坪村、石马沟、旧寨村、干必寨、猴儿洞、竹园坨、沙坨村和花果洞十六个自然村寨。[①] 参加彭弘海的《德政碑》仪式的就有殷子荣等五人，而殷家壩很显然就是以姓氏为名的自然村寨。

在川楚境爆发的乾嘉农民起义影响到酉水流域，聚寨建堡自卫是溪峒最基本的自助手段和方式，酉水是各县乡天然的交界地，其间汇集的上百条溪流山壑平坝也是溪峒村寨赖以生息的条件和自卫屏障，在光绪《龙山县志》就记载前典史朱克敬向永顺府上筹建堡砦并练团事宜状，通过对龙山各乡周历相度并悉心咨访本地绅耆，认为龙山与湖北宣恩、来凤、四川酉阳、秀山有二百余里的交界，除在来凤境交界地稍平衍外，其他皆山势险峻，路径崎岖，平衍地即贼寇出没地方，建议：

> 近河一带修建碉墙，其余则劝令民间各择要隘筑砦聚居，或百余家为一砦，或数百家为一砦……家各练丁，以备击卫，无事则散而耕，有事则聚而守……如去岁贼踞来凤时，龙邑乡间如太平山梁家寨等处，皆筑砦自守，贼屡次环攻，卒不得逞而去，此其明效大验也。[②]

在唐代也记载了溪州洛浦县建堡自卫的情况，“县东西各有石城一，其险固，仡僚反乱，居人皆保其土”[③]。洛浦县在今保靖县境甘溪乡，土沃民殷，保靖土司彭鼎在此建立威镇庄。[④] 酉水流域存在着一个个可以独立生存的生态系统，生活在里面的人民除了食盐

---

① 光绪《龙山县志》卷 1《地舆・疆域》，第 4 页 b。

② 光绪《龙山县志》卷 16《艺文》，第 21b—22a 页。

③ 《元和郡县图志》卷 30《江南道六・锦州》，第 749—750 页。

④ 同治《保靖县志》卷 2《故城》，第 26b—27a 页。又见《彭鼎土司墓志铭》，龙京沙等主编《老司城遗址周边遗存调查报告》，第 224 页。

需要从外面输入外，可以自耕而食，守望相助，嘉庆《龙山县志》记载：

> 马鹿山在县南明溪里为一里之望，两峰莅临苍翠欲滴，峰间有池，水极清澈，久旱不竭，霖雨不满，明末国初，各土司互相攻劫，里人避兵于山者数十年。[①]

严如熤在论及湘西嘉庆祸乱之后的村寨情况，认为“永顺保靖本土人之地，僻在一隅，兵燹弗及”[②]。各个溪峒作为一个个相对独立的群体，宛如世外桃源，因为酉水这条对外联络的通道而串联起来，在同治版《来凤县志》载：

> 邑之卯洞，可通舟楫，直达江湖，县境与临邑，所产桐油、靛、棓，俱集于此，以江右楚南贸易麇至，往往以桐油诸物，顺流而下，以棉花诸物逆流而上。[③]

酉水从来凤县卯洞起就可以通航，沿河而下，经过酉阳大溪、后溪，秀山石堤，龙山里耶、隆头，保靖县，永顺县南渭州、列夕、王村、会溪，过沅陵明溪，入沅水，由沅水直达洞庭湖。这些溪峒实现从五溪蛮到土人的转变，必然与这一群体的历史进程有着必不可分的关系。

二　溪峒专条：从洞蛮到土人的过程

溪州在唐时期是黔中观察使下的经制州，其间各洞在覃氏和向氏为首的蛮酋带领下先后发生过两次大的叛乱都被镇压，直到在五代时期，溪州各溪峒的诉求得到了回应，并开始了身份转变过程。

---

① 嘉庆《龙山县志》卷2《山水》，第7页b。

② （清）严如熤：《苗防备览》卷3《村寨下》，第22页b。

③ 同治《来凤县志》卷28《风俗志·商贾》，第7页a。

彭氏率领的田、向、覃、龚、朱五姓联盟与马氏楚国经过溪州大战后，双方达成了溪州自治的协议，溪州铜柱也成为以彭氏为中心溪州各溪峒与朝廷恩威关系和边界的象征。一方面确立了彭氏在溪州地区“国家正统代言人”溪州刺史的身份，另一方面也认可了以彭氏为中心的五姓主首的联盟势力（见表 3 – 1 溪州铜柱铭文原刻人名及职位表）。

> 其溪州静边都，自古已来代无违背。天福四年九月，蒙王庭发军收讨不顺之人，当都头将本管诸团百姓、军人及父祖本分田场土产，归明王化。当州大乡、三亭两县，苦无税课，归顺之后请祇依旧额供输。不许管界团保、军人、百姓乱入诸州四界，劫掠詃盗，逃走户人。凡是王庭差纲，收买溪货，并都幕采伐土产，不许辄有庇占。其五姓主首、州县职掌有罪，本都申上科惩。如别无罪名，请不降官军攻讨。若有违誓约甘请准前差发大军诛伐。
>
> 尔能恭顺，我无科徭。本州赋租，自为供赡。本都兵士，亦不抽差。永无金革之虞，克保耕桑之业。①

从铜柱铭文也可知，溪州各溪峒是一个以彭氏为首的六姓联盟，各姓主首领有自己的土地，有着相应的权利与义务。彭氏作为都誓主，从经济和政治上都有着最高的统辖权，这也为彭氏成为长久的一溪之长奠定了基础。作为既有权力象征又有蛮汉分土的边界碑，溪州铜柱在宋代移动了三次：一次是太平兴国七年之前（982），二次是在天禧元年（1017），三次是在至和二年（1055）。②这三次都与统治溪州的合法性有关。北宋初期，田氏一度也获得了

① 彭武文：《溪州铜柱及其铭文考辨》，岳麓书社 1994 年版，第 36 页。

② 彭武文：《溪州铜柱及其铭文考辨》，第 130—131 页。

溪州刺史的权力，[①] 第一次的铜柱移动当在田氏当权时期，并引起彭、田两大豪族之间的矛盾，溪州彭允足、彭允贤和珍州田思晓也被迁往内地，[②] 到太平兴国七年（982）彭允殊时期才稳定了彭氏在溪州的地位。[③] 宋代通过贡奉、授予官职和互市等手段对羁縻溪峒加以控制，初期还以授州额牌印给归顺的溪峒加以笼络和奖励，以实现以蛮治蛮的效果。[④] 实行以归还汉口五十人就量置州名并允许进贡的策略，这反而会引起溪峒边界的混乱，朝廷收效也甚微，所费极大，这种措施也在大中祥符五年（1012）被叫停，只根据归附的户口来给以奖励，而不再以此授州名，《宋会要》记载：

> 今后溪峒进到户口，当议量多少支赐，更不降真命，及不令置立州名，仍分析合与支赐蛮人久例物色等第开坐以闻。[⑤]

溪州地区就被分为多个溪峒州，在溪州铜柱上就有 17 个州（见表 5－1），在北江的溪峒州也多达 41 州。[⑥] 而田氏也通过州额的设置成为以高州为中心的都誓主（见前已论述）。各大姓都不断地以州额的获取来扩展各自领地的合法性，以彭氏为中心的誓下州也扩大到二十州。

> 北江蛮酋最大者曰彭氏，世有溪州，州有三，曰上、中、下溪，又有龙赐、天赐、中顺、保静、感化、永顺州六，懿、

---

① 田思迁在乾德四年（966）以溪州刺史进贡。《长编》记载为溪州刺史，在《宋史·蛮夷传》则为下溪州刺史，按溪州在太平兴国七年应该还没有分上、下溪州，上溪州最早是见于咸平四年（1001）彭文庆进贡的记录，应以《长编》为准，田氏获得溪州刺史的名义，有可能让地给辰州刺史秦再雄来获得他的帮助，溪州铜柱是溪州与辰州两地的界碑，秦再雄不担任辰州知州是在开宝八年（975）。《续资治通鉴长编》卷 7，乾德四年秋七月丁丑，第 174 页；在《宋史》卷 493《蛮夷传一》，第 14173 页；《续资治通鉴长编》卷 13，开宝五年十一月丁巳，第 291 页。

② 《续资治通鉴长编》卷 8，乾德五年冬十月丁丑，第 196 页。

③ 《宋史》卷 493《蛮夷传一》，第 14173 页，

④ 《续资治通鉴长编》卷 91，天禧二年夏四月乙丑，第 2107 页。

⑤ 《宋会要辑稿·蕃夷五》，第 9883 页。

⑥ 马力：《北宋北江羁縻州》，《史学月刊》1988 年第 1 期。

> 安、远、新、给、富、来、宁、南、顺、高州十一，总二十州，皆置刺史。而以下溪州刺史兼都誓主，十九州皆隶焉，谓之誓下。州将承袭，都誓主率群酋合议，子孙若弟、侄、亲党之当立者，具州名移辰州为保证。申钤辖司以闻，乃赐敕告、印符，受命者隔江北望拜谢。州有押案副使及校吏，听自补置。[1]

第二次溪州铜柱移动是在彭儒猛任职时期。在《永顺宣慰司历代稽勋录》中记载了彭氏宋元时期管辖的洞民规模为一百二十洞和一百八十洞，其中在彭儒猛和彭仕义时期为一百八十洞，其余为一百二十洞。[2] 彭儒猛以下溪州为中心，积极向外拓土扩张，先是击退了辰州诸蛮洞对溪州的侵扰，并受到了朝廷的奖赏。[3] 然后又是在溪州与辰州、澧州的边界不断地扩张。为了防范溪峒诸蛮的侵扰，经制官员在与溪州交界的澧州境设置了武口、澧州等寨，从下溪州蛮境复地四百余里，获得了民口五百余人。[4] 又在辰州界筑起了蓬山驿，[5] 阻断了溪州出入辰州的通道，并在天禧二年（1018）进一步将溪州彭儒猛的势力分散瓦解，其党李顺同等八百余人，被迁往安、复间，其子彭仕汉列为右班殿直，宗族彭儒霸、儒聪并为三班借职，监许、陈、郑州盐税，以“质子”的身份迁往他处以牵制溪峒诸蛮。[6] 溪州铜柱第二次的移动应该是辰州守官所为，以此来惩戒彭儒猛的扩张和侵扰行为，铜柱在天禧元年（1017）十一月

---

① 《宋史》卷493《蛮夷传一》，第14177页，关于誓下州还见于《宋会要》：“北江蛮酋最大者曰彭氏，世有溪州。州有三，曰上、中、下溪，总二十州，皆置刺史，而以下溪州刺史兼都誓主，十九州皆隶焉，谓之誓下州。”见《宋会要辑稿·蕃夷五》，第9885页。

② 《永顺宣慰司历代稽勋录》师裕公、忠武公、忠穆公、忠献公、忠纯公、忠朴公、忠弼公、忠亿公条。

③ 《续资治通鉴长编》卷59，景德二年二月辛巳，第1315页。

④ 《宋史》卷326《史方传》，第10526—10527页；《续资治通鉴长编》卷78，大中祥符五年八月丁酉，第1778页。

⑤ 《宋史》卷426《张纶传》，第12694页。

⑥ 《续资治通鉴长编》卷91，天禧二年正月乙卯，第2097；闰四月戊午，第2112页。

再次复立，彭儒猛也将自己的名字刻在铜柱上，以此来表明对朝廷的归顺和溪州刺史的身份。[①]

第三次的移动是在彭仕义任职期间。这一时期彭仕义的势力仍然强势，统一了誓下十三州，并自称如意大王。[②] 溪峒地区山多田少，主要以杂粮为主，《永顺宣慰司志》记载洞寨有高山峻岭，有平坦、窄狭地，皆硗薄，岩多土少，刀耕火种，弃东就西，无拘旧产，旱无荫溉，涝即崩，冲田地虽有，悉系靠天，故与有司不同。[③] “山农耕种杂粮，于二三月间锄草伐木、纵火焚之，冒雨锄土撒种，熟时摘穗而归，弃其总藁。种稻则五月插秧，八九月收获。山寒水冷，气候颇迟，收摘后连穗高挂屋际或树头，食则舂之，无隔宿储。”[④] 要想从田地里获得粮食，需终年劳作，成都陆诜就曾说过与溪峒环境相同的川峡四路与内地不同，刀耕火种，民食常不足，至种芋充饥。[⑤] 无论是对于省界还是溪峒生界，劳作的人口都是双方所需要的。溪峒在吸引人口入洞耕种的同时，也经常略夺购买汉口进峒。[⑥] 经制州也采取减免税收吸引逃入溪峒的民户复归。[⑦] 庆历年间湖南境发生蛮乱，下溪州彭氏招集流民的行为引起了地方官的猜忌，双方的交流中又颇多侮慢，辰、鼎、澧三州守吏皆言蛮叛有迹，请求加兵讨伐。[⑧] 并由此断绝了溪州的贡奉和市场往来，在此三州都怀疑的情况下，庆历五年（1047）五月十三日，彭仕义上访至京求进。[⑨] 皇祐三年（1051）恢复了誓下二十州的进贡往来，对于彭仕义的诉求，宋廷官员多有异议，一是上层下诏登闻鼓不得接

---

① 彭武文：《溪州铜柱及其铭文考辨》，第36页。

② 《宋史》卷493《蛮夷传一》，第14178—14179页。

③ （清）佚名：《永顺宣慰司志》卷2《旗甲·峒寨》，从国家图书馆抄录。

④ 乾隆《永顺府志》卷10《风俗》，第3页a、b。

⑤ 《续资治通鉴长编》卷214，熙宁三年八月辛巳条第5221页。

⑥ 《续资治通鉴长编》卷20，太平兴国四年八月辛未，第460页。

⑦ 《续资治通鉴长编》卷194，嘉祐六年秋七月戊戌，第4692页。

⑧ 《欧阳修集》卷29《居士集》卷29《尚书主客郎中刘君墓志铭（皇祐二年）》，《欧阳永叔全集》第2集足本，大东书局（出版时间未详），第121页。

⑨ 《续资治通鉴长编》卷155，庆历五年五月戊辰，第3771—3772页。

受蛮人文状，时为荆湖北路转运使的贾昌龄认为彭氏一族怠慢，利用朝廷对其宽松，更加得寸进尺，求割边民近土，告诫如果不收敛的话，就在众族中择人图尔代之。[①] 而也正是彭仕义父子的矛盾，知上溪州和龙赐州的彭师宝父子举族脱离誓下州归附朝廷的行为引发了彭仕义的内寇。[②] 辰州参与了其誓下州内部矛盾引发的战争，其讨伐的理由也不充分，从明溪寨题名所记也可得知，仅为“蛮人之慢”。正如知谏院范镇所说“朝廷擅出兵助其子以攻其父，甚非王师问罪之体”[③]。但最终的目的是为收复彭仕义所占的省地——落鹤寨，在辰州西北五十里，向西可进入泸溪界和猪獠洞，[④] 因为其所占的地方不仅作为酉水进入辰州沅水的重要前沿，（见图5-1）同时由于所占的落鹤寨至石马崖、喏溪这一带也正是通往古丈和乾州的要道，而这一带的苗户也并不在辰州的编户之下，这也是知辰州段继文为招揽彭仕义所据的石马崖客团人户，特申请支用诏赐钱五百千用于招纳的。[⑤] 朝廷也先后派出王绰、窦舜卿、朱处约、雷简夫等官员前往处理彭仕义内乱之事，最终朝廷获得胜利。以筑明溪上、下二寨，并拓取故省地石马崖五百余里。[⑥] 第三次铜柱移动后，其所立地下溪州随着彭师晏的归附被纳入辰州省界，自宋至明就没有再次移动过。而铜柱所具有统治合法性的象征也深深地融入酉水区域社会中，在文人笔记中记载了清初镇竿总兵官周一德利用土人对溪州铜柱的敬畏，设计推倒铜柱使土人信服归顺的事迹。[⑦] 就如周一德利用腊尔山红苗对白帝天王的敬畏，设计称受天王托梦

① （宋）范仲淹：《范文正集》卷13《墓志铭·太常少卿直昭文馆知广州军州事贾公墓志铭》，吉林出版集团有限责任公司2005年影印本，第161—162页。

② 《续资治通鉴长编》卷178，至和二年春正月戊辰，第4304页。

③ 《续资治通鉴长编》卷182，嘉祐元年三月癸丑，第4397页，《会要》载“数千人入峒讨伐”“官军战死者十六七”。见《宋会要辑稿·蕃夷五》，第9888页。

④ 《武经总要》前集卷21《边防·荆湖北路·砦十九》，第7页b。

⑤ 《宋会要辑稿·蕃夷五》，第9888页。

⑥ 《续资治通鉴长编》卷187，嘉祐三年八月庚申，第4520页。

⑦ 张泓：《滇南忆旧录》，中华书局1985年铅印本，第16、17页。

来抚绥苗众，[1] 并将白帝天王纳入官方祭祀系统，[2] 借神的力量来达到统治当地民众的合法性。

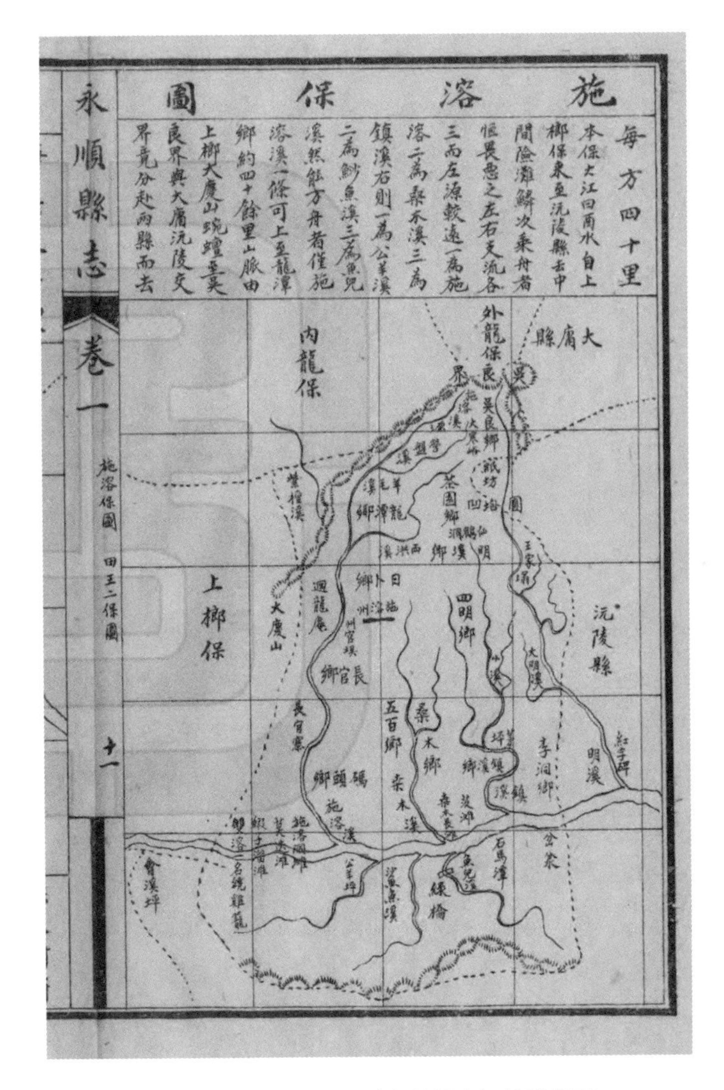

图 5－1　民国十九年《永顺县志》施溶堡图

---

① 光绪《湖南通志》卷 109《名宦志十八 · 明武职 · 周一德》，《续修四库全书》，上海古籍出版社 1995 年影印本，第 90 下—91 页上。

② 《清仁宗实录》卷 17，嘉庆二年五月丙寅，第 232—233 页。

明溪新寨题名记

至和二年冬，辰军责蛮人之慢，焚其下溪州，取铜柱大铛而还。刺史彭仕羲以族奔向峡木浣洞。朝廷因止其进奉，及禁其市。后蛮中岁饥，且稍为边患。嘉祐二年冬，简夫奉敕视三州边事。十二月至辰，与本路转运使王绰、州将窦舜卿，议复取落鹤寨至石马崖、喏溪十年间蛮人所侵官地。三年二月，同州将兵驻明溪，筑上、下两寨。自三月十七日版筑，至四月十四日城成，破山开路，抵石马崖，既尽故地，又将进兵城下溪州，用平其巢穴。六月仕羲以状伏罪，乞命请降，遂止是行，犒兵于新城。因列随军官员姓名，勒于崖石，庶久其传也。

殿中丞充辰、澧、鼎州体量公事雷简夫题①

宋朝秉承因俗而治的思想，灵活运用羁縻政策制定“溪峒之专条”来治理西南蛮夷溪峒地区，一方面将归顺溪峒纳入乡兵的管理系统，置土丁、义军，以代王师防守边徼。义军土丁是宋朝的乡兵制度，在辰、鼎、澧之间未纳入正州管理的溪峒，北宋时期，专设羁縻溪峒州，“赐以印绶”，在王朝羁縻体制下，溪峒实行自治，以减少屯兵戍守，但同时，为防范这些“内地的边缘”②又置兵立寨防守。《武经总要》记载：“蛮夷之地。其边镇襟带之处，建都部署、钤辖、都巡检，专督戎政，治城郭，塞蹊遂，置关镇，立堡寨，以为御冲之备……荆、湖、施、夔间。置寨将蛮酋，土人为之土丁、义军，亦置都指挥使以下戎校，分戍城垒。”③施、黔、思州

① 《明溪新寨题名记》，见田仁利编著《湘西土家族苗族自治州金石通纂》，第41页。

② 鲁西奇指出内地的边缘是指处于中华帝国疆域内，但并未纳入王朝国家控制体系或控制相对薄弱的区域，见于鲁西奇《内地的边缘：传统中国内部的“化外之区”》，《学术月刊》2010年第5期。

③ 《武经总要·前集》卷16上，第1b—2a页。

土丁义军有4327人,[①] 荆湖北路有义军土丁19462人。[②] 如上溪州彭文贵、[③] 高州田彦强[④]都担任过义军指挥使。而戍守砦堡的义军土丁选自户籍、或溪峒归投，广南西路安抚司集左、右两江四十五溪峒知州、洞将，各占邻迭为救应，仍籍壮丁，补校长，给以旗号。峒以三十人为一甲，置节级，五甲置都头，十甲置指挥使，五十甲置都指挥使总四万四千五百人，以为定额。各置戎械，遇有寇警召集之，二年一阅，察视戎械。有老病并物故名阙，选少壮者填，三岁一上。[⑤] 辰、沅、靖等州旧尝募民为弓弩手，给地以耕，俾为世业。[⑥] 一方面又采取树其酋长、赐州额、赐名目、朝贡等措施，将溪峒社会权力机构纳入王朝统治的框架下。而纳入正州的就如汉民来管理，如将下溪州纳入省地，溪峒的峒民的身份也因此有了土人、生蛮、熟户和峒丁之分。

周振鹤认为羁縻州制的设置是中国内地与边疆的政治地理格局关系实践，有着三个层次区分，分别为核心区、缓冲区和边疆区。[⑦] 而溪峒在此政治地理思维理念的治理下，也有着不同层次的区分。有生蛮区，即没有王化，不受朝廷控制，离州县堡寨不远的生界区。[⑧] 有归顺的溪峒熟界区，即内地正州的缓冲区，有专门的溪峒之专条，一年只有三斗的赋税，没有其他徭役，如熟户、山傜、峒丁。《宋史》蛮夷传所记：

> （嘉定）七年（1214），臣僚复上言："辰、沅、靖三州之地，多接溪峒，其居内地者谓之省民，熟户、山傜、峒丁乃居

① 《武经总要·前集》卷20《梓夔路》，第10页a。

② 《武经总要·前集》卷21《荆湖北路》，第1页b。

③ 《宋会要辑稿·蕃夷五》，第9886页。

④ 《续资治通鉴长编》卷55，咸平六年冬十月己巳，第1214页。

⑤ 《宋史》卷191《兵志五》，第4746页。

⑥ 《宋史》卷494《蛮夷传二》，第14196页。

⑦ 周振鹤:《中国历史上两种基本政治地理格局的分析》，《历史地理》第20辑，上海人民出版社2004年版，第1—19页。

⑧ （宋）朱辅:《溪蛮丛笑》，第6页。

> 外为捍蔽。其初，区处详密，立法行事，悉有定制。峒丁等皆计口给田，多寡阔狭，疆畔井井，擅鬻者有禁，私易者有罚。一夫岁输租三斗，无他繇役，故皆乐为之用。边陲有警，众庶云集，争负弩矢前驱，出万死不顾。”①

又有与正州边界相连，列为内地正州管辖的王化区，就如《溪蛮丛笑》所记的买首，受犒赏的仡佬，熟户的山傜。可以自如地出入省地，② 如原属于下溪州熙宁开边被列为辰州管辖的会溪坪地。

作为区域联合体的誓下体系并没有解散，在地方志及彭世家谱中，都记载了彭氏向西水流域腹地的迁移。绍兴五年（1135），溪州治地由溪州继承者彭福石宠迁治于福石城（今老司城）③，在正史出现的都誓主是彭仕诚，于元祐四年（1089）被朝廷要求约束盟誓州蛮人不得入省地。④ 溪峒自身体系的联盟在提高了乱世的抵御能力，保持区域社会稳定的同时，对王朝的认同也为南宋平定动乱提供了物质保障。《建炎以来系年要录》记载了建炎四年（1130）二月十七日鼎州武陵百姓钟相起义的情形：

> 时鼎州阙守臣，而湖南提点刑狱公事王彦成、单世卿皆挈家顺流东下，仅以身免。贼遂焚官府城市寺观及豪右之家，凡官吏、儒生、僧道、巫医、卜祝之流皆为所杀。自是鼎州之武陵、桃源、辰阳、沅江，澧州之澧阳、安乡、石门、慈利，荆南之枝江、松滋、公安、石首，潭州之益阳、宁乡、湘阴、江化，陕州之宜都，岳州之华容，辰州之沅陵，凡十九县皆为盗区。⑤

---

① 《宋史》卷494《蛮夷传二》，第14196页。

② 《溪蛮丛笑》，第5页。

③ 《永顺宣慰司历代稽勋录·忠朴公》。

④ 《续资治通鉴长编》卷421，元祐四年春正月戊戌，第10195—10196页。

⑤ 《建炎以来系年要录》卷31，建炎四年二月甲午，胡坤点校，中华书局2013年标点本，第722页。

表 5-1　　溪州铜柱加刻姓氏地名一览①

姓氏	人数	姓名	职务	地区
彭氏	29	彭儒口　彭口口　彭仕明　彭仕进　彭口口　彭文绾　彭文倪　彭文雅　彭文威　彭文胜　彭文仙　彭如聪　彭如品　彭如憙　彭如迁　彭如喜　彭如兴　彭如武　彭如亮　彭如会　彭如权　彭君霄　彭君昌　彭君善　彭光明　彭光陵　彭允会　彭允强　彭　进	溪州刺史；知溶州军州事兼监察御史、武骑尉；知武宁州军州事；知忠彭州军州事；知夷州军州事；知永州军州事；知来化州军州事；知南州军州事；知保静州军州事；知向化州；溪州知州；施西知州；前三亭县令	溪州，溶州，武宁州，忠彭州，高州，向化州，夷州，永州，南州，保静州，来化州，施酉州，三亭县，十洞，五都
田氏	6	田彦胜　田彦强②田彦存　田思赵　田思满　田成益	知州；通判；知万州军州事；五溪都招安巡检使	万州，金唐县
覃氏	6	覃万富　覃万贵　覃允赞　覃文见　覃文勇　覃文绾	知谓州军州事；知富州军州事；知感化州军事；钤辖	古州，谓州，感化州，富州
向氏	1	向行仙	团练	溪州
龚氏	1	龚贵朋	左衙	
罗氏	4	罗文瞻　罗文彦　罗万能　罗万贵	水南都指挥使；巡检；史军	水南
朱氏	2	朱进通，朱继显	知州；巡检	
苻氏	1	苻彦贵	知州	
辛氏	1	辛白	溪州军事推官	溪州
廖氏	1	廖保涮	录事参军	
屈氏	1	屈思	教练使	
陈氏	1	陈文绾	排军指挥使	

① 加刻的人员统计中应该含有五代溪州之战后马氏楚国一方的人员，比如廖氏极有可能是楚国马氏的随行人员。来源于《溪州铜柱及其铭文考辨》，第45—50页。

② 南高州义军指挥使田彦强见《宋史》卷493《蛮夷传一》，第14175页。

钟相杨幺之乱殃及辰州、鼎州、澧州、荆南、潭州、峡州、岳州等十九个县，荆湖南北大部分地区惟慈利溪峒未遭动乱之苦，同时还积极为朝廷官兵提供兵粮。（绍兴）七年六月，张觷言：

> 湖外自靖康以来，盗贼盘据，种相、杨太山、雷德进等相继叛，澧州所属尤甚，独慈利县向思胜等五人素号溪峒归明，誓掌防拓，卒能保境息民，使德进贼党无所剽掠，思胜后竟杀德进。会官军招抚刘智等，而彭永健、彭永政、彭永全、彭永胜及思胜共献粮助官军，招复诸山四十余栅，宣力效忠功居多，宜加恩赏。①

第二节 旗甲的形成和表现形式

溪峒是在自然环境基础上形成的聚落社会自治体系，随着宋朝将酉水流域自我运行的权力机构纳入王朝统治的框架下，受兵制和保甲制度的影响，土司时期酉水流域的基层社会形成了具有自身政治文化特色的旗甲组织。② 一方面体现了军事征战的性质，另一方面又是根植于溪峒自身社会组织的行政机构单位。

一 旗甲是溪峒社会土司自署官职的管理机构

“额以赋役，听我驱调”是明代土司的两大义务③，旗甲是土司应对这一义务完成的地方设置。对于旗甲制度的研究多关注旗制军

① 《宋史》卷494《蛮夷传二》，第14188页。

② 关于土司时期旗的来源有不同的意见，一种认为来源于溪峒社会自身形成的基层单位，瞿州莲认为“旗”是基层单位“溪”的转音，邓辉认为到了明代才改为旗的称呼，作为一种军政合一的基层组织，都认同是受明代卫所制度的影响。见瞿州莲《改土归流前后湘西地区土家族基层组织的变迁研究》，博士学位论文，中山大学，2008年；邓辉《论土家族土司制度下的兵制“旗”》，《中南民族学院学报》2000年第3期。一种认为作为一种军政合一的组织，是对明代的卫所制度的模仿，见石亚洲《土家族军事史研究》，民族出版社2003年版，第176、177页。

③ 《明史》卷310《土司传》，中华书局1974年标点本，第98页。

政合一的军事性质，而多忽略旗甲作为设置在洞寨之上机构的行政功能。[①] 明王朝为掌握天下地方人丁田产征派赋役，在“洪武十四年，诏天下编赋役黄册，以一百十户为一里，推丁粮多者十户为长，余百户为十甲，甲凡十人。岁役里长一人，甲首一人，董一里一甲之事”[②]。实行里甲制度，万历《慈利县志》记载县有五十八里，每里以产力多者为里长，所辖有甲长，循环应役，会役之日，出办上供物料及支应经常泛杂之费，催征钱粮，勾摄公事。每里设老人一名，掌风俗小讼，又量地理远近设总小甲老人，总甲在推选的众人中选任，永顺宣慰司上溪州等吏目三人柴薪由慈利县支付，每名一十二两银，遇闰加一两。[③] 中央王朝在土司地区实行的是包税制，在万历《湖广图经总志》记载了保靖土司每 2 年贡马 4 匹，额办秋粮粟米 1219 石，每秋运赴邻近辰州府崇盈仓上纳，永顺土司每 3 年进贡马 4 匹，额办丁粮米 1612 石赴大庸千户所仓上纳。[④]《万历会计录》记载五寨蛮夷长官司秋粮米 155 石 2 斗 2 升，九溪卫桑植安抚司秋粮米 27 石 2 斗，永顺等处军民宣慰使司秋粮米 1610 石，保靖军民宣慰使司秋粮米 1219 石，竿子坪长官司秋粮米 28 石 1 斗 2 升 8 合 5 勺零。[⑤] 酉阳宣抚司秋粮米 816 石 1 斗 3 升起运，邑梅洞长官司 47 石 8 斗起运，平茶洞长官司秋粮米 250 石起运。[⑥] 对于土司地区的里甲黄册不做要求，《明会典》规定：“除流官及土官驯熟府分依式攒造外，其土官用事边远顽野之处，里甲不拘定式，听从实编造。”[⑦] 在后湖黄册上各土司有编制，大喇司为一里，保靖宣慰司

---

① 张凯注意到了旗甲行政机构性质，他认为“旗甲”类似于同类基层行政制度的“里甲制度”，是管理民籍的基层行政制度。见张凯《国家教化与土司向化——明清时期湘西北地区的制度与社会》博士学信论文，中山大学，2016 年，第 45 页。

② 《明史》卷 77《食货志一》，第 1878 页。

③ 万历《慈利县志》卷 9《职役》，第 7 页 a、b。

④ 嘉靖《湖广图经总志》卷 17《辰州》，第 25b—26a 页，书目文献出版社 1991 年影印本，第 1462 页。

⑤ （明）张学颜《万历会计录》卷 4《辰州府》，《北京图书馆古籍珍本丛刊》52—53，史部政书类，书目文献出版社 2000 年影印本，第 189 页上。

⑥ （明）张学颜《万历会计录》卷 10《重庆府》，第 385 页上。

⑦ 万历《大明会典》卷 20《黄册》，第 10 页 a。

为一里，永顺宣慰司为一里，五寨蛮夷长官司为五里，竿子坪长官司为一里，酉阳宣抚司为十三里。[①] 很显然，后湖册上的土司里的多少与赋税征收不相关，应是土司自己上报的象征性里甲图册，而非地区的真实情况，至多只是一个征税的单位。土司地区的户口舆图中央王朝并不掌握，保靖土司雍正五年（1727）改流后，雍正九年（1731）第一任知县流官王钦命编撰了第一本县志，在总论中谈到，认为保靖前无所考，后无所据，找不到耆老可以问询，又不能以荒唐无稽之事谬为撰著，以遗无凭之诮，就记录所见所闻以备参考，[②] 并树立了保靖的四至界碑，认为土司时苗土混争，朝秦暮楚，原无定规，特在上任后画清疆址并在各界处捐俸建立牌坊，以使民众知晓。[③] 其实土司之间并非如流官所见无界，在酉阳土司和永顺土司交界地明溪等地方发生争地矛盾时，藩司以为可以通过存放在地方官府里的酉阳黄册来判断土地归属，通过查询，黄册并未载有具体地名，最后两土司在中介盘顺土司向位的调解下歃血盟誓以古界管业达成盟书，交与藩司存档。古界对于汉官来说，依然只是一个模糊的边界，并没有明确的四至界线，以至于御史王维章发出感慨："土司田地其本来得以何处，惟土司各自知之，必不尽吐于汉官也，若必以汉法绳之，则反激而多事。"[④] 土司内部的属民属地都不在王朝的编户制度下，土司地区有着自身的编户和领土分界方式，在《永顺宣慰司志》卷之二记载：

旗　甲

辰利东西南北雄，将能精锐爱前锋。左韬德茂亲勳策，右略灵通镇尽忠。武敌雨星飞义马，标卫水战勇祥龙。英长虎豹

---

① （明）赵官：《后湖志》，《南京稀见文献丛刊》，南京出版社2011年标点本，第37、41页。

② 同治《保靖县志》卷首《旧序》，第7页b。

③ 雍正《保靖县志》卷2《山川》，第7页a、b，成文出版社2014年影印本，第84—95页。

④ 台北"中央"研究院历史语言研究所编：《明清史料·辛编》上册《处理永顺酉阳土司争地仇杀案残稿》，中华书局1987年影印本，第374—377页。

嘉危捷，福庆凯旋智胜功。靖谋。

所居深山重阻，多者百家，五七十家；少者二三十家，五七家，为村为寨，散处溪谷。其村寨州司统理，则不谙乎条目，故前代编为五十郡邑，某坊某里之意法也，其户口隶州、司、峒寨，而统属于总司。

洞　寨

福石、宝瓶、纳溪、西古、贺山、峨等三百八十苗蛮洞寨载在舆图，难于尽列，尚有所分小村寨地名。其洞寨有高山峻岭，有平坦、窄狭地，皆硗薄，岩多土少，刀耕火种，弃东就西，无拘旧产，旱无荫溉，涝即崩，冲田地虽有，悉系靠天，故与有司不同。[①]

永顺土司彭世麒撰修过司志，《永顺宣慰司历代稽勋录》中记载了正德年间彭世麒"修志崇礼，焕然一新"[②]，在编写民国十九年《永顺县志》的参考书目中也列有彭世麒撰写的《永顺宣慰司志》。[③] 而今现存的清代《永顺宣慰司志》仅存卷二，原书卷数及门目不详，但详细记载了祠庙、三州六司建置、沿革，以及田、彭、汪、向、黄、张六姓长官世袭的情况，是了解土司社会内部设置和运行的重要史料。从上面的旗甲洞寨史料可知，旗甲是建立在溪峒，前代称为郡邑基础上的地方户口管理机构。根据溪峒村寨分布的情况编制了五十八旗，少者只有五七家，多者有上百家。洞是最基本的单位，洞民分属于380洞，380洞又分属于州、司、洞寨，统于总司。旗甲就是由土司派驻各地管理380洞完成赋税征调等各项事务的机构。在地方志中都是记载土民分属三州六司，然后统于总司。[④] 从这条史料来看，永顺宣慰司境存在不统于三州六司的洞寨。明末清初的史学家谈迁在其《北游录》中记载：

---

① （清）佚名：《永顺宣慰司志》卷2《旗甲·峒寨》。

② （清）彭肇植：《永顺宣慰司历代稽勋录·忠毅公》。

③ 民国《永顺县志》卷36《杂志·采辑书目表》，第9页a。

④ 乾隆《永顺府志》卷12《杂记》，第7页a。

永顺长官司长官彭弘澍，地周七百余里。设五十一旗，各旗或千人，或三五百人。自耕而食，听征发，十抽其一。各裹饷，限日践更，无险期者。五十旗舍把分领之，其一土官自领。……保靖长官司长官彭朝柱，与永顺司同支，今甥舅矣，亦时仇杀。设十三旗，地狭于永顺，而兵锐过之，旗各一舍把，土官自领其一。①

从保靖改土归流后流官根据土司时期的旗甲设置改为都寨（表5－2）就看出，旗甲就是土司管理地方的乡级组织。

表5－2　保靖都寨市场②

都	旗	村寨数	位置情况	市场
城内	土司官署		滨西水之阴，有东南西北37个厢坊	普济场，城南门外，三八期多市畜养
一都	虎旗	20	县西北，抵永顺界	玛瑙湖场，县北七十里，今移至对山寨交易属永顺
二都	豹旗	25	县北抵永顺界	
三都	广旗	27	县东　有牙旗、南渭州、太平庄、甲户、溪州等寨	
四都	智旗	28	县东南有官庄、马户、花桥等寨，苗防又设五寨有守备、千总、把总各1名、外委2名	水药场，县南四十里，三、八期 货物杂集为邑巨镇，右营守备驻此
五都	谋旗	15	县东抵永顺界有鱼塘 上、下涂乍、马路等寨	

① （清）谈迁：《北游录》，《纪闻上·永顺保靖二司土风》，第331—332页。

② 同治《保靖县志》卷2《都寨·市场》，第31a—36a页；卷5《塘汛》，第3a—5a、b页。

续表

都	旗	村寨数	位置情况	市场
六都	勇旗	13	县东南抵永顺界乾州界，苗防，近古丈界有官庄、瓦厂等寨，设守备1名、千总、把总各4名，外委8名	葫芦寨场，县南六十五里，五、十期，货物杂集 旧名枫香坝左营千总驻此
七都	威旗	23	县东南抵乾州界，苗防，设守备1名、千总2名、把总4名，外委16名	鼻子寨场，东南五十五里，二、七期，属苗寨 旧名红车河 夯沙坪场，县西南百二十里，苗寨，五、十期，与乾州所里交界
八都	驱旗	8	近永绥乾州界有水田寨等设设守备1名、千总2名、把总2名，外委4名	阿稞场，县东南八十五里，二、七期，苗寨
九都	彪旗	25	在县西南，有甘溪、蚂蟥溪、衣止甲、永和场等寨	茅沟寨场，县西南七十里，一、六期，通四川峩容大道
十都	胜旗	35	在县南，有踏湖、石家寨、苦竹湖、野猪坪等	卧党场，县西南八十五里，二、七期，后枕天台山与四川峩容界
				卡棚场，县西九十五里，四、九期
				太平坝场 县西百五十里，二、七期。对市即四川河界

续表

都	旗	村寨数	位置情况	市场
十一都	亲旗	32	在县西南抵四川秀山界，有曹家寨、岩科、客寨、白衣、两岔溪等	
十二都	利旗	27	县西抵秀山界、抵龙山界，有张家坝、里耶、鲁碧潭、落里乎、比耳、手扒洞、白蜡坪等寨	比耳场，县西北七十里，二、七期，市肆相向，货物杂集，为上游巨镇 里耶场，县西北百二十里，一、六期，巡检增此，对岸属龙山，人烟幅辏，货物繁集，为入四川水路大道，邑之市场，胥莫能比
十三都	飞旗	40	县西有若西、舍湖、隆头、皮匠乎、麦主等寨	拔茅寨场，县西三十五里，二、七期，对市即杀鸡坡，为往里耶要道
十四都	良旗	22	县西南，有迎风庄、王家寨、张家寨、白家寨、大妥、彭家寨、新寨等	
十五都	先旗	32	县西南，有江口、铁厂、跨马坪、萧家庄、古铜溪等	复兴场，县东南二十五里，往永绥大道，（古铜溪场）二、七期，货物杂集，外委分防
十六都	镇旗	22	县西，有起车、咱科洞、马湖、鸭笼湖、凉水井等	

旗甲是维持土司社会运行的管理体系，在《永顺宣慰司志》“官制门”三州六司下各设有疆域、山川、土产、风俗、村甲、户

口等名目，但具体内容缺失或者没有。[①] 其中在三州六司中的分布村甲就相当于旗甲下的村寨。旗作为一个管理单位和组织，并非局限于地域限制，而是根据土司官署的需要设置具有不同功能的单位组织。《永顺府志》记载："土司各分部落曰旗，旗各有长，管辖户口，分隶于各州司而统辖于总司。有事则调集为兵，以备战斗，无事则散处为民，以习耕凿。"永顺除58旗外，还有戎猎、镶苗、米房、吹鼓手6旗、伴当7旗、长川、散人、总管、福旗，总计75旗，其中福旗是土官宗族，分散在各乡。[②] 在前面已知土司地区有两套职官体系，一套是朝廷命官，通过授以方印号纸以示尊荣和控制，一套为土司自署职官，虽可以自己设置，但需要向朝廷报备。土官在任命自署官员时，也在复制朝廷的做法，如《永顺宣慰司历代稽勋录》记载彭氏宗亲九房后代彭相廷被宣慰使封为官舍旗长护印官，[③] 这意味着土司给自署的官员也授官印，以实现对旗长等自署官员的有效控制。各土司地区有着自身官署设置的名称或统辖形式。如容美土司是营旗制，以旗鼓最尊，下有四十八旗，旗长下又有守备、千总、百户，近身捍卫司主者曰亲将，主文字及京省走差者，曰干办舍人，其余族人概称舍把。[④] 永顺除58旗外还有其他旗的设置。石亚洲认为用于军事的只有58旗，而其他旗则是属于行政、后勤编制，认为除75旗外，还有苗旗，即由苗族民户充任的旗兵。[⑤] 而邓辉认为永顺58旗外其他旗的设置显示了土司社会具有原始部落印痕和奴隶制时代的特征。[⑥] 旗甲无疑是溪峒社会自治组织与土司管理组织的结合。但从性质来说，就戎猎、镶苗、米房等旗来看，更接近职业的划分。洞民秦氏随土司征战有功，永顺土司对其发证实行渔业专卖，成为渔户，为官府提供新鲜渔货，特许秦氏

① （清）佚名：《永顺宣慰司志》卷2《官制》。

② 乾隆《永顺府志》卷12《杂记》，第8页b。

③ （清）彭肇植：《永顺宣慰司历代稽勋录·元才公相廷》。

④ （清）顾彩：《容美纪游》卷5《中府》，天津古籍出版社1991年点校本，第43—44页。

⑤ 石亚洲：《土家族军事史研究》，民族出版社2003年版，第177、178页。

⑥ 邓辉：《论土家族土司制度下的兵制"旗"》，《中南民族学院学报》2000年第3期。

搬到老司城对岸居住，其所在的街道成为集贸市场，并发展成为渔渡街。现存的老司城住户中，秦氏仍然是其主要的姓氏。[①] 舍把是分管各旗的长官，被土民称为父母官。[②] 管理土司内部社会的主要自署官员，多由土官宗亲所担任。成臻铭通过对土舍、土目和舍把的比较，认为舍把就是土官自署官职的一个职衔。[③] 作为土司管区中的土舍和土目的亲信，全把从事着围猎、充当衙役、外出结盟、下乡视察、料理民间词讼、征解秋粮银、列阵出战、节制外来客民等事务，在一定程度上架空了土司事权，加剧了土司与土民和汉区官府的不可调和的矛盾。[④]《永顺府志》记载："土司经制，把总三十一员，分管五十八旗随堂办事，此系专言永顺司者，把总即当日舍把之类。"[⑤] 把总也是土司自署官职的管理官员，在土司收粮、铸造铜钟仪式金石铭刻中，都可看到把总的记载，嘉靖二年（1523）在万坪收收粟的钟灵山石刻中，把总有张虎、彭鸣。[⑥] 嘉靖十年（1531）致仕宣慰使彭世麒带领司舍众人参加的祖师殿铸造洪钟立殿的仪式中，铜钟铭文记载的把总有向晟、张虎、彭九龄、向永寿、汪斌。[⑦] 在康熙五十二年（1713）所立的致仕宣慰使彭泓海德政碑文由天门朱鸿飞撰写，记载了参加立碑时的盛况："五十八旗、三百八十峒军民，扶老携幼，蚁集司城。"并将参加的各州司洞寨官头目的地名、人名以及立碑的职员刻于碑文的背面。其中宣慰司署职员有标员中军官、副中军、旗长、家政、支应、撰文、书碑 10 人，有州司代表 10 人，职员包括督工登记 20 人，各洞寨头领 323 人。在这些人名中，有彭、向、田、张、汪、王、朱、陈、石、

---

① 雷家森:《老司城与湘西土司文化研究》，岳麓书社 2014 年版，第 83—84 页。

② 乾隆《永顺府志》卷 11《檄示》，第 3 页 a。

③ 成臻铭、张连君:《舍把身份初探》，《湖北民族学院学报（哲学社会科学版）》2001 年第 2 期。

④ 成臻铭:《舍把”辨证》，《民族研究》2002 年第 6 期。

⑤ 乾隆《永顺府志》卷 12《杂记》，第 3 页 b。

⑥ 田仁利编:《湘西土家族苗族自治州金石通纂》，第 49 页。

⑦ 嘉靖十年岁次辛卯《祖师殿大钟铸文》，来源于吉首大学人文学院拓片，又见田仁利编《湘西土家族苗族自治州金石通纂》，第 26 页。

周、胡、符、丁、罗、杨、祁、秦、炭、白、叶、黎、魏、梁、高、雷、路、郑、萧、鲁、殷、晏、余、孙、龙、包、毛等30多个姓氏，还有土名惹洛、黑老虎等，其中彭氏81人，向氏88人，田氏48人，张氏32人、王氏31人。[①] 从参加人员的姓氏来看并不单一，土司社会有不同的宗族力量。但土官宗族占据着绝大部分。在叶氏乾隆朝和嘉庆朝的墓志铭中记载了先祖来龙山落业的过程。其嘉庆朝碑刻如下：

> 其始祖尚谨公白门，嘉靖年间由浙江处州迁湖广，当大喇司土司彭志显遇诸途而物色之，遂延为幕友，且锡以土田，即今之叶家寨也，仲邦官授永顺宣慰司把总。三世朝卿、弟朝凤佐司征辽，卒于边；朝阳官把总，辰旗、他砂、里耶皆汛地也，今尚有叶公祠。四世叶盛、五世文忠、六世仕明、仕璋皆世袭把总职。[②]

从这则墓志铭可以得知，彭氏土司聘请外来有能力的人作为幕僚，幕僚的后代通过武功才能成为土司社会中间阶层的一员。在永顺土司颗砂别墅张橙的墓志铭也记载了在彭世麒时期被聘为官，并给庄田、人口、牛马，子孙世居司治，克世其官。[③] 土司有权处理管下不属于各州司洞的土地，在雍正九年永顺知府袁承宠颁布的《详革土司积弊略》中记载：

> 向来舍把及弟男子侄，不许私招汉人入土，希图盐米礼物，即久住之汉人，亦不许再送舍把盐米。[④]

---

① 康熙五十二年《宣慰彭弘海德政碑》文，来源于吉首大学人文学院拓片，又见田仁利编《湘西土家族苗族自治州金石通纂》，第397—402页。

② 田仁利编：《湘西土家族苗族自治州金石通纂》，第603—604页。

③ 龙京沙等主编：《老司城遗址周边遗存调查报告》，第30—31页。

④ 乾隆《永顺府志》卷11《檄示》，第21页b。

只有土司才能决定外来人员的进入，这样也保证了土司管下的社会的稳定性，也可以理解旗甲所管理的人口不全然分属于三州六司。其田土情况可从第一任保靖知县的《示劝开垦荒地》的公告中得知：

> 即将该都荒地查明：某系某户祖业，某系某户自置，或系无主，或系官地，尽数查报。如系该民祖业自置者，勒限砍伐自行开种，如系无主官地，有人开垦，本县给与印照，即典为业。①

在土司境内的土地情况，有祖业地、自置地、官地和无主地。在同治《桑植县志》也记载：

> 土司时，土司及土知州诸职皆自有山及田，役佃户种之。佃户者，皆其所买人，如奴仆然，土民则自耕其土。土司如有横敛，则责之旗头，按户索取之，其役使亦无时。②

二　从驻防到征调：旗甲制度的军事性

明初以原官授予归附的西南夷，是以守土驻防为主，随着卫所制度的松弛，土司兵成为朝廷征调的重要军事力量。《涌幢小品》记载：

> 土司惟川湖、云贵、两广有之，然止用于本省，若邻省未尝上中原一步也。亦流贼时征入，用之有功。嘉靖间，南倭北虏，无不资之，且倚为重。③

---

① 雍正《保靖县志》卷4《艺文》，成文出版社2014年影印本，第212页。

② 同治《桑植县志》卷2《田赋》，第4页b。

③ （明）朱国祯：《涌幢小品》卷12《调兵》，中华书局1959年标点本，第258页。

明代土司与朝廷的关系主要体现在赋役、朝贡和征调上，从上节可知，土司对朝廷所上缴的赋税相对于同时期的州县来说，只是象征性的征收，更多的是宣扬王朝的权威。从宋延续而来的溪峒土民一直有着民与兵的两种身份，吴永章认为土兵的作用主要是保境、轮戍和征讨三个方面。[①] 土司作为王朝在土民社会的代言人和土民代表的双重身份，既要保证土司社会内部的安靖，土民安居乐业，同时还担负着相邻苗疆地区驻防的职责。在《永顺土司老司城遗址周边遗存调查报告》中，发现了6处要塞、17处关卡、11处哨卡和烽火台9处。[②] 很显然，构建完备的军事防御体系，保障土司地区不受外来势力和土司之间的侵扰是土兵的第一要务。已有的研究多就现象来讨论土司的普遍问题。比如，对旗制问题，58旗是否一直存在？驻防是何时开始，还是一开始就担任着这一职责，都必须要回到历史的场景中才能发现事情的原委。《永顺府志》记载，明代土司最重，"盖藉以防苗也"。[③] 明初永保土司就开始参加平苗的听调，在石亚洲所统计的《明朝征调土家族土兵活动统计表》中，永顺土司的征调活动就有46次，保靖土司24次，酉阳土司8次。[④] 在《永顺宣慰司历代稽勋录》中记录明代时期的彭氏活动也是以征调和朝贡为主。万历年间慈利知县陈光前评论道：

> 以夷性，从征勦则人口安宁，否则有疫疠之灾。峒中尊崇马伏波神将，出勦时系牛于神前，以刀断牛首卜胜负，牛进则胜，退则败，退而复进者，先败而后胜。以此为验，其好生恶死虽与人同而乐战轻生，固其恒性云。[⑤]

这则史料说明了征战在土民生活中占据了重要的地位。在流官

① 吴永章：《中国土司制度渊源与发展史》，四川民族出版社1988年版，第193页。
② 龙京沙等主编：《老司城遗址周边遗存调查报告》序，2013年。
③ 乾隆《永顺府志》卷12《杂记》，第24页a。
④ 石亚洲：《土家族军事史研究》，民族出版社2003年版，第107—116页。
⑤ 万历《慈利县志》卷17《獠峒》，第4页a、b。

对土官征苗的评价中：

> 湖广十年之内，两举征苗师，疲于久役，财匮于供亿而卒未奏荡平之绩者，则由土官土军不用命故也，[①]
>
> 湖、贵节年用兵，俱调土兵。各该土官挟贼为利，邀索无厌，曲意从之，愈加放肆……土官高坐营中，计日得银，只愿贼在，岂肯灭贼。[②]

这固然说明了征调的费用增加了土兵的收入。但是在苗疆地区已经存在镇溪千户所、竿子坪长官司和五寨长官司的行政设置，不能起到安靖苗疆的作用。尤其苗疆邻近麻阳、泸溪，通过武水、辰水进入沅水，而沅水一带又是明代湖广通往滇黔的主要交通要道，在元代就已开通，为了保障这一道路的安全，自然重视对苗疆生苗的防范。就明朝的国力来说，在对付“朝廷有千万军马，我有千万山崗，军退则突出劫掠，军临则散漫潜藏”的腊尔山红苗来说，明廷应该也是不得不倚重土官。都御史万镗在查看了湖、贵蜡尔山夷情后，道出了实情：

> 湖广除永顺、保靖之外，其余土酋可调之兵能出千数者无几。至于贵州，舍酉阳、平茶之兵，愈少而愈难矣。必欲别省调兵，则又不谙地理，成功难必，而其沿途扰害，尤不可言，决难轻调，其事势之难如此。[③]

有学者认为湖广土司的行为，是为了获得在苗疆统治和扩张的

---

① 《明世宗实录》卷 341，嘉靖二十七年十月癸卯，第 6202 页。

② 张岳：《小山类稿》卷 4《奏议四·论湖贵苗情并征剿事宜疏（嘉靖二十八年己酉）》，林海权、徐启庭点校，福建人民出版社 2000 年点校本，第 56—57 页。

③ 《天下郡国利病书 下》第 25 册《湖广下》，第 81 页 a、b，《续修四库全书》，上海古籍出版社影印本，第 215 页。

合法性，希望苗疆保持恒久的边缘化外性。[①] 有学者认为是管理体制的问题，担承是责权不明的承诺，是增加了永保土司的权力，反而削弱了本土苗疆竿子坪长官司的直接管理权。[②] 笔者认同是管理体制的问题，但把管理体系的理顺寄予苗土官竿子坪长官司的治理推测上，对于自古以来就是生苗区的腊尔山来说，没有一个强大的能整合不相统属各部落的自治政治文化势力，也是一时难以实现。嘉靖二十七年，在湖广御史贾大亨的建议下，土司开始对苗疆地区承担安靖的责任。[③] 随着苗疆哨堡的修建，其永安、强虎、竿子、洞口、镇溪所、乾州等哨舍把，俱用土官亲自听参将选委防御。[④] 永顺土司彭弘澍在奏文中称，永顺担承镇溪九六里苗，保靖担承竿子坪苗，酉阳土司担承小平茶、沙留地、崩岑、容溪等苗，“各行抚管，分别甚明，每岁严其斥堠，防其出没者”[⑤]。嘉靖以后，到苗疆哨堡驻防成为土司土兵轮戍的任务。有学者认为永顺土司参与湖广地区的镇戍，从而形成土家族地区赶年的习俗。[⑥] 依据是《大明会典》记载的湖广地区设练兵捕盗抚治荆州兼施归兵备一员，照旧分巡上荆南道，抚治荆州等府流民。驻扎荆州府，整饬施、归等处兵备。统辖荆州府所属州县及荆州卫右卫、瞿塘卫、枝江、惠州各千户所、施州、永顺等土司，巡历夷陵、归州、巴东一带州县。[⑦] 过赶年，是土家族的习俗，在嘉庆《龙山县志》记载：

土人度岁，逢月大，以二十九日为岁；月小，则以二十八

---

① 谢晓辉：《只愿贼在，岂肯灭贼？——明代湘西苗疆开发与边墙修筑之再认识》，《明代研究》第18期，2012年。

② 谭必友：《清代苗疆多民族社区的近代重构》，民族出版社2007年版，第37页。

③ 《明世宗实录》卷341，嘉靖二十七年十月癸卯，第6203页。

④ 《明神宗实录》卷137，万历十一年五月丙午，第2566页。

⑤ 中国第一历史档案馆、辽宁省档案馆编：《中国明朝档案总汇》第47册《为黔省永顺酉阳二司盟结事宜事》，广西师范大学出版社2001年影印本，第18页。

⑥ 张凯：《国家教化与土司向化：明清时期湘西北地区的制度与社会》，博士学位论文，中山大学，2016年。

⑦ 万历《大明会典》卷128《兵部十一·镇戍三·督抚兵备·巡抚湖广》，第13b—14a页。

日。相传：前土司出兵，正值除日，令民间先期度岁，后遂以为常。[①]

过赶年无疑是跟土兵轮戍的常调有关，不定期的征调不会形成一个习俗。轮戍的地方应该不远，无论是否存在跟施归兵备到湖广一带镇戍，到苗疆轮戍是确实存在的，从明至清，永顺土司一直担任着轮戍的任务，民国《永顺县志》记载：

永顺司以舍把二员，头目十名，带兵百五十名，贴防永安哨，又舍把二员头目十名，带兵百五十名，贴防强虎哨。舍把日食廪粮给银一两五钱，头目月食银九钱，土兵食鱼盐银三钱，粮米四斗五升。其安设抚苗，舍把、头目册附镇溪所造支，如镇苗出劫焚杀地方城守，申许各院虏去户口，责成永顺土司赎取。[②]

直到康熙四十三年镇溪设寨长、土百户，道员同知通判兼辖。永顺管下的镇溪六里苗才编管归籍，不再受土司担承。[③] 笔者在2007 年对苗疆边墙进行过考察，舒家塘是苗疆驻兵营地，多为土家族，无论是在文化还是在身份认同上，都与苗寨不相同。如果说腊尔山是一个苗族区的话，因防御而修的哨堡苗疆边墙就是一条多民族的文化互动和交融带。提前一天过年，考虑到了换班的舍把头目土兵与家人过节的愿望，也能让回来的土官兵与家人在节日里团聚，赶年的习俗应该是轮戍苗疆的影响。

旗甲制的军事性在于其制下的土民具有兵的职役。旗甲使各溪峒的土民整体地纳入土司控制的体系中，是土司权力向溪峒部落社会深入的体现，土司对溪峒统治的合法性是建立在溪峒土民歃血盟

---

① 嘉庆《龙山县志》卷 7《风俗》，第 10 页 b。

② 民国《永顺县志》卷 25《武备志 · 驻防》，第 1 页 a。

③ 乾隆《辰州府志》卷 12《备边考》，第 39 页 a、b。

誓认同的基础上，是王朝与溪峒社会互动的结果。土司社会的井然有序是以溪峒基础上的旗甲制度有效执行为依托。嘉靖年间永保土司参加了平叛广西思、田土酋叛乱，受到了朝廷的奖赏，按官兵级别给予犒赏，在王阳明的《奖劳永保二司官舍土目牌》中，清单如下：

> 保靖宣慰司：
>
> 宣慰彭九霄，盘盏一副十两，段二疋，一两重金花一枝。一两重银花一枝。席面银五十两；官男彭荩臣：银花二枝各一两。段二疋。席面银二十两。
>
> 永顺宣慰司：
>
> 宣慰彭明辅：盘盏一副十两，段二疋，一两重金花一枝。一两重银花一枝，席面银五十两；官男彭宗舜：银花二枝，各一两。段二疋。席面银二十两。
>
> 冠带把总头目每名三两重银牌一面；领征管队冠带头目每名二两重银牌一面；旗甲小头目洞老每名一两重银牌一面；随征土兵每名银二钱，家丁银一钱；病故头目每名银四两；病故土兵每名银二两；首级每颗银一两；贼首银三两；生擒每名银二两。[①]

从上面史料可得知，在犒赏的名单中有宣慰使、官男、冠带把总头目、领征管队冠带头目、旗甲小头目洞老、土兵和病故的土兵。旗甲小头目洞老就应该相当于编制单位里的溪峒头目。从参加康熙彭弘海《德政碑》树立庆典的各司洞头目官来看，明确标明旗长身份的只有彭宗国、陈廷漠、向应魁、彭弘济四人。而大量的人员则是标有地名溪峒的头目，头目下的土民才是土司社会最基本最稳定的基础。头目才是溪峒部落社会的遗存和延续。已有的研究多

---

① （明）王守仁：《王阳明全集中》卷30《续编五·奖劳永保二司官舍土目牌》，上海古籍出版社2011年编校本，第1229页。

将旗甲的行政性与军事性混一，将“旗”与传统溪峒社会的“溪”或“峒”视为一体值得商榷。传统溪峒社会里的一溪之长是建立在部落民主制的基础上。而旗甲是土司社会分属军事和行政的两套不同的权力运作体系，当然这一制度的有效运行，是以溪峒社会存在的传统息息相关，也带有王朝治理溪峒的痕迹。

从谈迁《北游录》可知，永顺土司彭泓澍时期有 51 旗，保靖土司彭朝柱时期有 13 旗，土官自领 1 旗，[①] 在彭弘海时期是 58 旗，这说明旗的数目并不稳定。从保靖土司彭鼎的墓志铭也可看出，土司对旗的控制也是变动的：

> 公讳鼎，诞降于大明崇祯甲戌年九月二十四日。其先发于江右之吉水……公之硕德懿行难以枚举，略举其概，如靖治环绕皆苗种类杂处，负隅窃发，出没无常，公之先旋勦旋叛，迄无宁晷，至公起而大者威之，小者怀之。不数年而诸苗悉平除，恢复先翼、飞、锐、并忠镇、顺义、凯旋之六旗，同入版图焉。而苗患悉矣靖。[②]

对制度严明的明代卫所而言，旗长一职有明确的指代。而对于土司社会里的旗长，由于各个土司运用不同，对于旗长的理解要在具体的历史情境中才能分辨。乾隆《永顺府志》记载：

> 各土司及知州长官，皆自有山及田地，役佃种之土民，日耕其上，有征敛则责旗头，按户索之。[③]

这条史料“旗头”是协助征敛的差役，这也是大部分学者质疑旗甲制度“旗长”设置的军事性。认为旗长制就是管理户籍的制度，旗

---

① （清）谈迁：《北游录》，《纪闻上 · 永顺保靖二司土风》，中华书局 1960 年标点本，第 331—332 页。

② 《彭鼎墓志铭》，见龙京沙等主编《老司城遗址周边遗存调查报告》，第 223—224 页。

③ 乾隆《永顺府志》卷 12《杂记》，第 24 页 b。

长是土司社会中管理民政事务的土目群体。[1] 认为只有带兵出征时的“旗长”或是“旗头”才与卫所里的“旗头”相近，时人对永顺土司兵的征调记载：

> 其调法：初檄所属照丁拣选，宣慰吁天，祭以白牛。牛首置几上，银副之，下令曰：有敢死冲锋者收此银，啖此牛首。勇者报名，汇而收之，更盟誓而食之，即各旗头标下十六人是也。[2]

旗甲制度的设计无疑体现了土司社会军政合一的性质。在酉水上游卯洞土司所撰写的《土司志》中就清楚地将土司社会两种不同的军民体系记载的很清楚：

> 照得司内之员，亲莫亲于护印，而权司、总理次之；贵莫贵于权司，而总理、中军次之。权司、总理、中军，为司职极品。上则资其辅相，下则任其指挥，非才德兼全莫任其职。中军辖五营。五营有总旗，旗长次之，旗鼓又次之。千总、把总为弁之末。至若内侍之千总，出入护卫；外委之把总，奉使出差，较之各营千、把，伊则尊焉。司以外，佥事为一房首领，见五营而却卑，临巡抚而民右，职同峒长，权亦无异。署事、马杵，虽曰兄弟，究分低昂。署事次于巡捕，马杵次于署事。各房外峒长，为一峒之主，无征伐之权，有刑名之任，旗长与之敌体。长官又系属员。总之，五营以上，非舍不用，总旗以下，异姓同官。除新、江两峒外，自权司至千、把，贤能则委任终身，不肖则革职另选。[3]

---

① 张凯：《国家教化与土司向化：明清时期湘西北地区的制度与社会》，博士学位论文，中山大学，2016 年。

② （明）郑若曾：《江南经略》卷 8《杂著・调湖兵议》，嘉靖四十五年序刊本，第 52 页 b。

③ （康熙）《卯洞司志》卷 6《文艺志・等级仪制告示》，张兴文等注释，民族出版社 2001 年点校本，第 34—35 页。

旗长的设置就是土司社会旗甲制度下管理军事边政的自署官员。由土司任命管理土司内部社会军政、关卡、巡逻边防等事务，是相对民政事务的不同体系。在《容美纪游》也可看到旗长的巡防功能：

> 客司中者领单至此，旗长照验放行。如无单者，不准出关。远客来游容美者，惮菩提桦皮之险，则止于此。旗长亦为飞报中府，遥给廪食，或遣夫马来迎。①

虽然关于永顺土司旗长设置的资料很少，但结合碑文和史料，依然可以发现这一旗甲制度的军事体系。从彭弘海《德政碑》的碑文可知参加仪式的土司官署职员依次为标员中军官向华，副中军王启忠，旗长彭宗国，家政彭芳，支应彭荫祖，旗长陈廷漠、向应魁、彭弘济，撰文魏先修，书碑魏国佐。在标员中军官向华夫妇的墓碑上记录了向华被授为冠带替政旗长把总提督六曹中军厅之职。碑文如下：

> 考，历事两代，授冠带替政旗长把总提督六曹中军厅之职。戊戌年冬二十三日寅时安葬。生于崇祯壬午年七月初四日辰时，殁于戊戌年五月初七日未时。②

这说明了向华被授为冠带替政旗长、把总、提督六曹中军的职务。在 58 旗中未见有替政旗。在同治《永顺县志》记载了彭宗国在康熙十九年随父凌高攻克辰龙关，又随剿红苗，授凯旗旗长，并总理司政。③ 彭宗国是南渭州土知州彭凌高的长子，民国《永顺县志》职官志里南渭州彭氏宗谱里记载了康熙十二年永顺宣慰彭肇相

---

① （清）顾彩：《容美纪游》，高润身等注，第 110 页。

② 《向华夫妇墓碑资料》，来源于吉首大学田野碑刻拓片。

③ 同治《永顺县志》卷 5《 选举志 · 仕进武职》，第 12 页 a。

卒，无嗣，彭氏内部发生了司位承袭争夺矛盾。彭凌高以讨乱党迎回避在桑植上峝的永顺土司彭廷椿，于康熙十五年与义旗旗长彭世贵遇贼一起击退之，并随着彭廷椿在帮助大清征讨吴三桂进攻辰龙关的过程中立下了功劳。[①] 在彭凌高夫妇墓碑题有“奉政大夫加授总统全司戎务彭凌高暨妣向老夫人墓”，在彭宗国的墓碑上题有“清奉政大夫提督六曹总理中军统全司戎务彭宗国柱臣墓”，[②] 在南渭州彭氏族谱里还记载了彭凌高被彭氏土司录其忠勤授懋旗旗长，并赐猛洞庄田以旌其劳。[③] 可见南渭州知州父子俩都是因为战功获得司署旗长、总理全司戎务的职位。在《老司城遗址周边遗存调查报告》中发现了他砂总理官署的遗址，他砂是老司城东部最重要的防御城址，在遗址周围发现了总理彭凌云的墓，其碑文记载了生于万历年间的彭凌云被宣慰司授为总理，其子被授为把总，其中一个孙子被授为旗长。[④] 民国《永顺县志》古迹记载了旗长故署，在下榔保小把科，改土归流后，雍正七年向启蛟由土司旗长授为巡检，管上下榔及田、王、施溶五保，并造有衙署，光绪八年火灾被毁，留有家传遗嘱勒之碑石，迄今仍存，碑文如下：

> 盖惟创业难，即守成亦不易。余自幼体亲心，服膺弗望，及长而成立，敦宗族，睦乡里，待家人，一片丹心。可质诸天地鬼神而无愧。迨雍正七年，余任巡检之职，上勤公务，下理民情，毫无偏党，今修砌落成，将先人遗嘱仍复告诫后人，愿尔等亦守规范，永远勿替：
>
> 夫人生所当尽者，惟孝与悌，及慈以抚众，宽以待人，取与各当，诸事而已，虽然，此善事也。又有所但戒者：勿游嬉，勿奸淫，勿懒惰，勿酗酒，勿争讼，勿贪吝，勿以小失大，勿以私而害公，勿典家财，勿弃田产。持身接物，惟俭惟

---

① 民国《永顺县志》卷15《职官志·土知州》，第13b—14a页。

② 民国《永顺县志》卷10《建置志·坊墓》，第21页a、b。

③ 《彭氏族谱》，2006年田野调查收集。

④ 龙京沙等主编：《老司城遗址周边遗存调查报告》，第42—43页。

勤，能若是斯，无愧也。

传此家言，一一勒之碑石，勿视余言为谬谈也，慎守之而勿替。①

从以上史料可知，旗长职位的获取是因为战功，在南渭州彭氏父子时期还担任统领全司戎务。下榔保是腊惹洞长官司所在地，从长官司向氏族谱以及县志史料中也未见与向启蛟的关联，从向启蛟的遗嘱碑文中可见他旗长职位的获得应该是通过战功或者其他的功劳，并能获得乡里的认同，在改土归流后还被授予巡检一职。马罗洞在今龙山县与来凤县交界的地方，在县志的记载中飞旗马罗二姓是古蛮民，嘉靖间施溶州舍田滋担任飞旗巡边总管，为边民爱戴，被授予马罗洞长官世职。② 在嘉靖年间永保土司参加了朝廷的抗倭战争，立下了汗马功劳，史书多有赞美。其中牺牲的土兵也很多，其中田菑为永顺宣慰司头目，战死，受到了表彰，《明实录》记载：

旌故蛮夷长官司副长官田菑及其子耕建坊于所居，表曰忠义。菑，永顺宣慰司属目也。初以征倭进攻新场巢穴死之，子耕复父仇斩获有功，已赠菑官给殓银百两，耕疏辞给银而请追袭其祖职，张思、明溪蛮夷长官职事。诏下守臣勘寔，则张思、明溪者系酉阳地界，非永顺境也，其耕所称祖职亦无可的据。乃覆称授耕职非便宜，仍给赏功银两并建坊一座，以褒录之。报可。③

田菑与田滋同音，且都是嘉靖年间的事情，推测应该是同一个人，田滋作为巡边总管，应该确有其事，张思、明溪为酉阳与永顺交界地带，在明末时永顺与酉阳两土司就张思、明溪等地因归属而

① 民国《永顺县志》卷 6《地理志·古迹》，第 9 页 b。
② 乾隆《永顺县志》卷 1《舆地志·沿革》，第 43 页 b。
③ 《明世宗实录》卷 495，嘉靖四十年四月辛丑，第 8210—8211 页。

争地，合盟也没有说明具体归属。

从这些史料可以推出，旗长就是旗甲制度下军政事务运行体系的属官，旗长的获得跟军功有关系，旗长一职由土司授予，旗长一职的延续，需要勤公务、理民情才能不被取代，旗长是靠才干获取，有着上升的空间，也保证了土司社会有序运行。

第三节　从土地之争来看土官与土民的关系

从土司所辖的旗数来看，不同时期其数目也不同。保靖、永顺与酉阳是酉水流域领土相互接壤的三大土司，彼此世缔婚姻，又矛盾不断，经常为了领土和山林之利等相互仇杀和兼并。在流官的文献记载里，一方面，土民是深受土司剥削压迫的对象，赋税沉重，土司一日为子娶妇，土民则三年不敢婚姻，过着水深火热的日子。一方面，又是阔达大度，能抚恤苗土，附近边人多归之的贤良土官。[1] 现有的研究也多从阶级属性去关注，而较少地从人地关系和传统习俗去看两者之间的相互依存。

一　永顺、保靖、酉阳三土司争端的事由

在《中国明朝档案总汇》收录了《为黔省永顺酉阳二司盟结事宜事》的材料，里面的内容不是盟结的事宜，而且还是残稿。主要是永顺宣慰使彭泓澍、酉阳宣慰使冉天麟和保靖宣慰使彭象乾各自于崇祯五年（1632）就永顺土司彭元锦被杀的事件上报兵部如检举揭发般的奏章。争袭是土司社会最不稳定的因素，在崇祯三年（1630）三月十三日，永顺土司彭元锦被其儿子所杀，其后舍把家奴以其孙彭泓澍名义迅速处决了参与争袭的官舍、舍把及彭元锦的小妾等余党四十余人，使得真相难于知晓。关于彭元锦被杀一事，永顺土司彭泓澍上报所管都司，并分别告知保靖、酉阳土司。永顺

① 乾隆《永顺县志》卷4《人物志》，第49页a。

土司在上奏中强调了土司职责的重要性，针对保靖土司欲以孙谋祖而杀叔臣、纵子而弑父的罪名上报胁迫的消息。彭泓澍上报做出辩解，认为事发紧急，为防党羽生变，会官之后做出的选择，并且各衙门已经再四勘察，与所报无异，并又据所辖的三州六司官员、舍把、苗蛮等人合词具申承袭祖职，合属结勘起送，具题承袭。彭象乾的正妻是彭元锦的女儿，彭泓澍的姑姑，彭泓澍认为彭象乾就是想分其土地子民和财产，并与酉阳土司趁此机会一起攻占了其所辖的多个村寨。认为三土司对红苗各有担承，而彭象乾贿通担承的生苗，其祸危及国家的安全。认为：

> 臣司之成败事小，而化外苗心非我族类，出入皆系于有司县所地方，未免见利无厌，流毒不已，若不遏于徙薪之始，窃恐燎原之，及贻害黔黎，其祸滋甚此臣之害。切于身，且恐祸贻于国，万难缄默而沥血以叩。[①]

永顺土司弱化自身的损失，而是强调各土司的职责，保靖土司做法则违反了朝廷委任安靖地方的重任。

酉阳土司则是强调礼法和承袭的规范，认为土舍土目的擅权是祸端的原因。酉阳土司与永顺土司也是世结亲谊，冉天麟的女儿也嫁给彭元锦父亲彭永年。冉天麟认为永顺土司私自处理使得真相成为不解之疑。是彭翼和等人欲效仿贵州土司水西安邦彦等拥幼官虚位擅权，并怂恿彭元锦擅兵杀占茅冈地土，擅造衮龙黄袍等事项都是其鼓煽阴谋拨置，出现子杀父、父杀子的惨剧。他指出这些土目阶层：

> 以弑逆为寻常，法典为弁髦，目今群凶弄权肆杀无休，惨伤天地骇动诸夷，矧各土司旧有禁乱恤邻之谊，今引领翘足而

① 中国第一历史档案馆、辽宁省档案馆编：《中国明朝档案总汇》第 47 册《为黔省永顺酉阳二司盟结事宜事》，广西师范大学出版社 2001 年影印本，第 18—19 页。

不敢妄动者，翼朝廷自有三尺在也，倘不蒙严勒讨贼少宽斧斩不惟无以服诸夷之心，则风化所关于天下非浅小也，且该司逆党拥立暗弱，伪定一时不无以牛易马畜养他图，此地方祸乱之阶也。[①]

保靖土司的上奏档案是个残稿，在强调自身位置边防的重要性和贡献后，历数了永顺土司逆奴结权擅政的种种事项。认为保靖处在四夷包围之中，是辰沅屏蔽，荆襄锁钥，独当边患。而自号中华的永顺土司则是郡邑邻司环卫。然后历数彭元锦侵占保靖、酉阳两地村寨的罪行，袭位不事诗书，昏迷酒色，又干涉保靖袭职，伪造志书，将辰州府会溪、明溪巡检司改成会溪寨、明溪寨，高罗司改成高罗寨等，任凭添写紊乱版籍，图册可考，各司兵单势弱不敢反抗，郡邑民心不齐。在崇祯三年听到朝廷有变的消息便带兵十万经茅冈取道欲进都勤王，为了掩盖此事行贿官员花费了三万七千两银，并因为处理此事使得众叛亲离等，并指出彭泓澍为已故孽袭彭廷机乱母所生第十二男，名位不正等等。[②]

从酉阳和保靖土司所反映的基本都是彭元锦时期的事情，就如在另外一份资料《处理永顺酉阳土司争地仇杀案残稿》中都御史王维章所说，是以被害而积恨，各有一面之词，亦非无形之影。[③] 从三个土司各自的叙事可以看出，土司之间随时都在寻找机会扩大自己的地盘，在彭元锦因为内部争袭被害，永顺内部处于政权不稳时相邻的土司就趁机想从中夺回或扩张被永顺占有的地盘。

二　土民的选择：歃血合款与叛主背投

合款是长期存在于西南民族地区溪峒社会的一种民间制度，具

① 中国第一历史档案馆、辽宁省档案馆编：《中国明朝档案总汇》第 47 册《为黔省永顺酉阳二司盟结事宜事》，第 22—23 页。

② 中国第一历史档案馆、辽宁省档案馆编：《中国明朝档案总汇》第 47 册，《为黔省永顺酉阳二司盟结事宜事》，第 1—39 页。

③ 台北“中央”研究院历史语言研究所编：《明清史料·辛编》上册《处理永顺酉阳土司争地仇杀案残稿》，中华书局 1987 年影印本，第 374—377 页。

有民间法律的性质，在规范村寨之间和村寨之内的社会秩序中发挥着重要作用。[①] 在《溪蛮丛笑》中就记载了“彼此歃血誓约，缓急相援”的门款存在。[②] 从保靖所上奏的事项里，就发现这种歃血合款的现象一直存在。其下辖的土民在彭元锦的诱使下自愿脱离保靖，其叙述如下：

> 又召诱本司尖山寨边民张闰、符廷显等七十二户，安插南渭州，天启四年，又召诱臣司所辖余梁二家守边粮民余顺龙、梁文科等百十余户，叛主背投，犒赏金银叚帛牛马簪戒，歃血合款，先扫边界，后攻司治大羊嗜利，随即攻刦飞旗管下新寨、葫芦寨民张二什保等，杀死洞长张良富，义官亲弟张乔都，掳掠户口牲畜，打败地方召亡纳叛，只顾拆篱放大，不思唇亡齿寒，昔年倚强侵占本司，原额大剌地方，腊竹江、不齐二村、上鹞、巴捏车村建立官庄，贿赃偏循养成其势，每年本司失额秋粮五十石，又于桃坪一带，部兵树壘，人民驱赴锋镝庄厂，广收地利，又霸占本司巴勇长官地方，洗车、岩麦、櫂七及朋体以结竹额吾休亚牙，又占下要麻地方，农底湖、若夕、马舍扒等处，酉阳司示被强占可大湖、张师、明溪、御木冲，连年仇杀，久为战场，水陆上流鲁皮潭，召插镇溪叛苗向牛王等立寨，扼险阻隔两司往来，下水又该司所辖黄家村要津，安插杜老虎等五姓凶徒拦江作祟，陆路买嗾湖苗、镇苗，

---

① 合款作为少数民族社会的自治机制已为世人所熟知，但更多地认为是苗族或者侗族的区域性社会组织，如在张晋藩主编的《中国少数民族法史通览》一书中将合款认为是侗族早期的社会组织，并对合款的表现和内容都进行了详细的介绍。龙庭生则认为合款是湘西苗族地区一种带有军事联盟性质，以地缘为纽带的民间自卫和自治的社会组织形式。参见张晋藩等编《侗族法制史》，《中国少数民族法史通览》第10卷《 侗族 海南黎族 土家族》，陕西人民出版社2017年版；龙庭生等著《中国苗族民间制度文化》，湖南人民出版社2004年版，第68页。笔者认为，这种歃血盟誓合款现象广泛存在于溪峒地区，有助于风险的防范和部落的生存发展，是与环境相适应的溪峒社会部落联盟的制度规范，而非某个族群独有。

② 《溪蛮丛笑》，第4页。

四围攒远，左右前后俱在彼掌握之中。[①]

在雍正七年永顺改流后潘果根据舍把提供的数字每户征银一分，共 19800 余户,[②] 到乾隆二十五年有 34187 户[③]，人口多了 14387 户，将近一倍外来的移民。可见土司时期应有大量的闲地。从保靖土司所叙史料可知，在人地关系不紧张的土司时期，土民可以在土官之间流动，土司对治下的土民并没有绝对的控制权，只要双方达成协议，通过歃血盟誓，就可以选择离开原先的寨落去新的地方，这应该是土司制下的佃户。为保障边界的防守，保靖土司还设有守边粮户，而这些守边粮户也可以整体地叛主背投。同时，从杜老虎等五姓被永顺土司安插在黄家村江岸地带也可看出，土民是以不同姓氏的团体接受着土官的委派和合约，而非某个单一的宗族。设立官庄应该是土司派驻舍把或者旗长在此经营，从《北游录》也可知“舍把各居一庄，自耕织，畜产不等，所猎禽兽，董之以馈外客，马少而骏，登山如履平也”[④]。舍把管理得当，会吸引土民自动归附。这也就可以理解向启蛟旗长为世袭传承发扬家业，将遗嘱勒碑立之，以告子孙遵守。土民更注重溪峒组织的协作性，这固然受环境的影响，但其延续下来的传统也有助于帮助自身获得更好的利益，这也使得这一地区有着地域特色的风俗。在道光《施南府志》记载：

施郡之民分里屯二籍，土著俗尚俭朴，水耕火耨，男女杂作，房间设火铺，饮斯食斯，嫁娶邻族相助，谓之过公头，丧葬前夕绕棺歌唱，谓之打丧鼓，盖即挽歌之遗，初春祭社祈

---

① 中国第一历史档案馆、辽宁省档案馆编:《中国明朝档案总汇》第 47 册《为黔省永顺酉阳二司盟结事宜事》，第 29—31 页。

② （清）允禄、鄂尔泰编:《朱批谕旨》第 18 函册《朱批赵宏恩奏折（上）》，乾隆三年内府活字朱墨套印本，第 16 页 a。

③ 乾隆《永顺府志》卷 4《户口》，第 3b—4a 页。

④ （清）谈迁:《北游录》,《纪闻上·永顺保靖二司土风》，第 333 页。

> 年，合村醵饮，岁终还愿，酬神各具羊豕祭于家，皆以巫师将事，屯籍皆在明末……兄弟分析不图聚处，虽土人之家亦无祠堂。[①]

在乾隆《辰州府志》也记载了在明以前，郡中故族很少有建宗祠修谱牒的现象。[②] 在龙山县桂塘镇肖家村发现了一座道光年间的《张正高墓碑》，记载了这种土官与土民松散关系的存在，墓碑记载了张正高生于大清乾隆庚午年五月二十一日，终于道光六年七月二十三日，其始祖张必将在明天启二年为爵主招安，授总管委。摘录如下：

> 平辽有功，授五十八旗督总管。张当随征八蛮，坐乾州，代管四里。公旗后迁杉木鱼洞，屡与六里苗不和。事冉土，坐榕溪，大明万历，随冉土征辽，二次于兵不利，罢职归农，后来永顺彭宣慰招安他砂，授招头总管委。大清雍正四年改土，永顺开府，龙山安县，七年大造，九年纳粮。此之谓根苗。[③]

这则墓志显示了张氏先后在乾州、榕溪和他砂酉阳冉氏和永顺彭氏合作共事，可见张氏并没有受到土司的限制，而是根据功绩和能力决定自身的去向。

小　结

本章主要论述了酉水流域溪峒社会的各群体从峒蛮到土民的身份转变过程，并对酉水流域最基层的社会组织溪峒与旗甲分别进行了论述。溪峒是自然环境与社会环境相互影响的社会形态，是不同

---

① 道光《施南府志》卷 10《典礼》，第 2 页 a、b。

② 乾隆《辰州府志》卷 14《风俗考》，第 5 页 b 。

③ 田仁利编：《湘西土家族苗族自治州金石通纂》，湖南人民出版社 2015 年版，第 608—609 页。

部族长期生活而形成的最基本的社会自治组织，有着自身的联盟方式和文化认同。随着溪峒联盟权力结构在溪州之战后获得了“国家”合法性的认同后，也为这一群体的族群认同和王朝认同的强化奠定了基础。这一社会形态下的各溪峒群体在王朝的“溪峒专条”下进入了从洞蛮到峒丁、土民等不同身份的王化历史进程，但其最基本的社会形态和组织方式依然未变，也是溪峒社会政治文化形成的基础。由于溪峒社会下各溪峒组织有着一定的自主性，在对土司权力形成制约的同时也将溪峒组织下的土民置于土司之间的争夺危险中。旗甲制度是实现王朝与溪峒自治社会有效连接的地方控制体系。王朝通过控制土司土官来实现对民族地区的统治，以授牌印、额赋役、听征调和修职贡来实现对土官的控制，而土司土官在接受王朝向化的过程中，也将这一模式复制到溪峒社会治理的过程中，通过舍把与旗长的不同任命来实现家族土舍与溪峒头目有效地流通，在土司权力植入溪峒底层社会的过程中，也将溪峒社会的头目自治体系纳入王朝向化的进程中。

第六章

西水流域城镇的形成和变迁

西水是整个西水流域地区交通的主要通道，人员、物资、文化皆从西水及其支流进出，西水及其支流也构成了流域内部的交通网络的基本框架。流域内的社会有赖于这一基本框架实现政治、经济整合，从而形成一个完整的社会系统，乃至政治行为体。西水流域的城镇在这一基本背景下，可以分为两大类：一是政治军事类城镇，即构成地方政治体的各级行政治所和军事防御据点；二是商业贸易类城镇，即处于交通要道，主要因商业贸易发展起来的城镇。两种类型的城镇的成因和功能虽各有偏重，同时也存在交叉，即政治军事类城镇具有商业交通功能，商业类城镇也往往是地方行政治所。

第一节　政治军事类城镇分布及其特点

唐朝置溪州，辖大乡（今永顺县）、三亭（今保靖县）两县，范围即在西水流域的核心区，五代末和宋代，统治溪州的彭氏虽一度号称誓下二十州，但其根基仍然是唐溪州之地，最后形成保靖土司和永顺土司两个地方政治体。永顺土司区到明代形成永顺宣慰使司“领州三：曰南渭、曰施溶、曰上溪；长官司六：曰腊惹峒、曰麦著黄洞、曰驴迟洞、曰施溶溪峒、曰白岩洞、曰田家洞”的体系。[①] 这个体系基本依凭酉水及其支流建立。

一　从三州之卫到依山为障：永顺彭氏政治中心及其防御体系的形成和变化

五代、北宋时期，酉水流域最重要的政治中心是下溪州治所，为“都誓主”治事之所，位于酉水下游的会溪。《舆地纪胜》辰州条记载，“会溪在州北境，当保静、南渭、永顺三州之卫”[②]，《大清一统志》载，“下溪州故城在永顺县东南，接辰州府沅陵县界，溪州世为彭氏所据，五代楚徙其州治于此，遂称下溪州。后为北江蛮酋誓主，宋熙宁五年改名会溪城”。原因是楚政权打败了溪州刺史彭士愁，“焚彭士愁寨而攻之”，“楚王希范徙溪州于便地”[③]。可见该城是五代以后彭氏政权的政治中心，但并非唐代溪州治所，而是五代迁徙至此。同治《龙山县志》载：“师晏筑下溪州城为治，（彭福石）宠退居永顺东之老司城”，是言彭师晏熙宁五年任下溪州刺史时修筑了城池。[④]

下溪州新迁的治所对外处于彭氏辖地靠近酉水与沅江交汇处的辰州的最前沿（见图6－1），其地“乃四通八达之地”，距“辰州府沅陵县界二百九十里”[⑤]，水流而下不数日可达辰州。对内从酉水流域的角度看，下溪州治所位处扇形流域的扇柄。五代时，彭士愁在此与马楚政权盟誓，立铜柱。北宋前期，溪州彭氏虽对中央王朝时顺时反，但总体上誓下体系仍似有若无地存在，下溪州仍是这一体系最重要的行政治所。下溪州治所以下酉水沿线则由宋王朝设置军寨控制，早期有明溪寨，作为军事控制的据点。熙丰开边的背景下，宋王朝加强了对下溪州治所到辰州的酉水沿线的控制。熙宁八

---

① 《明史》卷310《湖广土司》，第7991页。

② 《舆地纪胜》，第2491页。

③ 嘉庆《大清一统志》卷372《永顺府》，第9页b。

④ 同治《龙山县志》卷6《兵防 上》，第15页a，成文出版社1975年影印本，第197页。

⑤ 乾隆《永顺县志》卷1《舆地志·沿革》，第40b—41a页。

年十二月置会溪城，修筑溪州城的同时还在城旁建军寨，“置砦于茶滩南岸，赐新城名会溪，新砦名黔安，戍以兵，隶辰州”①。茶溪“即会溪上流”，“一名茶滩”②，是酉水支流，所筑下溪州城及茶滩都在酉水与其支流会溪交汇处。宋朝“赐下溪州新筑城寨名会溪城、黔安寨”③，既称下溪州新城，应是在下溪州旧城基础上，或在下溪州旧城旁筑城。《武经总要》载：“下溪州，自澧州武口寨过生羊峡，设木梯，到马县岭，渡江至州。天禧中，知辰州钱绛领兵至城下，焚其寨栅。”④ 澧州在溪州北方，自北渡江至下溪州，说明下溪州在酉水南岸。天禧年间被知辰州钱绛所焚的就是下溪州旧城（寨栅）。沿酉水还有镇溪等寨，从会溪城到黔安、镇溪等寨形成辰州到会溪的酉水沿线的军事控扼体系。⑤ 元丰四年“于辰州会溪城量益戍兵五七百人，渐招纳上溪诸蛮”⑥，可知驻扎之兵不少。这些城和寨同时也是行政之所，元丰元年令“辰州会溪城、黔安寨依沅州城寨例，置牢屋区断公事”⑦。这里毕竟与蛮区接壤，会溪城、黔安寨“城寨官恐人少肯就者，依沅州城寨使臣等酬奖”⑧，要特别激励才有人就任。可见这些城寨因位处前沿，主要是军事和行政功能，而无商业贸易意义。

下溪州虽为誓下州体系的行政中心，而且交通便利，但实际上处于宋王朝的军事控制之下。绍兴五年，下溪州刺史彭福石宠行政中心从会溪迁往酉水支流——灵溪上游的老司城（见图6－2），直到清朝雍正二年，最后一任永顺土司彭肇槐迁治于司河更上游的颗砂，这里成为以后永顺土司辖区的行政首府。灵溪是永顺土司辖境酉水最大的两条支流之一。灵溪“源出蟠龙山，分二支，俱西南

---

① 《宋史》卷493《蛮夷传一》，第14179页。

② 嘉庆《大清一统志》卷372《永顺府》，第8页a。

③ 《续资治通鉴长编》卷273，熙宁九年二月壬寅，第6685页。

④ 《武经总要·前集》卷21《荆湖北路》，第4页b。

⑤ 《宋史》卷88《地理志四》，第2196页。

⑥ 《续资治通鉴长编》卷313，元丰四年六月丙辰，第7582页。

⑦ 《续资治通鉴长编》卷287，元丰元年闰正月戊寅，第7024页。

⑧ 《续资治通鉴长编》卷273，熙宁九年二月壬寅，第6685页。

流”，经“旧司城而出牛路河”，入酉水。牛路河即灵溪下游，“自旧司城约五六十立至此，自此又五六十里而达王村”。灵溪自老司城而上，其上游为颗砂河，“源出内颗砂保”，在钓矶岩“合喇着河入灵溪”。牛路河先并入酉水另一个支流猛洞河。猛洞河的上游在龙山境，又叫汝池河，源头是辰旗里乌鸦河，[①] 辰旗里是58旗中的一旗，下游经过改土归流后的永顺府城（即今永顺县城），再经列夕而达王村。[②]

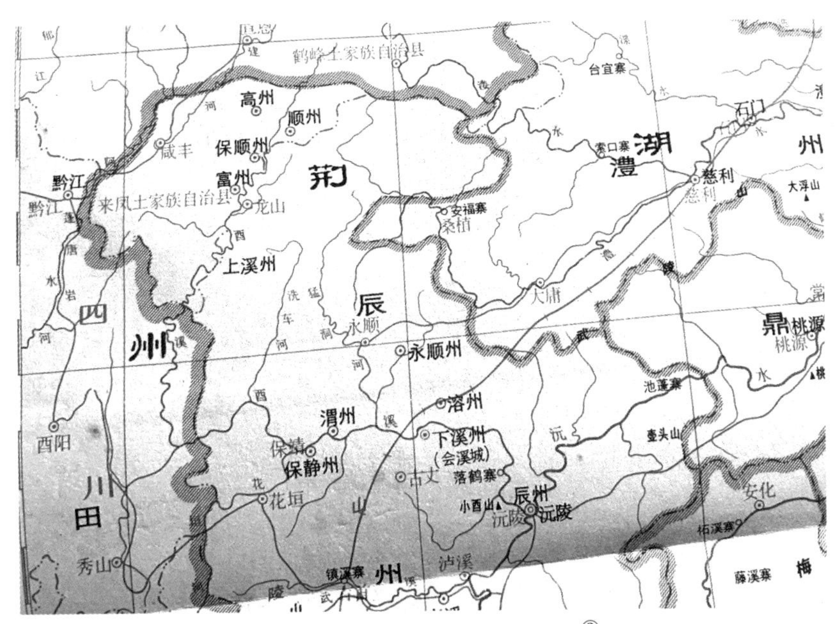

图6-1　宋代北江誓下州分布图[③]

（乾隆）《永顺县志》载：“土司衙署、宗堂悉在，城内铺店颇多”，可见清代前期老司城规模仍存。今天老司城的地面建筑除祖师殿等少数建筑外，基本不存。但1995年、1996年、1998年湖南

---

① 嘉庆《龙山县志》卷2《山水》，第12页a.

② 同治《永顺府志》卷2《山水》，第8页b。

③ 地图摘自谭其骧《中国历史地图集》北宋政和元年（1111年）荆湖北路，见《中国历史地图集》第六册宋辽金，第27—28页。

省文物考古所联合湘西自治州文物工作队和永顺县文物局，对老司城遗址进行了三次调查发掘，2010 年到 2012 年又进行了新的考古勘察和发掘。考古发掘证明，虽然老司城生活区城墙、衙署区周边大量建筑都修建于明代，但是通过生活区南城墙发掘，发现城墙下的文化层中第二至第八层只出土宋元时期的白瓷片、花纹砖、筒瓦等建筑构件，表明明代修建生活区城墙以前，老司城已经有了高规格建筑的存在，可与地方史志关于彭福石宠于南宋绍兴五年修建老司城的记载互证。发掘的城市遗址和大量文物，基本揭示了老司城这座酉水流域最重要政治中心的城市结构，一定程度上反映了老司城的环境和城市生活。[①]

从现存遗址看，明代的老司城利用自然环境，临河建造台地，取暖、排水等设施齐备，城址包括宫殿区、衙署区、生活区、街道区、墓葬区、宗教区、苑墅区等几个部分。（见图 6 – 3）[②] 宫殿区与衙署区处于城址的中心，其周围分布有街道区、土司墓葬区、宗教区、苑墅区等功能区。环绕着老司城城址又有一系列险峻的军事关隘和防御设施。宫殿区位于城区北部，依山而建，形状略呈椭圆形，东北高、西南低，周长 436 米，总面积约 14000 平方米。宫殿区共有四个门，城墙厚 1 米左右，多以岩块、大卵石垒砌，并以石灰、桐油胶结，最高处高达 6 米。衙署区位于宫殿区南侧，周长 408. 8 米，面积 8762. 4 平方米。城东南部的紫金山为永顺土司的家族墓地。宗教区分布于城南，有祖师殿、观音阁、五谷祠、关帝庙、将军山寺、八部大神庙等寺庙，不同的宗教并存。溯流而上，老司城背后分布着苑墅区，是土司家族游乐之所，在河岸崖壁上发现 8 处石刻题铭，记载了明代土司游乐的场景。[③] 现存相对完整的建筑是祖师殿大殿。考古发掘可见，祖师殿区域主要包括主体道路、前庭、山门、庭院以及与此相关的平台、踏步、排水沟、挡土

① 柴焕波:《老司城考古二十年》,《中国文化遗产》2014 年第 6 期。

② 柴焕波:《老司城考古二十年》,《中国文化遗产》2014 年第 6 期。

③ 湖南省文物考古研究所:《湖南永顺县老司城遗址》,《考古》2011 年第 7 期。

墙等，祖师殿建筑群以前庭至主殿的道路为中轴线，前庭、山门、庭院、主殿等层层递进。[①]

图 6－2　老司城遗址全景图

老司城遗址全景图，取自《老司城遗址周边遗存调查报告》

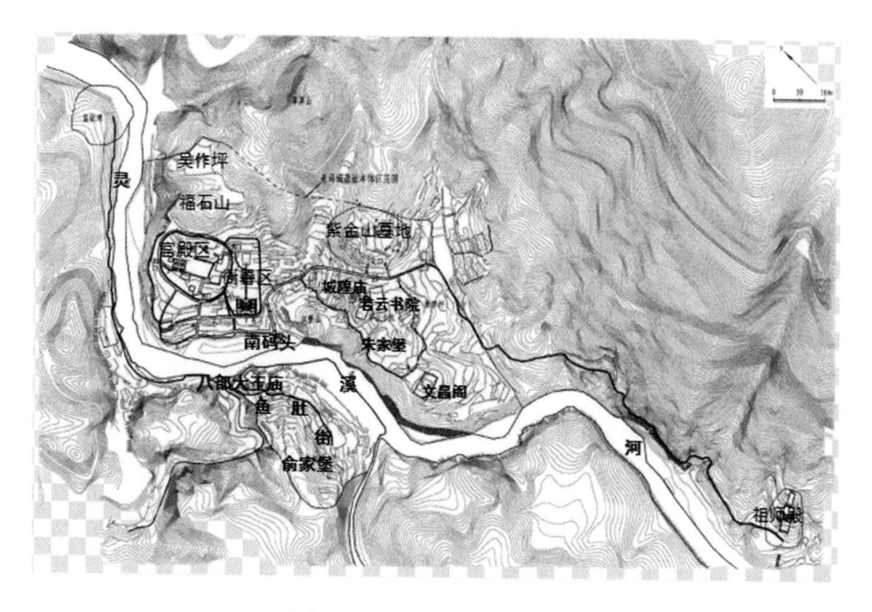

图 6－3　老司城城区分布图

① 湖南省文物考古研究所：《湖南永顺老司城遗址祖师殿区考古发掘报告》，《湖南考古辑刊》第 11 辑，2015 年。

老司城深处灵溪上游，为山谷台地，并无肥沃的平地田畴，建治于此的主要目的是便利军事防卫。《老司城遗址周边遗存调查报告》认为："老司城选择在一个闭塞、偏僻、环境相对恶劣的山区，既没有开阔的台地，也没有矿产，耕地也贫乏，其目的在于防御方面考虑。"[①] 但该城位于永顺土司辖地中心，通过灵溪可直出酉水，联通流域各地。明代永顺土司辖下三州，即南渭州、施溶州、上溪州，六长官司即麦著黄洞、腊惹洞、驴迟洞、施溶溪峒、白岩洞、田家洞，也都分布于酉水或其支流沿线。南渭州位于今永顺县泽家镇南渭村，依山而建，两边悬崖峭壁，酉水绕城而过，前有出水码头，水路交通发达。《老司城遗址周边遗存调查报告》指出：南渭州城址系明、清时期南渭州土知州彭氏州址所在地。[②] 乾隆《永顺县志》载："南渭州，古诸蛮之地，秦属黔中，汉属武陵，唐为富州，五季为静边都大乡、三亭、陇西地，宋为中溪州，元因之，先是新添葛蛮安抚司，至明洪武三年内附，改升南渭州。"[③] 此地亦即宋中溪州治所。南渭州城址今尚存衙署区、宫殿区、荷花池、墓葬等遗迹，但已或为稻田，或为民居。1993 年，湘西自治州考古队在城址北部发现东汉砖室墓，说明此地自汉代以来就是一个聚落或城市。南渭州城通过绕城而过的酉水，可上溯保靖土司治所、隆头、里耶，下延至老司岩、王村、会溪城、施溶溪、镇溪、明溪等，进入沅水，也可转灵溪，到达老司城。

施溶州之名始于元代，宋代称溶州，其治所为今何地，有不同看法，《永顺县府志·沿革》载："施溶州在今永顺县东南一百二十里施溶堡。"[④] 施溶州为元代所设，乃升归降的泊崖洞为施溶州，以其首领田万顷为知州。后田万顷复叛，刘国杰奉命征讨，破明溪，乃攻施溶，部将田荣祖建议"施溶，万顷之腹心，石农次、三羊

① 《老司城遗址周边遗存调查报告》，第 23 页。

② 《老司城遗址周边遗存调查报告》，第 33 页。

③ 乾隆《永顺县志》卷 1《地舆志·沿革》，第 41 页 b。

④ 乾隆《永顺府志》卷 1《沿革》，第 11 页 b。

峰，其左右臂也，宜先断其臂，而后腹心乃可攻”[①]。但尚不能确定施溶州治所的位置。阳恪《平蛮记》记载平定施溶州蛮过程，称元军“从会溪施溶口入，涓金解衣督励，将士期会于施溶州”[②]。即从施溶溪江口攻入施溶州。则施溶州在施溶溪与西水交汇处的看法甚为合理，也可谓水道要冲，沿西水上可达保靖、老司城等，下可通沅水。《老司城遗址周边遗存调查报告》认为施溶州治所位于施溶溪与西水交汇处，甚当。该报告还记载在施溶州一带发现的明代遗存砖室卷顶墓，认为应为土司时期与施溶州相关的墓葬，施溶州遗址现被凤滩水库所淹没，其城池建制一时无法考证，其位置处于以老司城为中心的“布袋”或“撮箕”状的地理形貌“袋口”或“撮箕口”下游，是南方来敌进入永顺土司辖境腹地第一个重要前沿堡垒，扼守西水航运之交通要道，战略地位的重要性不言而喻。[③]在民国《永顺县风土志》就记载了施溶乡沿河均有埠头，未设场市。[④] 反映了施溶乡位于河流交通便利处，埠头就是货物集散处。

上溪州位于西水上游，汉置黚阳县，晋即南朝亦置县，在“西水北岸”，与整个西水流域通过西水相联系。朱元璋认为上溪控制溪峒，必得世守之臣乃能尽扶绥之道。[⑤] 在《永顺宣慰司志》上溪州条记载其“西连归峡，东控荆澧，高山箐深，兽穴鸟道”[⑥]。西水“径黚阳故县，南又东，径迁陵故县界，与西乡溪合，谓之西乡溪口，又东径迁陵县故城北，东径西阳故县南”[⑦]。属唐代溪州地，五代属彭氏，成为羁縻之地，宋代设上溪州，彭文勇、彭师宝曾担任上溪州刺史，元代为白崖洞安抚司，明代为州。史籍未见明确记载

---

① 《元史》卷162《刘国杰传》，第3811页。

② （元）苏天爵：《元文类》卷27《平蛮记》，上海古籍出版社1993年影印本，第328—329页。

③ 《老司城遗址周边遗存调查报告》，第181页。

④ 民国《永顺县风土志》14《场市》，第7页a。

⑤ （明）廖道南：《楚纪》卷一《皇运内纪前篇》，第14页a，书目文献出版社1990年影印本，第28页。

⑥ （清）佚名：《永顺宣慰司志》卷2《上溪州》。

⑦ 嘉庆《大清一统志》卷372《永顺府》，第7页a。

宋代上溪州州治的具体地点，《老司城遗址周边遗存调查报告》记载调查组在酉水流域的洗车河、苗市以及县境北部的石牌洞都发现了诸如明代砖室券顶墓、石室墓等相关土司文化遗存，在隆头周家寨、洗车镇老洞、红岩镇西湖发现晚于两晋早于两宋时期的垂帘纹墓砖及年代相应的遗址，这一现象目前仅见于洗车河流域。该报告认为，结合既有的考古调查以及湘西地区所见城址的分布设置规律来看，其最有可能位于酉水流域的水运较为便利的临河平地，即现今龙山境内的洗车河流域。认为“极有可能与明上溪州土司有着直接的联系”①。在当时交通环境下，上溪州治所傍酉水或其支流洗车河设置是合理的推测。在上溪州不论是宋代誓下州，还是明代永顺彭氏宣慰司辖下，沿河设置城址有利于加强与区域政治中心的联系。

以明代永顺土司区域看，其第一级政治中心——老司城虽处于灵溪上游，但仍在酉水水系及其构成的交通网络之中。第二级政治中心，即南渭州、施溶州和上溪州都位于酉水或其支流沿线。第三级政治中心即六长官司，除腊惹洞长官司和驴迟洞长官司治所外，其他四长官司皆设治于酉水及其支流沿线。施溶洞长官司设治于酉水流域最下游，位于酉水支流施溶溪上。史载，施溶洞长官司“襟山带河，西北控制，辘轳相望，商旅之所”②。《老司城遗址周边遗存调查报告》记载，在东临施溶溪的长官镇发现明代墓冢六座，墓群均为砖室墓，推测为土司时期施溶洞长官司长官家族的墓群。③

麦著黄洞长官司亦处于酉水沿线。《大清一统志》载：“麦著黄洞司，在永顺县南，黄氏世为土官，属下溪州，元为麦著土村，置长官司，明为麦著黄洞，仍置长官司，本朝雍正七年改土归流。”④乾隆《永顺县志》“麦著黄洞长官司世职”条载，麦著黄洞自黄麦和踵于元代为洞民总管，而下相继传黄答谷踵、黄大洛踵、黄珍、

① 《老司城遗址周边遗存调查报告》，第179页。
② （清）佚名:《永顺宣慰司志》卷2《施溶洞》。
③ 《老司城遗址周边遗存调查报告》，第184页。
④ 嘉庆《大清一统志》卷372《永顺府》，第12页a。

黄先、黄胜、黄敬祖、黄金、黄廷正、黄臣、黄相、黄世忠、黄甲、黄诏升、黄正乾。[①]《老司城遗址周边遗存调查报告》认为，麦著黄洞长官司长官为黄姓，通过现场踏勘，麦著黄洞长官司的治所可认定位于老司岩。报告记载了调查组对老司岩城堡的调查，城堡的城墙虽破坏严重，但其轮廓尚还清晰可辨，平面呈圆形的条石城墙围绕主体建筑，面积约 2 万平方米，城堡外的原始街巷布局基本保留。城堡处于猛洞河与西水交汇口东南约 1 千米，位西水北岸约 1 华里的山坡台地，城北一条石板古道蜿蜒往下通西水码头，西水自西向东绕城堡北侧而过，下游约 5 千米处北岸是王村，右岸是由西南来的古唐河与西水的交汇口，不仅是老司城的前哨，也是活动在西水流域各系土司联络的前沿，不但在军事、经济上占有重要地位，而且在政治上也发挥着不可取代的作用，与《永顺宣慰司志》卷二所载麦著黄洞"襟山带河，西北控制，轱辘相望，商旅之所"一致。[②]

田家洞长官司治所毗邻麦著黄洞长官司，也位于西水南岸，"宋为下溪州，元因之，田胜祖为洞民总管，明洪武三年内附，升为田家洞长官司"[③]，其地"危峰窈谷，鸟道云栈。襟带北河，控引保靖"[④]。有学者运用了历史文献和田野调查研究认为今古丈县断龙乡田家洞村就是明代田家洞长官司的治所所在地。[⑤] 与麦著黄洞一样，田家洞同时也是西水边一个交通和军事要地，同时是一个贸易据点。乾隆《永顺县志》将田家洞列为"村市"条，称"田家洞，在县南，离城一百里，为苗洞总路，居民聚集，重岗叠巘，亦要区也"[⑥]。田家洞长官司土长官从元代田胜祖始，十四传至田荩臣而止。[⑦] 调查发现，田家洞长官司长官田荩臣的墓葬在今古丈县断龙

---

① 乾隆《永顺县志》卷 3《秩官志》，第 19b—20a。
② 《老司城遗址周边遗存调查报告》，第 185 页。
③ 乾隆《永顺县志》卷 3《秩官志》，第 21 页 a。
④ （清）佚名：《永顺宣慰司志》卷 2《麦著黄洞》。
⑤ 田清旺：《田家洞长官司治所定位研究》，《中南民族大学学报》2012 年第 2 期。
⑥ 乾隆《永顺县志》卷 1《地舆志・市村》，第 49 页 a。
⑦ 乾隆《永顺县志》卷 3《秩官志》，第 21a、b—22a 页。

乡田家洞村周边喜哈村，可确定田家洞长官司的司治应当在今界连保靖的古丈县断龙乡田家洞村一带。[①]

白岩洞长官司属于上溪州，改土归流后属龙山县。《大清一统志》载："白崖洞司在龙山县白岩里地，张氏世为土官，属上溪州。元置长官司，明因之。本朝雍正七年改归流。"《清朝文献通考》又载："龙山县，在（永顺）府西一百二十里，明白崖洞长官司治。本朝雍正七年改置龙山县。"[②] 说明白崖洞在清朝改土归流后龙山县境。同治《龙山县志》亦载："白崖洞，古六洞之一"，"今其地为白岩里"[③]。白岩里在县城东北五十里，下又有白岩洞，[④] 是西水上游的另一支流果利河的发源地。[⑤]

三州六长官司治所都处在水陆交汇的交通要地，自然也是永顺土司区军事防御要塞。如距灵溪与西水交汇处不远、位于西水南岸的田家洞则是"苗峒总要道"，[⑥] 与苗疆相接，具有防苗的重要作用。除此以外，永顺彭氏土司设立了一系列的军事防卫城堡。老司城遗址周边各类防御遗存调查组专门对老司城的军事防御城堡体系做了考察。作为进入永顺土司主要通道的灵溪是军事城堡分布最密集的地区。在灵溪汇入西水的河口周围设置了九龙蹬城堡、老司岩城堡、克必城堡、列夕城堡，上溯到灵溪与榔溪交汇处设有龙潭城堡。据调查组考察：九龙蹬遗址位于今永顺县芙蓉镇（即王村镇）明溪村铜柱溪与西水河交汇处的一个独立山顶，面积约1400平方米，建筑遗址大体呈方形，长、宽约25米，自然岩石地面，局部经修凿成两进，四周利用自然岩体，人工垒砌成堡坎，建筑北部有三道人工砌成的石级，四周都是百丈高的悬崖峭壁，仅有羊肠小道可攀登而上，遗址背面有一线小道，可从对面山洞取水，遗址南端灰

---

① 《老司城遗址周边遗存调查报告》，第187页。

② 《清朝文献通考》卷281《舆地考十三》，浙江古籍出版社1988年影印本，考7325中页。

③ 同治《龙山县志》卷6《土司考》，第212页。

④ 同治《龙山县志》卷1《舆地》，第56—57页。

⑤ 同治《龙山县志》卷3《山水》，第106页。

⑥ 同治《永顺府志》卷1《关隘续编》，第35页a。

沟中出土大量遗物，年代很杂，最早的可到秦汉时期，以陶鬲足、铜钺为代表，五代时期遗物以大量的釉陶为代表，零星散见于地表的还有明清时期青花瓷片，可见，该遗址在历史时期就一直被人所沿用，又因其地势险要，下可攻、退可守，且靠临会溪坪，战略位置十分重要。五代以来这里成为溪州彭氏集团驻守重兵扼守酉水东大门的重要城堡之一。

克必城堡又称中寨，位于今芙蓉镇克必村的中寨组酉水东岸的半山坡上，整个城址依山而建，三面环水，背靠太平界，南、西两面与列夕乡的古丈河西隔河相望，遗址现存基本完整的环形城墙，占地面积约为6560平方米，水路可通往王村、列夕，交通位置非常重要，西南的南渭州取道列夕至老司城必经此地，是土司时期最为重要的控扼老司城南大门的军事城堡之一。[①] 列夕古城堡位于列夕乡列夕村上街、中街等10多个小组，占地面积约3万平方米，处酉水河西岸山间台地，临河面为陡坡悬崖，特别显现出天然防御优势，其与河对岸的克必城堡遥相呼应，从码头顺猛洞河而下不足3千米便入酉水，水上交通便利。老司岩城堡地处猛洞河与酉水交汇口东南约1千米，位于酉水北岸约1华里的山坡台地，城北一条石板古道蜿蜒往下通酉水码头，酉水自西向东绕城堡北侧而过，下游约5千米处北岸是王村，右岸是由西南来的古唐河与酉水的交汇口，在此将河西村一分为二，左称河西，右名河南，水路交通便利，是老司城的前哨，在军事、经济上占有重要地位。城堡平面呈圆形的条石城墙围绕主体建筑，面积约2万平方米，城堡外的原始街巷布局基本保留，一条主街由北而出通码头，遗址有伏波宫与功德碑，碑文主要记载马援出征五溪事，距城堡西约3华里有花兰墓群，明显可辨的有20余座，多为明清时期，墓主人姓氏可分为瞿、黄两大姓。[②]

---

① 《老司城遗址周边遗存调查报告》，第42页。

② 《老司城遗址周边遗存调查报告》，第44页。

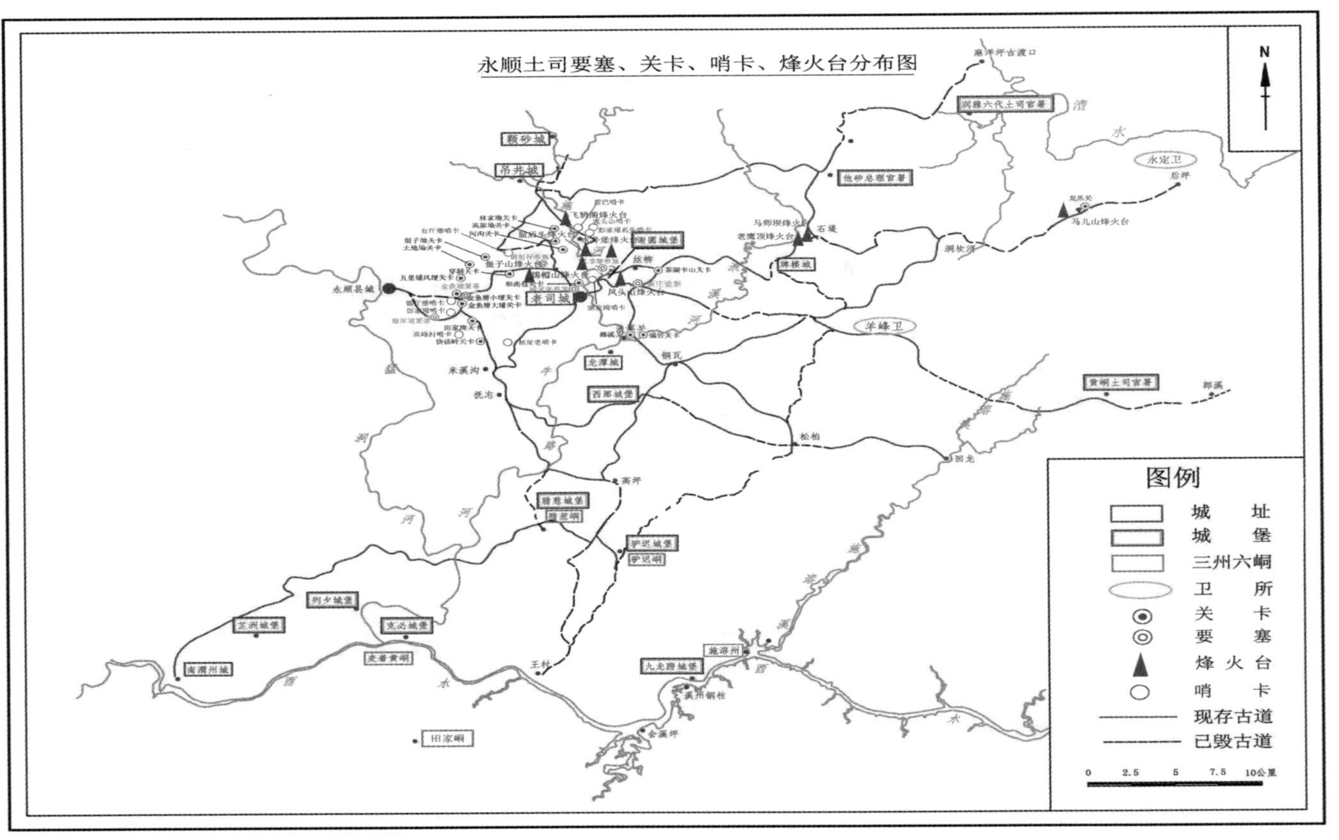

图 6-4 永顺土司防御体系图（取自《老司城遗址周边遗存调查报告》）

辰州沿酉水而上，进入彭氏土司区第一个最重要的水陆码头即王村。经王村陆路通往老司城沿途又设有驴迟城堡、腊惹城堡、西那城堡等。而老司城周边又设有若干城堡、哨卡。这些城堡的设置，总体格局是以酉水为主要防御方向，也就是说，是以假想外部势力自酉水溯流而上进犯老司城而设置的防御体系，故这些军事城寨主要分布于经酉水从水、陆两个方向通向司城的要道上。南部酉水流域有南渭州的芷州、麦著黄洞长官司的老司岩、占据天险的九龙蹬等严守历史上酉水这一重要水路通道；在入永顺土司腹地猛洞河设列夕、克必两城堡锁住河口；于石堤、高坪低山丘陵一带置西那、回龙堡、他砂城堡联守老司城北、东、南三面，形成环守永顺土司辖地各交通和山间盆地要害的网络，是老司城外围最具军事指挥力的机构之一。（见图 6－4）①

二　从依山为固到以江为堑：保靖彭氏的政治中心及其变化

相对永顺彭氏政治中心从酉水沿岸下溪州到支流沿线老司城的变化，保靖彭氏政治中心的变化则为相反。同治《保靖县志》记载，考县东北有地名龙溪平，距县十余里，有土司旧城，洛浦废县，县西南有地名西洛，其东即甘溪，今甘溪凤凰山下有土司旧城遗址犹存。②《元和郡县志》锦州条记载：

> 洛浦县，中下。南至州一百八十里。先天二年分大乡县置，以县西洛浦山为名。县东西各有石城一，其险固，仡僚反乱，居人皆保其土。③

甘溪在今保靖县西南 23 千米，从县城开车沿着崎岖的水泥路不到半小时就到了甘溪对门坡上，眼前豁然开朗，四周群山围绕，山

① 《老司城遗址周边遗存调查报告》，第 46 页。

② 同治《保靖县志》卷 2《舆地志・古城》，第 26 页 b。

③ 《元和郡县图志》卷 30《江南道六・锦州》，第 749—750 页。

下平原广阔，一条溪流蜿蜒穿过。县志记载乾溪在县西南二十八里，出会溪口入小河。小河即发源于贵州松桃的小江，自西流入北河。保靖土司彭鼎墓就在甘溪的凤凰山下，[①] 其墓志铭记载：

> 治三十里外地名甘溪，土沃民殷，俗则骁悍难驯。更因连诸苗为辅车之势。患莫大焉。公之先议剿议抚，卒未有成，公于乙卯秋率股肱心膂之众，拔巢蹈阵，以身亲之。越四月乃下弦之期，悉命诛除，更易其名为威镇庄。[②]

从甘溪所在位置来看，早期保靖彭氏以此为城极有可能。由于保靖土苗杂处，紧邻腊尔山红苗，系边防重地。保靖所辖地区狭于永顺，"内控苗巢，外连永壤，上西蜀通衢，下作辰阳保障"[③]。将治所迁于四通八达的酉水之滨应该也是基于经济的考量。酉水之滨的保靖是彭氏土司的另一政治中心，为彭士愁次子彭师杲一脉。自汉代以来政治中心皆设置在两江口。汉置迁陵县，唐为溪州三亭县，宋为保静州，元为保靖安抚司，明太祖初起时保靖土司彭世雄率属归附，命仍其旧官，洪武元年以彭万里朝贡，乃升为宣慰司。自汉至唐，保靖地皆由中原王朝派官治理，"五代后为蛮地"[④]。即从五代以后与中原王朝由直辖关系变为羁縻关系。以明代保靖宣慰司体系看，其政治体系包括保靖宣慰司、五寨长官司、竿子坪长官司、大喇司。保靖宣慰司治所"滨酉水之阴"[⑤]，位于两江口。此地汉设迁陵县，唐设三亭县，治所皆在后保靖宣慰司治所，亦即改土归流后保靖县治所一带，《永顺府志》记载，"今迁陵古城在保靖县东，三亭故城在保靖县西"[⑥]，"保靖县城在旧司治东北半里许，地名茅

---

① 同治《保靖县志》卷 2《舆地志・川》，第 45a、46a 页；《舆地志・冢墓》，第 66 页 a。
② 《彭鼎墓志铭》，见《老司城遗址周边遗存调查报告》，第 224 页。
③ 乾隆《永顺府志》卷 1《形势》，第 28 页 a。
④ 嘉庆《大清一统志》卷 372《永顺府・古迹》，第 10 页 a。
⑤ 同治《保靖县志》卷 2《舆地志・城池》，第 20 页 a。
⑥ 乾隆《永顺府志》卷 1《沿革》，第 12 页 b。

坪，因溪河为池堑”[①]。

图6-5　洛浦县古城遗址现为今保靖县复兴镇甘溪村（笔者2016年所拍摄）

保靖治所的两江口，即大江、小江交汇处。“大江又名北河……自湖北宣恩地，名白水河。”北河即酉水的另一名称，“所谓北河、北江、大江者正为酉水之总”。北河“自四川酉阳州而下，经保靖、永顺、沅陵者谓之北河，所汇溪水非一，而总名为酉水”，“而其源则自湖北来者为一支，自四川来者为一支”，“自宣恩者，自酉阳者均经酉阳而会于保靖之两江口”[②]，北江从湖北发源的一支又叫白水河，其“源有二，皆在湖北宣恩忠峒里地”，流入来凤漫水、卯峒，“自此以上不通舟楫，为卯峒所阻。自卯峒伏而出”，进入四川石堤，再入湖南里耶，经隆头，达保靖。[③] 卯洞在今龙山县治西南，“有卯洞（峒）山，酉水于洞中流过，洞长三里，下达百户司”。小江则“源发于黔省铜仁县之苗地，通四川之洪安汛，历永绥之茶峒，抵花园两河口，与古铜溪会，通新寨，历普溪，与大江会，谓之小江口，又谓之两江口”。两江口即大江、小江交汇之处，系襟要地者。[④] 保靖宣慰司治所总两江之要，为酉水流域的冲

---

① 乾隆《永顺府志》卷3《城池》，第2页a、b。

② 乾隆《永顺府志》卷2《山水》，第4b—7b页。

③ 同治《龙山县志》卷3《山水》，第104—106页。

④ 同治《永顺府志》卷2《山水》，第14b—15a、18b页。

要之地，地位十分重要。

从上章（第四章第三节）可知保靖宣慰司辖下的两江口长官司所辖地因为彭氏内部利益的冲突从“水陆要冲”之地的两江口，被转往大河对岸的大喇司，大喇司虽然隶属辰州管辖，但依然为两江口长官司彭氏后代所经营。大喇司处在洗车河进入酉水的交汇处，在隆头镇的对岸，《龙山县志》载：“大喇司，县南一百九十里，后倚峻岭，前临大河为水陆要隘，设外委一员防守。”① 保靖宣慰司在明初通过武功确立了与永顺宣慰司同等的地位，两江口司从隶属于保靖司起就矛盾不断，从长时段来看，即使在朝廷的分化瓦解下，以永顺彭氏为中心的联盟体依然发挥着作用。迁往大喇司的彭氏一直与永顺彭氏互通有无，从上章可知迁往大喇司的彭氏以此为据点，又发展了酉水河岸另一个重镇比耳。被大喇司长官彭志显延为幕友的外来叶氏在洗车河上游发展成为今天的龙山县叶家寨。

保靖土司在明代下辖两个长官司，即五寨长官司和竿子坪长官司，两司之地为苗疆，（洪武）“七年六月置五寨长官司，永乐三年七月改竿子坪峝元帅为长官司，皆隶保靖州”②。（永乐）“三年（1405 年）辰州卫指挥龚能等招谕竿子坪等三十五寨生苗，以彪为之，隶保靖。……十二年竿子坪贼吴者泥自称苗王，与蛮民苗金龙等为乱，总兵梁福平之。未几，者泥子吴担竹复诱苗吴亚麻纠贵州答意诸蛮叛，都督萧授斩平之”③。大明令保靖土司代管苗疆两长官司地，改土归流后划归凤凰直隶厅。两长官司非保靖土司旧地，也不处于酉水流域。保靖的城堡中尚知道有龙标城，“在保靖县东，《元和志》：三亭县酉水南有龙标故城，蜀将马德信所筑，其城甚宽大，在龙标山”④，也是依山面水筑建。

---

① 嘉庆《龙山县志》卷 1《关隘》，第 27 页 a。

② 同治《保靖县志》卷 2《建置・沿革》，第 16 页 a。

③ 《明史》卷 310《湖广土司传》，第 7995 页。

④ 嘉庆《大清一统志》卷 372《永顺府》，第 11 页 a。

第二节　商业贸易类城镇的分布

由于酉水流域特殊的王朝治理方式，在明代官修的交通指南《环宇通衢》书中未见对酉水流域的路程的记载，在商人黄汴编撰的行商地图指南《一统路程图记》中也未见有酉水流域的介绍，在明人新安程春宇编撰的《士商类要》在介绍湖广行省的府州县地方行政设置时倒是有关于酉水流域的记载，其中在辰州府条下记有酉阳，施客州土官一目，上溪州土官一目。[①] 这似乎是参考了元地理志。可见，酉水流域并没有进入明代商人的网络体系中。由于这一区域的市场封闭性，学者往往将这一区域的市场开发归结于改土归流后的流官治理。但这一区域的货物聚散必然有着一定市场网络体系。施坚雅认为市场结构必然会形成地方性的社会组织，一个居民点的经济职能始终如一地与它在市场体系中的地位相符，而市场体系则按照固定的等级自行排列。[②] 以溪州为中心的二十州联盟体形成的开始就具有经济共同体的性质，酉水流域作为完整的一个空间体系，市镇的发展也呈现出区域的特殊性。

一　酉水干线上的中心集镇

水陆交汇的交通要冲往往也是繁盛的商业贸易市场。保靖土司治所即县城所在地，改流后第一任知县山西临汾人王钦命称“保靖亦一大都会也……旅客骚人往来不绝，行商坐贾杂处其间”[③]。嘉庆朝继任知县浙江上虞人胡如沅概括了保靖在军事和航运上的综合地位，在其《建外城记》称“保靖僻在万山之中，逼近苗巢，地居险隘，永绥藉以运粮，辰郡恃为藩蔽，为西南要隘之区”[④]。另如从保靖县顺河而下到达的列夕，在土司时期就既是重要的军事城堡，又

① 《明代驿站考》，第391页。
② 《中国农村市场和社会结构》，第1、5页。
③ 同治《保靖县志》卷12《艺文志·论》，第51页a。
④ 同治《保靖县志》卷12《艺文志·记》，第25页a。

是一个贸易码头。乾隆《永顺县志》载:“列夕,在县西,离城八十里,自王村以上进猛峒小河,往来行舟多泊焉,居民罗列,商贩聚处,桐油、香油、杂油、棓子、药材等货于此收买,亦要区也。”① 在古代,乃至没有公路铁路的近代,酉水一直是内地进入酉水流域地区的最重要通道,列夕一直是繁盛的小码头。2016 年吉首大学人类学民族学研究所组织对列夕进行田野调查,调查资料记载,列夕近代仍因经济的繁荣程度而有“小南京”之称,列夕街头十分繁华,商铺众多,从列夕街市到酉水,有商用码头,离河面几十个阶梯上有一块平地,用来卸货,码头而上两百多个阶梯有一个庙宇,叫杨司庙,相传是管理河道的神,街市上有江西会馆,码头到列夕街市有石阶拾级而上,古商道上面有很多挑夫。永顺等地的土产货物由骡马队从对山、大坝、首车等地,经大坳口、小坳口,到达列夕的上街,再到中街和下街,运达老码头。骡马队运输的货物主要是桐油、茶油、木油、中药材和木材等土特产,土特产经过老码头销往内地。内地的货物沿酉水而上,货物进入列夕后,由陆路运至夹树塘,再分销到永顺、龙山各地。1949 年以前,本省、四川,以及本地发行的多种钱币在列夕市场同时行用,说明这里仍是川湘,乃至江西商旅汇集的商贸码头。②

除了保靖宣慰司治所的两江口外,酉水沿线最为重要的商业市镇就是王村、隆头和里耶。王村镇是自辰州入酉水,进入溪州后第一个重要的水陆码头,乾隆《永顺县志》载:“王村市,在县南,离城九十里,上通川黔,下达辰常诸处,为永郡通衢,水陆码头。凡进城货物必于此处雇夫背运。”③ 一说王村即汉酉阳县治所,史载“酉阳故城在永顺县南。《水经注》:酉水东径酉阳故县南,县故酉陵也。按旧志载,酉阳故城在永顺县南,遂以永顺为汉之酉阳县地”。酉水“径黚阳故县,南又东,径迁陵故县界,与西乡溪合,

① 乾隆《永顺县志》卷 1《地舆志·市村》,第 48 页 a。

② 《吉首大学人类学民族学田野调查原始资料》(未刊稿)。调查人:肖慧芳、彭图治、崔雅春。

③ 乾隆《永顺县志》卷 1《市村》,第 47 页 a、b。

谓之西乡溪口，又东径迁陵县故城北，东径酉阳故县南者，即今之永顺县也”①。王村是自辰州而来，进一步深入溪州腹地的最重要水陆要津则十分明确。其水路沿酉水主河道上通保靖，入四川境，支流沿灵溪直达老司城，沿猛洞河可入改土归流后的永顺府城，沿洗车河则进入上溪州，即龙山县境，陆路可沿驴迟洞、西那达老司城，过牛路河可达改土归流后的永顺府城，同治《永顺府志》“牛路河”条载，“自王村至郡城必过此河，设有渡船”，乾隆二十五年（1760）曾议在此建桥，因地势险难而未果。② 清代前期有诗《舟至王村》，描写了王村商贸居民之繁盛：

> 舟过溪湾无浪痕，晚烟飘渺见王村。东西岸岸环茅屋，崖嶂层层列市门。宵听邻船呼酒剧，晚闻山寺读书喧。远来最爱民风美，明到新疆共细论。③

可见王村市廛鳞次，居民众多，商船汇聚，一派繁荣景象。清代和民国，王村成为酉水流域物资输入与输出的贸易中心，“由境内出口之货，以桐油、茶油、棓子、杉木、碱水、牛皮为大宗，运往常德、津市、汉口等埠。入口货以盐、糖、纸、棉花、绸缎、布匹、瓷器为大宗，洋货亦渐输入”④，这一时期牵动和促进酉水流域输出入贸易的最重要因素是桐油贸易。王朝辉通过清末民初王村桐油贸易的研究，分析了王村贸易港市兴盛原因和运行机制。其《试论近代湘西市镇化的发展——清末至民国年间的王村桐油贸易与港口勃兴》指出：清末民初因桐油贸易，王村完成了由军事行政据点向商业性城镇的转变。⑤ 王村通过水、陆商道与永顺、龙山等腹地相连，

---

① 嘉庆《大清一统志》卷372《永顺府·古迹》，第9页a、b。

② 同治《永顺府志》卷2《山水》，第8页a。

③ 乾隆《永顺县志》卷4《艺文志·诗歌》，第33页a。

④ 民国《永顺风土志》卷25《农工商业》，第21页b。

⑤ 王朝辉：《试论近代湘西市镇化的发展——清末至民国年间的王村桐油贸易与港口勃兴》，《吉首大学学报（哲学社会科学版）》1996年第2期。

成为桐油为主要商品的酉水流域最大的商埠。陆路，永顺、龙山的桐油等商品沿永龙大道，通过人力或骡马运输，经永顺县城，抵达王村。水路则从永顺县城经猛洞河抵达王村，在王村装船，沿酉水运出。从王村登陆的外来商货也沿着上述商道进永顺和龙山腹地。王村商铺林立，清末时王村从街头太平桥到街尾河码头，有大小商铺二百余家，从业人员六万多，每年输出桐油 4 万—5 万桶、茶油 1 万桶左右，分别达 574 万多斤、130 多万斤，其他土产商品规模也甚大。随着进出商品贸易发展起来的是王村的客栈、饮食等服务性行业，大小商号数十计，清末最大的商户拥有稻田一千余亩。拥有桐油 3000 桶的黄岁初，成为首展商会会长，协调商业贸易关系。先后有号称“四盛八大号”的商户崛起，四盛即裕盛、大盛、亿盛、荣盛，网络所及上达保靖、花垣、里耶，下达辰常。八大号即黄有成、张永发、顺记、同昌顺、杨宏盛、张义和、彭义丰、德记，形成了收购商、生产者的商业链条。王村遂成为商品贸易量超过永顺城的永顺最为繁盛的商业巨镇和区域贸易中心。[①]

隆头和里耶是酉水流域与王村同列的重要商业市镇。同治《龙山县志》称:“就湖南一省论，则龙山居边，统湖北、四川三省论，则龙山为腹地。纵横百余里之地，而宣恩来凤毗于西北，酉阳、秀山错于西南，盖要害之区也”，“川鄂之枢纽，湖湘之屏藩，交藉于是焉”[②]。龙山县境其与外界交通主要通道一是酉水，酉水上游白水河自宣恩发源，入龙山，再入来凤，阻于卯洞，不通舟楫，商货可陆运，到秀山百户司，再入酉水，同治《来凤县志》载:“大河至卯洞，俯流其中，不通舟楫。商贾至此，必负担登陆。”[③] 再经酉阳境，入里耶、隆头，通往保靖、王村、辰州等地；二是上文所述从陆路到王村，转酉水；三是由洗车溪顺流南下，进入酉水。经酉水而来的来凤、秀山、酉阳，或经洗车溪南下的商货必经隆头镇。从

---

① 《湘西文史资料》22—23 辑《湘西名镇》，湘西文史资料编辑部，1991 年，第 46—47 页。

② 同治《龙山县志》卷 1《舆地》，第 1 页 a。

③ 同治《来凤县志》卷 6《舆地志 · 古迹》，第 2 页 b。

交通而言，龙山县境可称为三省枢纽的当为隆头和里耶两市镇。隆头在“（龙山）县南一百八十里，为湖南、四川水陆要道，河北保靖县界，由县经辰、常及省城者易舟舆于此”①。《大清一统志》载：“隆头巡司，在龙山县西一百八十里隆头镇，上通四川酉阳州，下通辰州北河，为水陆要地。”② 其地理位置的重要不仅是因其为酉水的重要港市，更因其是与洗车溪的交汇处。

龙山境另有一酉水重要支流洗车溪由北而南，纵贯龙山境，至隆头汇入酉水。洗车溪可通小舟，聚汇了龙山县境落塔水、捞车溪、牛栏溪等多条溪流，曾是舟船往来、十分繁忙的通道。同治《龙山县志》载，“洗车溪，在县南一百六十里，即红岩溪下流也，源出旗里比沙沟，东流至红岩溪，下经比洞，至梯子岩，折而南至洗车溪。溪左右倚山为岸，市廛排列，屋瓦鳞次，随山势高低，沙净水明，楼阁涵影溪山，石桥平阔，覆以长廊，并连左右廛舍，轻舟上下，浪云泻春”，“红墙白板，村舍纵横，鸡犬之声与两岸相应，竹树参差，炊烟出没”，并沿途诸水，“更南流出隆头，入北河。溪水可通小舟，若货具多，则用众舟，可分载之，出隆头镇乃并大舟”③。隆头既是酉水主航道上的重要码头，更是龙山境商货进出的重要商埠。嘉庆《龙山县志》载：“邑惟桐油为大宗，籍人力搬运，南至隆头镇，洗车河载通小舟，入白河以达辰、常。江右闽广及山陕皮货客亦贸易于此，归皆易桐油转售他处。”④ 本地商旅土产与外地商品客贩多集聚于此。这说的是改土归流后商贸繁盛的景象。而且隆头商贸的繁荣从改土归流以前即已如此。隆头镇《重修永镇庙碑记》记载，“龙头之地，界当川楚，为本司六马头之一。自绿湖而下，山势委蛇，右□大江，左抱溪水”，“南望保靖，东分大剌，舟帆之所往来，货财之所屯积，阛阓喧攘，莫不交币于此”。

① 同治《龙山县志》卷1《舆地》，成文出版社1975年影印本，第67页。

② 嘉庆《大清一统志》卷372《永顺府·关隘》，第11页b。

③ 同治《龙山县志》卷3《山水》，成文出版社1975年影印本，第112—113页。

④ 嘉庆《龙山县志》卷7《风俗·商贾》，第14页a、b。

碑记称“雍正三年乙巳，有募僧名照聪者，以重修之意来告”[1]，说明隆头镇在改土归流前就是商贸繁盛的重要商埠。

里耶是酉水流域的崇山峻岭中难得的山间盆地，改土归流前是酉阳土司区进入永顺和保靖土司区的第一个重要码头，改土归流后是由四川省境进入湖南省境的第一个重要码头，“为湖南、四川水陆要道”[2]，也是龙山与保靖的交接之地，因其地理位置之重要和地理环境之便利，秦入楚地即在此设治。里耶秦简的发现证明了战国晚期秦国势力既深入里耶，并在此建治，设迁陵县。里耶秦简属县级政府档案，包括政令、各级政府之间往来公文、司法文书、吏员簿、物资登记等，有众多县乡基层政权职官的记载，时间是秦王政（始皇）到二世。秦简的内容说明，战国晚期的秦国到秦朝建立后，已对酉水流域建立了直辖统治和有效管理。里耶古城遗址一号井出土的一枚秦简记载了秦昭王三十二年秦令张若伐楚，从迁陵县兵器库调运一批弩臂调节器船运到临阳（今常德、益阳）的数量，说明里耶因其水运交通中的重要位置，是秦朝在酉水流域重要的政治中心，秦在此设立正规的郡县制体制，形成秦朝廷——洞庭郡——迁陵县三级的隶属关系，也成为秦国进攻楚地的重要据点。[3]

里耶同时也是一个商贸市镇，“人烟辐辏，货物繁集，为入四川水陆大道，邑之市场悉莫能比”，“为民商会集总路”，有“商民数百余户”[4]。在雍正初年湖南辰沅靖道王柔关于在里耶一带存在各土司之间硝的私卖之事上为清除川硝之私贩的奏章给朝廷，认为永顺之里耶地方与四川酉阳土司连界，酉阳土司素产焰硝，外省小贩多以布盐杂物向煎熬之家零星易换，约价每斤不过分余，统运至梅树地方发卖，而私贩者即于此处，雇船装载，由永顺之里耶河路下

---

① 龙（隆）头镇《重修永镇庵碑记》，现存于龙山县龙头镇粮站墙壁。见田仁利编著《湘西土家族苗族自治州金石通纂》，第 218—219 页。

② 同治《龙山县志》卷 1《舆地》，成文出版社 1975 年影印本，第 69 页。

③ 李学勤:《初读里耶秦简》，《文物》2003 年第 1 期。

④ 乾隆《永顺府志》卷三《坊市》，第 10 页 a。

抵辰州之北河而入于沅江，分往各处发卖，司土民多藉此为生，而楚南各镇营之操演兵丁更不能不于此处购买。建议统计产硝外造册交官照常给价。① 改土归流后，里耶逐步汇聚了数百家商户，最多的是江西商人，如黄太和、陈万益、杨益顺、鼎兴公、志大公等，形成“江西人”一条街，并在里耶修建了江西庙，设立了江西会馆。接着到里耶来的川东地区的商家，如吴吉生、倪振茂、詹鼎元、唐恒泰、瑞成、李洪益等40多号，又形成了“四川人”一条街。常德、沅陵的集泰恒、震泰源、复春恒、裕康、永康等实力雄厚的大商号，也来到里耶开设分号，收购桐油、牛皮、生漆、五棓子等土特产品，运来花纱布匹、南杂百货等轻工产品和日常生活用品。民国时期，里耶商业更是进入鼎盛时期，有小商户750多家，旺季时节人口达三万多。② 民国时期相互照应的船队形成了三个帮口——短水帮、长水帮和上水帮，短水帮是指从里耶往返于保靖、王村、古丈、沅陵的船帮，下水主要运米、油、肉等生活用品，上水主要运回南杂、百货等轻工业品；长水帮，即从里耶至常德丶武汉之间往返运输的船帮；上水帮是指从里耶往返于酉阳的龙潭、酉酬、后溪和秀山的庙泉、宋龙、石堤等集镇的船帮。③ 里耶因处于溪州土司区和酉阳土司区交界之处，改土归流后则处于湖南、四川两省交界，成为湘川边境的贸易中心，更使其在过境航行和贸易中具有不可取代的作用。

二　酉水支流上的市镇中心

永顺改土归流后建郡城于猛峒，水路有猛洞河从龙山而来，向南并入酉水，陆路可通龙山，也是龙山陆路通王村的必经之处。因而该地也是重要的商贸市场。乾隆《永顺县志》载，“建郡城于猛

① （清）鄂尔泰等编：《朱批谕旨》第11函六册《王柔》，第18—20页。

② 湖南省龙山县志编纂委员会编：《龙山县志》第五章《市政、市场、商会》，方志出版社2012年版，第3373页。

③ 中国人民政治协商会议湘西土家族苗族自治州委员会文史资料研究委员会编：《湘西文史资料》第22—23辑《湘西名镇》，湘西文史资料编辑部，1991年，第17—18页。

峒，商贩踵至，阛阓列肆者分布于城内外，渐创街坊之名”①。改土归流以前详细记载甚少，但从改土以后的市镇分布仍可见此前的基本格局。猛峒的繁荣固然与永顺府城筑建于此有关，但其水陆交通位置的重要性则前此一直存在。在成化二十二年（1486）永顺土司彭显英致仕后就开始营造猛峒别墅，“优游林下，日与文人、诗士倡和岁月”②。

永顺民国时期已形成35个基层集市（见表6－1），其中多半在土司时期就已成规模。老司城在土司时期作为政治中心，出于军事防卫考虑，并非贸易中心，“永邑旧土司地，亦有城垣，然负险两居，非都会之所”③。改土归流后，老司城城坊衰败，“忆昔彭氏割据，名曰土司，凭山作障，即水为池”，“巍巍乎五溪之巨镇，郁郁乎百里之边城”，到民国时期，即“迄今百有余年，而古寺之旁秀黍麦矣，废井之滨盈枳柏矣，英风不再胜简策矣，峻宇何存留阡陌矣”④。但另一方面，老司城的商业因其政治地位的消失而有所发展，“凡土司衙署宗堂悉在城内，铺店颇多，街坊七处”⑤，商业贸易的功能得到发展，成为内龙乡的一个基层集市，但因其深处灵溪上游，交通条件的限制，使其尚不能成为王村那样的重要商埠。永顺县境诸多水陆交通要道都形成了商业贸易市场，如，竹木交荫的杉木村在土司时期“为桑植九溪要道，民居环聚”⑥，到了同治年间已是“九溪村贾日夕梭行”⑦。民国时期形成一、四、七为期的集市，⑧ 从第一本《永顺县志》可知，从猛洞河到桑植大路有七铺，依次为钓矶岩、颗砂、车坪、马落坪、九道水、排柴凹和岩屋口。

① 乾隆《永顺县志》卷1《舆地志》，第45页a。
② 《永顺宣慰司历代稽勋录·忠肃公》。
③ 乾隆《永顺县志》卷1《建置志·城池》，第64页a。
④ 民国《永顺县志》卷7《建置志·城池》，第3页b。
⑤ 乾隆《永顺县志》卷1《地舆志·市村》，第47页b。
⑥ 乾隆《永顺县志》卷1《地舆志·市村》，第48页b。
⑦ 同治《永顺县志》卷1《建置志·坊市》，第54页b。
⑧ 民国《永顺县志》卷2《地理志·保里街市》，第8页a。

钓矶岩为永顺土司彭元锦致仕后的庄衙别墅，[①] 颗砂在永顺土司彭世麒时期就开始修建成行署，晚年乐隐之地。[②] 土司彭肇槐又于雍正二年将衙署迁往颗砂。[③] 土司时期桑植各司洞与永顺土司交往紧密，世为姻亲。岩板铺、三家田和沙壩都是处在前往桑植九道水的要道上。塔卧作为土司宗室彭世麒第九子明义的分居地，因为外来人口往来的频繁，后形成了江西街、荆州街，先为兴隆场，后为禹王宫，成为湘西边陲的名镇。[④] 在同治府志记载，荆州街“人烟稠密，列肆其间”，盐井“逼近龙山，两县交易多聚于此”，还有储库坪为“永定往来要津”，筜湖也是“永定往来要道”[⑤]，灵溪上游的颗砂“人烟繁盛，景物清幽，又有曲水流觞，双松掩映，实永邑胜地”，西壩湖在县东南，离城八十里“为永定大庸各路往来要区，人烟辏集，田壤环绕，客民列肆其间，亦永境中宏敞者”，十万坪“为桑植要道，居民稠密，商贾往来，田土膏沃”[⑥]。西壩湖是土司的官庄所在地，土司彭翼南嘉靖年间因献大木有功加授本司右布政使，[⑦] 特立布政使坊在西壩湖，至今保存，并建有聚龙湖上、下两座桥，永顺土司彭弘海夫妇墓也在西壩湖。西壩湖、石铁溪、九官坪和储库坪连成一片，榔溪河将这四地串连起来，彭世麟修建的麦坡桥就在储库坪。[⑧] 可见，这一带地区早在土司时期就已经是人烟辏集的要地。

---

① 《中国明朝档案总汇 47》，第 11 页。

② 《永顺宣慰司历代稽勋录・忠毅公》，又见《明故永顺宣慰使彭思斋墓志铭》。

③ 民国《永顺县志》卷 7《建置志・城池》，第 4 页 b。

④ 《永顺宣慰司历代稽勋录・彭廷柄》。

⑤ 同治《永顺府志》卷 3《坊市续编》，第 17 页 ab。

⑥ 乾隆《永顺县志》卷 1《舆地志・市村》，第 47b—48a、b 页。

⑦ 《明世宗实录》卷 528，嘉靖四十二年十二月辛酉，第 8619 页。

⑧ 民国《永顺县志》卷 10《建置志・桥梁》，第 12a 页；《建置志・坊墓》，第 14b、21b 页。

表 6 – 1　　　　永顺民国时期的市场设置①

乡	集市	交易日期	乡	集市	交易日期
内颗砂乡	钓矶岩	三六九日	外白砂乡	大壩	一六日
	颗砂	一四七日		盐井	二七日
	新寨坪	二五八日		对山寨	二五八日
勺哈乡	连蓬岗	逢一日	车窝乡	车窝洞	逢一六日
	些那溪	逢六日		吴家寨	逢七日
洗车乡	瓦场	五十日	外龙乡	龙爪关	一四日
外颗砂乡	杉木村	一四七日	守车乡	皮匠坳	逢八日
	龙家寨	三六九日		塔卧	二五八日
内白砂乡	列夕	二八日	内塔卧乡	三家田	一四七日
	喇集溪	四九日		岩板铺	三六九日
	虎视坪	五十日		沙壩	一四七日
	夹树塘	三六九日		官壩	三六九日
上榔乡	松柏场	一四七日	下榔乡	保坪	二五八日
	膏粱坪	三六九日		长岭岗	三六九日
内龙乡	石铁溪	二五八日	外塔卧乡	官仓坪	一四七日
	羊峰城	一四七日		万民岗	五十日
	旧司城	五十日		毛壩	二五八日
	颗溪	二五八日			

保靖境内还有古铜溪、张家坝系苗疆与土民或改流后的郡县接壤之地。“保邑四面，北与永顺、龙山二县界址相连，东、西、南三处俱与苗地相接，东通竿子苗，南通红苗，西通四川苗，实为三苗穴口，民苗出入之路甚多，而总路则有二，一曰古铜溪，在保东南；一曰张家坝，在保西南。古铜溪兼通水道，可行小舟，名曰小江，下接保河，溯而上之其水源，直通六里红苗，界内向来贸易，民人常有驾舟装运货物入内。至于张家坝，亦水陆皆通，民苗相接，并连四川之酉阳土司。四方贸易者多聚于此。拟于此二处设立

① 民国《永顺风土志》卷 14《市场》，第 7 页 a、b。

市场，一月六期，于初二、初八、十二、十八、二十二、二十八此六日，令民苗各至其地，聚集货物，彼此公平交易，以有易无。以六日辰时交易，申时即散。不许先期而预至，亦不许过市而仍留。”[①]改土归流后既设有巡检司，是重要的军事防御据点，也设有市场，是苗疆、土界贸易之所。[②] 军事设置和市场是官府管控苗民两个并行使用的手段。保靖的市镇则有复兴场、泰坪坝、鼻子砦等。龙山则有新砦坪、猫儿滩、红岩溪、溪罗村等。龙山境的洗车河也是重要市镇，经洗车溪，到隆头镇，进入酉水，改土归流后该地也是重要的桐油贸易商埠。[③]

在酉水主河道及其支流沿线除了上述商埠港市外，也存在若干规模更小的贸易码头。如猛洞河入酉水，到沅陵的沿线，永顺府城上游有勺哈，“为龙山要道，河流中演，人户夹岸而居，林树青葱”[④]，而“水程自（永顺）县城顺猛洞河而下，至列夕，喇集溪为中间停泊之所，自列夕市顺酉水而下，至沅陵属捺岔，凡九十里。王村、落衣溪、青鱼潭、会溪坪、施溶溪、公羊坪、镇溪、凤滩塘为中间停泊之埠头”，从猛洞河口“逆酉水而上至保靖县城，凡九十里，新码头、信坪、南渭州等处为停泊之地”[⑤]。

上述各市镇是酉水沿线重要贸易码头，也构成了酉水流域区域市场的市场中心，而构建这一区域市场的既包括这些重要贸易码头和贸易中心，也包括次一级集镇和农村市场，不仅包括酉水及其各支流的各种层次和规模的市场，也包括与其连为一体的陆上各级市场，共同构成一个市场网络（见图6－6）。李亚、李英研究了改土归流后酉水流域的市场网络，指出：“按照酉水流域市镇发展的特点，区域内交通便利之地往往人烟辐辏，易于形成大的市场，甚至

---

① 同治《保靖县志》卷12《艺文志・详》，第6b—7a页。

② 光绪《湖南通志》卷30《地理志三十・关隘二・保靖县》，上海古籍出版社，《续修四库全书》影印本，第151页。

③ 同治《永顺府志》卷3《坊市》，第15页a；《坊市续编》，第19页a。

④ 乾隆《永顺县志》卷1《舆地志・市村》，第48页b。

⑤ 民国《永顺风土志》卷29《水程》，第25页b。

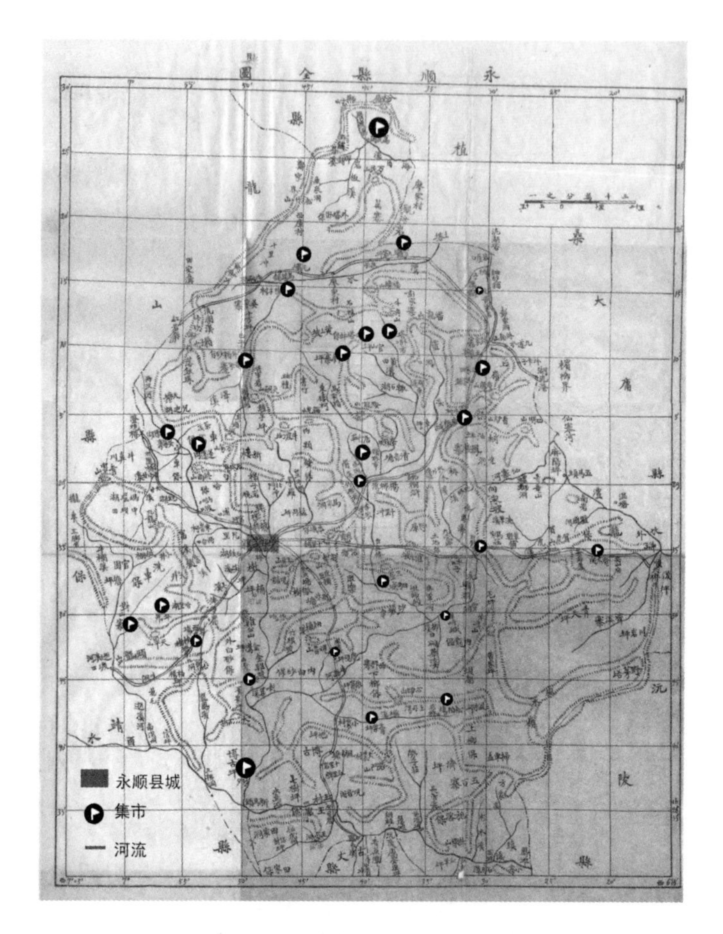

图 6－6　民国时期永顺县基层集市分布图

（底图来源于民国《永顺县风土志》）

发展成区域性重镇，因此，码头往往成为流通网络的中心。码头重镇地处酉水水路运输的咽喉之地，是酉水流域的商品集散、转运地，流通网络辐射整个区域，处于酉水流域流通网络的战略性地位”，“酉水沿岸码头重镇，一方面，收集桐油、棓子等地方土产转运境外；另一方面，又接收输入的南杂、百货等并将其分散到区域内其他地区，可以看作区域内的中心市场。此类市场有永顺县王村，龙山县里耶、隆头，酉阳县酉酬，秀山县石堤，保靖县码头，来凤县百福司等。酉水流域各县属的乡场如永顺县的勺哈、夹树坪、旦武营、田家洞、旧司城、列夕、颗砂、李家坪、十万坪、杉木村、店房、岩板铺、三家田、荆州街等均属于基层市场”①。

小　结

不论是政治军事类城镇，还是商业贸易类城镇，酉水流域城镇生成和结构都是以酉水及其支流的交通功能为基础，形成多层次的体系。在明朝和清初土司时期，永顺土司的政治军事城镇的多层次结构表现为宣慰司、三土州、六长官司三级行政治所的形成层级，以及大量非行政治所的军事城堡，形成司——州——洞——堡的多级结构的体系，保靖土司则为宣慰司、长官司两级结构。因土司时期，永顺和保靖两个彭氏地方政治体首要目标是生存和防御，其行政治所选择也以军事防卫为主要取向。首先是防止被中原王朝消灭。永顺土司在灵溪与酉水交汇处，以及沿灵溪水道、王村道老司城陆路沿线设置的军事城堡，都是为此目的。其次是防卫来自苗疆的侵扰和土司区内部的反叛，雍正四年，南渭州知州彭凌高之孙彭启舜主持修筑城堡，“甃石砌补，垒基使高，将为城堡，以备邻邦寇扰之不虞也”②，“以备邻邦寇扰之不虞也”，就申明修筑城堡的目的是防止来自酉水流域的内患。永顺土司将治所从五代北宋的会溪坪迁至老司城，即是这一考量。保靖虽有两江口的交通便利，但从大的地理环境而言，也是深处酉水流域腹地，四周皆山。但是，这些行政治所仍然依赖酉水及其支流作为主要通道，毫无例外地设置于酉水及其支流沿线。

改土归流后行政治所的格局发生了若干变化，其功能从有利于军事防御，特别是对中原防御，转而变为有利于区域控制。在这一点上，保靖县治所仍设于土司治所的两江口，有利于对保靖县境的

① 李亚、李英：《改土归流后酉水流域的市场网络》，《广西民族研究》2018 年第 6 期。

② 彭启舜《筑城碑记》，碑位于今永顺县列夕乡芷州组。见《老司城遗址周边遗存调查报告》，第 39 页。

控制，也有利于对永绥等地苗疆的防御。而几乎单纯考虑军事防卫的老司城的选址则已不符合与中原政治体制实现一体的统治需要，乃另择更为平旷，依傍猛洞河，又居永顺府四县之中的猛峒作为郡治。行政层级结构自然也不同于土司的三州六洞。从战国秦国开始在酉水流域设治，秦汉魏晋南北朝隋唐，中原王朝一直在酉水流域设置直辖郡县，其州县治所变动不定，具体地点已难以一一稽考。

商业贸易类城镇的规模大小则主要由其交通便利程度和市场辐射能力而决定。王村、保靖、隆头、里耶因处于水陆交通要冲而成为酉水流域最为繁盛的贸易商埠。王村是猛洞河、灵溪与酉水交汇之处，又是陆路联通永顺和龙山腹地的要道，成为酉水自南而北第一个重要商贸码头。保靖地处两江口，是北通四川，西连苗疆，酉水沿线又一重要商贸码头。隆头处于洗车溪与酉水交汇处，是龙山腹地商货进入酉水的通道，也是酉水的重要码头。里耶土司时期地处溪州土司与酉阳土司交界处，改土归流后也是川湘两省交界处，加之地势平旷，是酉水上游重要贸易港。在酉水流域的商贸市镇中，以上港口发挥了中心市场的作用，聚合着酉水及其支流沿线，以及陆上若干规模稍小的市镇或集市，构成了商业贸易的市场网络。整个酉水流域依赖这一网络实现内部交流。这一网络也成为酉水流域与内地进行物资、人员流动和文化传播的载体。

第 七 章

人口、物资的流动与文化

学者多用“蛮不出境，汉不入峒”来反映土司制度下的各溪峒社会，似乎土司地区就是一个封闭的社会。但事实上在不同王朝制度的规约下，酉水流域各群体都以自身的方式一直与外界有着人员的互动和物资交流，从而也形成自身独特的历史与文化。

第一节　族群的构成与变化

酉水流域是土家族的发源地之一。溪州之战后，得到王朝认同的这一群体长期在与他人互动的过程中其自身的认同也不断加强。作为文化承载单位的族群，族群区分并不会因为变迁和涵化而瓦解，反而会因为族群之间的相互接触和相互依赖，其文化差异会继续保留下来。[①] 土家族从1957年被确立为单一民族后，关于民族工具论与血缘论也一度成为质疑民族识别的焦点。从归属和认同的范畴而言，酉水流域存在着持续不间断地不同族群社会结构的变迁。

一　土、苗、客籍的形成与分布

酉水流域地区人口结构无外乎土著部众和外来人口。同治《永顺府志》将永顺府人口分为三类：土民、苗民和客民，所谓客民即外来的人口。乾隆二十五年，永顺府（包括辖下永顺、保靖、龙

① ［挪威］弗雷德里克·巴斯：《族群与边界》，第2页。

山、桑植四县）共计土、苗、客民在籍人口，户 85042、口 385165，其中土民户 46311、口 220034，苗民户 9440、口 45210，客民户 30191、口 119921，其中桑植县有户 20741、口 52592，其中土民户 8031、口 21219，苗民户 163、口 536，客民户 12547、口 30837。可见原彭氏土司区的永顺、保靖、龙山三县有在籍人口总计户 64301、口 332573，其中土民户 38280、口 198815，苗民户 9277、口 44674，客民户 17644、口 89084。[①] 按口计算，永顺、保靖、龙山三县，土民、苗民和客民各占 59.8%、13.4%、26.8%。土、苗两类合计占 73.2%，而土民约占 60%。（又见表 7－1、表 7－2）从人口递增变化来看，土民始终占据一半以上。

表 7－1　　清中期永顺县人口编户情况[②]

人口 年代	雍正十二年（1734）			乾隆七年（1742）			乾隆二十五年（1760）		
	户	口	比例	户	口	比例	户	口	比例
土籍	520	28654	65%	11508	55074	53.1%	20346	113765	61.5%
客籍	1344	5226	12%	5446	26438	25.5%	9155	46123	25%
苗籍	3218	10144	23%	2739	22171	21.5%	4686	25133	13.5%
总计	10082	44024		19693	103683		34187	185021	

表 7－2　　乾隆二十五年永顺龙山保靖三县人口编户情况[③]

人口县	龙山县			保靖县			永顺县			总比例
	户	口	比例	户	口	比例	户	口	比例	
土籍	9982	50555	53%	7952	34497	65.8%	20346	113765	61.5%	60%
客籍	7071	37407	39%	1418	5552	10.6%	9155	46123	25%	27%
苗籍	1364	7155	8%	3227	12386	23.6%	4686	25133	13.5%	13%
总计	18417	95117		12597	52435		34187	185021		

① 乾隆《永顺府志》卷 4《户口》，第 3b—4a、b 页。
② 民国《永顺县志》卷 12《食货志·户口》，第 2 页 a。
③ 乾隆《永顺府志》卷 4《户口》，第 3b—4a、b 页。

清朝改土归流后统计三类民户，包括土司时期原有人口和后来进入的人口。土司统治时期为实现社会控制，也有户口统计，但其帐籍无存："五季以来，彭氏世有此土，其故籍所载户口分隶于各州，泛滥无归，元明二史均付阙如。"[①] 虽然不能说，乾隆二十五年在籍客民皆为改土归流后进入永顺府境，土、苗民户完全为改土归流前土司辖区人口，但基本反映了土司时期人口结构和规模。土司统治时期，汉民进入酉水流域受到限制，"当土司时不许买与汉民，一应田土皆为土凿耕食"。"自改流分设郡县，与内地一体，在永客户以及贸易人等，始各买产落籍"，"各该民向以土司改流同于内地，故相率来永置产，分住城乡村市，远隔苗人峒寨，各保身家，不敢生事为非。今已年久，自应任听落籍安居，毋庸另行区处"。但汉民大量购买田土，影响了土、苗生计，乃"谕令土苗，如欲变动田土，止许卖与本籍土苗，或暂时典给汉民，银到取赎，不得再听汉民谋买"[②]。毋庸置疑，改土归流后允许汉人购买土地并入籍本地，客民才快速增加。虽然一度限制了汉民购买土地，但客民为外来移民当无疑义，土民则并非皆为酉水流域原有蛮族，而是一个土著化移民被累层叠加的概念，即包括原有蛮族和历代进入酉水流域而土著化的外来人口。

光绪《古丈坪厅志》则将居民按姓氏、语言和来源作了更细致的划分，共分土族、民族、客族、章族、苗族五种。"土族者，民族之最古者。民籍之视他籍自等土著之民，土籍之视民籍，尤土著之土著也。其言语风俗与民籍有异，其土司社把之遗泽未忘"，"自前日土官之世有此土，即已视为土著土官之祀千二百年矣"。土族即土司时期最早之原住之民。民族则既有土司时期外来者，也包括改土归流后迁徙而来者，即"古之民有二类：一当土官时汉人先至斩荆棘，驱豺狼，以开此土者，今自称为土著之最先；一则凡汉人之居此以承世者"。民族语言不同，为"自有官音之民"。章姓也是

① 民国《永顺县志》卷12《食货二・户口》，第1页b。

② 乾隆《永顺府志》卷11《檄示》，第26b—27a页。

改土归流前进入酉水流域的外来移民，“宋时有江西章姓兄弟二人为屯长，居泸溪上五都之大章、小章等处，分支而出，子孙繁衍。其出兄者为大章，出弟者为小章，后改为章，散居于永、保、永绥之间坪扒、丫家、茶洞、老旺寨、尖岩等处为多，大约入赘彼地，遂仍其俗。在土村为土民，在苗寨为苗人，而章姓总皆大小章苗裔”，“自成章籍”。“客姓之民之介乎民姓、土姓之间，其时代大抵后土籍，先民籍，而与章、苗相习久而自成风气，言语自成一种乡音，谓之小客乡语。”按此记载，清朝改土归流以前既有土著之民，也有不同时期进入酉水流域的汉人，他们语言风俗各有区别。他们来之既久，“与向之生长斯土者称土著之民”，“与土著之民交通往来，子女婚姻”，“隶籍土弁”，也成了新土著。而土著存在的时间超过千年。①

唐玄宗朝反叛的溪州蛮酋覃行璋就是土著蛮族。开元十二年（724）七月“溪州蛮酋覃行璋反，以监门卫大将军杨思勗为黔中道招讨使，将兵击之。癸亥，思勗生擒行璋，斩首三万级而归”②。五代后梁彭氏统领溪州时，土著势力仍然很大。乾隆《永顺县志》记载：“《土司旧志》载：五代梁开平间，授彭瑊溪州刺史，是为永顺始祖王彭瑊也。又土人云：永顺地先为土蛮吴著送世业，因著送久延彭氏助理，彭以私恩得人心，日渐强盛，遂谋逐著送，著送奔猛峒（猛峒即今永顺建城处）。彭复率众击之，著送败走乐大（乐大，即洛塔，地在今龙山境），仅守一隅。时有慢水向姓归彭氏（慢水，今名漫水，属今龙山县），彭氏令合攻著送，及彭向夹攻，著送势穷，遁入乐大吾山（即洛塔的一座高山，土人云：山最高且险，周围石壁中通一径，非扳援不能至。上有坪，有池，池水清冽，畜鲫鱼，鱼身生绿毛，以人迹罕到故也。内有吴著送旧址）。竟困毙其处。彭氏遂以乐大之地酬向氏，至今子孙世守之。后著送阴灵作祟，彭氏惧，乃建祠以祀，今祠尚存旧司城。土人报赛，亦必及之

① 光绪《古丈坪厅志》卷9《民族第四》，第10a—11a、17a页。

② 《资治通鉴》卷212，第6760页。

云。信如斯言，是永顺始于彭，又实始于吴也。”[①] 嘉庆《龙山县志》载：“其先有老蛮头吴著冲，今邑之本城、洗洛、辰旗、董补、洛塔、他砂诸里皆其世土”，“又有惹巴冲者，与吴著冲结为兄弟，今邑之明溪、五寨、坡脚、捞车、二梭、三甲、四甲诸里皆其世土。”“冲”“送”即土语“王”之意。乾隆《永顺府志》载：“土人言语与苗语不同”，“名官长曰冲，又曰送，又曰踵，又曰从。若吴著冲，惹巴冲，药师冲，即吴著送，吴著从云云也”[②]。吴著冲、惹巴冲即土著蛮酋。

土著势力虽被彭氏打败，但社会人口的基本构成应仍以土著为主。吴著冲死后被立祠祭祀，“冬月初一日，洛塔里土人家家享祀，宰豕作米糍设筵牧客台度岁，然谓之祭冬月鬼，余里土人则无此风，相传吴著冲在洛塔山困毙故也”[③]。土司官方也祭祀吴著冲，“相传吴著冲为人准头高耸，上现红光，必多杀戮。冢人知其然，以妇女数人裸体戏舞于前，辄回嗔作喜，土民所以有摆手祈禳之事。然当年彭瑊夺地，因著冲为崇，立祠祀之，至今赛焉”[④]。永顺彭氏土司统治中心老司城就建有吴著冲祠庙。[⑤] 这说明当时的土司统治的社会基础还是土著蛮民。

二　移民出入的原因与方式

区域外的人口因各种原因，以各种方式进入酉水流域。自战国秦国政权深入酉水流域，设立郡县，到唐代设溪州，历代都在该地区设官置吏。同时会伴随官员、军士和其他人口的移入。如，秦迁陵县中有来自各地的戍卒，池田雄一认为秦朝迁陵县中的居民有六

---

① 乾隆《永顺县志》卷1《舆地志·沿革》，第44页a。

② 乾隆《永顺府志》卷12《杂记》，第23页a。

③ 嘉庆《龙山县志》卷7《风俗》，第9b—10a页。

④ 嘉庆《龙山县志》卷16《艺文下·杂记》，第30b—31a页。

⑤ 《永顺宣慰司志》卷2《祠庙》

成为戍卒。[1] 里耶秦简尉守狐“冗募群戍卒”登记文书 8－132＋8－334 号简载：

> 冗募群戍卒百卌三人。
> 廿六人。·死一人。
> 六百廿六人而死者一人。
> 尉守狐课。
> 十一月己酉视事，尽十二月辛未。[2]

可见尉所掌握的戍卒数量至少有 626 人。迁陵县戍卒来源地很广，有来自颍川郡阳陵县、内史壤德县、临淄郡益县、颍川郡襄城县、汉中郡长利县、济北郡高成县、衡山郡襄县、淮阳郡城父县、上郡宜都县，以及南郡之醴阳、孱陵、巫、夷陵、競陵五县，巴郡之涪陵、朐忍、资中三县等地。[3] 这些戍卒从秦帝国的不同地方来到迁陵县。

历代军士或官僚进而复出，离开西水流域，或留居于此，甚至成为土著大姓。最典型的莫过于彭氏土司家族。彭氏本身作为外来人口，建立了对原溪州之地的统治后也逐步土著化，其家族后代在改土归流时已经成为在户籍统计上最典型的土民。彭氏入主溪州后，即逐步土著化，对上称臣，用汉名，对内称王，用土名。如保靖土司彭显宗妻名蓬氏莫那俾，永顺土司彭元锦妻田氏惹乳，[4] 彭氏土司取土语名者也不少，如彭福石宠、彭麦即巴、彭夫送、彭大虫可宜、彭药哈俾、彭楠木杵等。有学者指出，溪州土司彭士愁来自江西吉州，彭氏未入主溪州前，这里并无什么“溪州彭姓”。彭士愁子孙置身于土家族地区的汪洋大海中，子孙逐渐融入而成为土

---

① ［日］池田雄一：《关于里耶秦简中的乡里吏问题》，载《史林挥麈：纪念方诗铭先生学术论文集》，上海古籍出版社 2015 年版，第 52 页。

② 陈伟主编：《里耶秦简牍校释》第 1 卷，武汉大学出版社 2012 年版，第 70 页。

③ 游逸飞：《战国至汉初的郡制变革》，博士学位论文，台湾大学，2014 年，第 144—147 页。

④ 乾隆《永顺府志》卷 12《杂记》，第 23 页 a。

家族。彭氏是土家族之“流”，而非土家族之“源”。[①]

其他多个姓氏的族谱或碑刻也载及其在土司时期迁入酉水流域。被永顺土司延为幕友的有苏州府的张橙，2010 年永顺颗砂城发现的《张公（橙）墓志》，记载该家族开基之祖张橙“籍系南直苏州府常熟县开元乡习善里人氏，赐进士第六，明成化间，历仕直通政使司参议。嫡配妣徐氏嘉定县人，生继祖添佑公，时父子厌鄙，纷纭弃官如弊，屣□云游至于武陵”，因彭氏土司之邀，即“本司思斋公差使赍书征聘至司，安于颗砂，为之结椽谋产，给之庄田人口牛马”，乃定居于永顺颗砂。“迨改土归流后，距司治四十二里内颗砂乍州。”[②] 嘉靖年间被大喇司长官彭志显延为幕友的浙江等处叶尚谨，其后代在永顺官署担任世袭把总一职，并发展成为今天龙山的叶家寨。[③]

在保靖县发现了三块万历年间的外来人员的墓穴地契砖刻，一块是明万历保靖郑权墓穴地契砖刻：

> 大明万历十七年，系江西抚州府金溪县人氏，今寓湖广保靖宣慰使司，征位奉□□立契。孝男郑明，孙女未玉、桂玉，妻罗氏、侯氏……得年五十七岁，买到龙祖岗桐油坷坡风水一穴……

明万历保靖金贵阳墓穴地契砖刻：

> 大明国江西省南昌府丰城县人氏，在保靖军民宣慰使司大街居住，承荫祭主金承德　即日以为明故先考金公贵阳……买到开皇地主水溪坡风水一穴，扦作辰山戌向……
>
> 皇明万历二十四年丙申岁八月廿五日契。

---

① 彭秀枢：《溪州土司彭士愁来自江西考》，载《土家族历史讨论会论文集》，湘西土家族苗族自治州民族事务委员会编，1983 年。

② 《张橙墓志》，载《老司城遗址周边遗存调查报告》，岳麓书社 2013 年版，第 30 页。

③ 《湘西土家族苗族自治州金石通纂》，第 603—604、605 页。

明万历保靖周丹智墓穴地契砖刻：

贯属江西瑞昌府新昌县人氏，寓湖广保靖司上南关居住，承荫孝男周永清、周永洪，明故先考周公丹智神主，原命系癸丑年二月十五日子时受生，享年四十九岁，不禄于辛丑年十月初十日辰时正寝……用价钞九千九百九十贯文，买到开皇地土龙祖岗风水一穴……

皇明万历二十九年十二月二十一日。①

以上史料三户人家都是在保靖司治地居住，应该为由江西籍迁来保靖寓居经商或者手工技术人员，反映了在万历年间购买墓地的史实。

根据对截至 2003 年 3 月份龙山县公安局户籍档案的调查，全县有 409 姓 527898 人。万人以上的 10 姓，彭姓人数最多，居第一，5.7 万多人，占总人口的 10.88%；向姓第二，占总人口的 10.43%。县域人口最多的彭姓，主要分布在民安、茨岩塘、猛必、西湖、塔泥、红岩溪、农车、干溪、水沙坪、猛西、洛塔、洗车河、他砂、靛房、坡脚、隆头、苗儿滩、岩冲、里耶、长潭、八面山、内溪、贾市、咱果、桂塘坝、召市、茅坪等 27 个乡镇。向姓为第二大姓，5.5 万余人，全县乡乡有、村村有，主是分布在民安、红岩溪、洗车河、召市、隆头、苗儿滩、石羔、桂塘坝、洗洛、湾塘、洛塔、干溪、猛西、西湖、茅 坪、农车、水沙坪、他砂、凤溪、坡脚、贾市、岩冲、火岩、老兴、瓦房、咱果、贾坝、猛必等 28 个乡镇。据彭氏族谱，龙山县域彭氏多属陇西堂和述古堂。彭姓发源于 4000 多年前的殷商侯国大彭（今江苏徐州一带）。颛顼帝曾孙吴回之子陆终的第三子，名篯字铿，后封于大彭。其子孙以国为姓。唐时，今湘赣一支彭姓祖先彭构云迁居袁州宜春（今江西宜春

① 《湘西土家族苗族自治州金石通纂》，第 547—549 页。

市），后裔彭瑊及子士愁（又名士然），由江西迁湘西地区，以恩结人心，不断壮大势力，赶走土著先民头领吴著冲、惹巴冲，在永顺建老司城，被封为溪州刺史，形成湘西彭氏 800 多年的土司制度。其一支祖籍在江西吉安，877 年兵乱迁入溪州；明正德年间彭宗惠分支溯酉水而上，住岩冲；彭宗翰分支迁里耶，后散居于县南部各地。另一支祖籍江西，清雍正年间从永顺老司城迁至靛房镇先锋、山峰、百型、中心、联合、燎原等村居住。

龙山县内向姓大多称河内堂，即古河内郡（今河南），一支祖籍江西吉安府吉水县，迁居岩冲一带已历 18 世。一支祖籍江西南昌，清初迁龙山三甲里（今里耶）。一支由辰州莲花池经若修、老寨、四川斑竹柯迁居隆头捞田、庆口等地，迁年无考。一支祖籍江西南昌丰城、经辰州莲花池迁岩冲，迁年无考。一支唐末沅陵中莲花池，宋时返迁江西吉安，居三代，又迁沅陵；宋末元初迁黔阳寨头盐井湾；清雍正三年（1725）迁龙山正南坝；其一分支于雍正乙卯年（1735）来。也有改土归流后迁入者，一支 1850 年（道光三十年）从辰州（今沅陵）迁辽叶安塘。一支 1776 年（乾隆四十年）从辰州迁辽叶兴隆。一支于清同治年间由辰州迁洛塔。一支于清咸丰年间由辰州迁召市。洛塔乡洛塔村西的向柏林墓墓碑刻有墓主后裔姓名及大明洪武五年七月制和清咸丰二年壬子岁复制的年代。茅坪乡复兴村西北的向氏族源碑，清嘉庆二十五年（1820 年）立，额题“木本水源”碑文记载向氏家族自江西吉安府吉水县迁此的历史沿革。

龙山县域田氏族谱记载，该地田姓明神宗时自江西吉安吉水县田心村远走他方避难，一支入湖南（凤入湘龙山坡脚）、贵州、云南、湖北、江苏、山东、福州，入今张家界，改姓庹，一支祖籍湖南辰州，清嘉庆年间从湖北来凤绿水迁入，现散居在贾坝乡连台村、咱果乡万家棚、金线湖、卡撮、华塘乡的留芳堡、石羔镇的四坪等地，一支清雍正初由永顺迁猛西脉龙山，一支祖籍江西吉安，经长沙、常德、永顺于明嘉靖年间由猛洞河迁龙山比耳码头；始迁祖田启印，其子孙遍及全县各地。田氏分属紫荆堂和雁门堂。[①] 该县黄姓、张姓、王姓等多有相近的历史记忆。这或有江西填湖广的普遍记忆，也或有托附的因素，但反映的土司时期有不少内地移民进入酉水流域应是实际存在的历史现象。

彭氏自彭士愁与楚国溪州之战（940 年）后，双方约定，楚国对溪州“尔能恭顺，我无科徭；本州赋租，自为供赡；本都兵士，亦不抽差”，结束了秦代到唐的由中原王朝设置郡县，派官治理的局面，而进入羁縻自治的时期。彭氏自立溪州地区以后，人口掠夺也是人口输入的一个途径。宋代即多次记载溪州掠夺内郡人口。咸平六年四月，宋朝“召与盟，令还汉口”，蛮不听命，“高州义军务头角田承进等擒生蛮六百六十余人，夺所略汉口四百余人”。景德元年，“溪峒团练使彭文绾送还先陷汉口五十人”。天禧二年（1018），知辰州钱绛等入下溪州，刺史彭儒猛亡入山林，“儒猛乃奉上所略民口、器甲。诏辰州通判刘中象召至明滩，与歃血要盟”。嘉祐二年，溪州彭仕义乃“归所掠兵丁五十一人、械甲千八百九事”[②]。

表 7－3　　北宋时期酉水溪峒州人口争夺一览表

时间	州	事项	方式	来源
太平兴国四年（979）	溪州	辰州言民宋再均等六辈诱致生口，阑出边关，卖与溪州蛮，取其直	贩卖人口	《续资治通鉴长编》卷 20，太平兴国四年八月辛未，第 460 页

① 《龙山县志》，第四章“姓氏”，方志出版社 2012 年版，第 201—208 页。
② 《宋史》卷 493《蛮夷传一》。第 14176 页。

续表

时间	州	事项	方式	来源
咸平六年（1003）	高州	六年四月，丁谓等言，高州义军务头角田承进等擒生蛮六百六十余人，夺所略汉口四百余人。初，益州军乱，议者恐缘江下峡，乃集施、黔、高、溪蛮豪子弟捍御，群蛮因熟汉路，寇略而归。谓等至，即召与盟，令还汉口。既而有生蛮违约，谓遣承进率众及发州兵擒获之，焚其室庐，皆震慑伏罪。谓乃置尖木砦施州界，以控扼之，自是寇钞始息，边溪峒田民得耕种	争夺人口	《宋史》卷493《蛮夷传一》，第14175页
景德二年（1005）	施、黔等州	初孟氏据蜀，徙夔州于东山，以拒王师，而居民弗便。转运使薛颜奏为复其故城，又募民垦施、黔等州荒田。戊辰，颜奏今岁获粟万余石	募民垦荒田	《续资治通鉴长编》卷61，景德二年九月丁卯，第1368页
景德二年（1005）	中彭州	十二月荆湖北路言溪峒团练使彭文馆送还先陷汉口五十人诏授文馆检校太子宾客知中彭州	返还人口	《宋会要·蕃夷五》，第9882页
大中祥符五年（1012）	溪州	彭儒猛掠夺澧州民口，史方与陈世卿经度得五百余人	夺回民口	《续资治通鉴长编》卷78，大中祥符五年八月丁酉，第1778页
天禧元年（1017）	溪州	彭儒猛掠夺民口，在辰州官员的讨伐下二年返还民口	返还民口	《宋史》卷493《蛮夷传一》，第14177页

续表

时间	州	事项	方式	来源
天禧二年（1018）	高州	夔州路转运使言顺州蛮田彦宴等赍彭儒猛状，哀诉求归顺。乃下诏释儒猛罪，仍加录用。令高州等处诸族蛮人以此诏谕，如挈属来降，愿给田耕凿，或却还洞溪，皆听从便。其诏谕之人，亦递加酬奖	投诚给田耕种	《续资治通鉴长编》卷92，天禧二年五月丁卯，第2116页
天圣元年（1023）	顺州	闰九月，夔州转运使刁湛上言：顺州田彦晏等各以悔过纳命，已送先略生口、器甲入官，望不授以刺史，止给知州告身，自今依元定人数许令进奉	返还人口	《续资治通鉴长编》卷101，天圣元年润九月甲寅，第2338页。
嘉祐三年（1058）	下溪州	庚申，荆湖北路转运司言已招安彭仕羲，省本路军马。始，雷简夫受命，体量仕羲未可专用恩泽诱化，至则督诸将进兵，筑明溪上下二寨，据其险要，拓取故省地石马崖五百余里。仕羲计穷，遂归所掠兵丁五十一人，械甲千八百九事，率蛮众七百饮血就降，辰州亦还其孥及铜柱。时师宝已死，遣师党归知龙赐州，戒令勿杀。自是，仕羲岁奉贡职如故	返还人口	《续资治通鉴长编》卷187，嘉祐三年八月庚申，第4520页
嘉祐六年（1061）	溪峒	诏辰州省地民先逃入溪峒今复归者，蠲丁税三年	免税优惠	《续资治通鉴长编》卷194，嘉祐六年秋七月戊戌，第4692页

直到明朝，掠夺人口的现象仍然存在。景泰初，总兵官宫聚奏："蛮贼西至贵州龙里，东至湖广沅州，北至武冈，南至播州之境，不下二十万，围困焚掠诸郡邑"，前后六七年。至天顺元年（1457），总督石璞调总兵官方瑛，始克期征剿，"斩贼首千四百余级，夺回军人男妇千三百余口"①。由于各种途径的人口输入，酉水流域的人口不断增长。唐代溪州在籍人口甚少，乾隆《永顺府志》一说"唐置溪州，户数不及三千，口数不及二万，向其寥寥欤！"②又一说"唐虽置溪州灵溪郡，考户数，才二千一百有奇，口数才万五千二百有奇，不足当今（清朝）县十之一。固由地广而荒，意其时，酋豪窃据，蠢居其处者，亦不能隶属之也"③。更少的记载则为《新唐书》，该书载："溪州灵溪郡，下，天授二年析辰州置，土贡丹沙、犀角、茶芽，户二千一百八十四，口万五千二百八十二。"④实际人口多于官府户籍人口，如上引唐玄宗朝杨思勗平定溪州蛮酋覃行璋之乱，"斩首三万级而归"，而这些大多是不在户籍的土著"蛮"人。

嘉靖三十四年（1555）明朝调永顺土兵协剿倭贼于苏松，"永顺宣慰彭翼南统兵三千，致仕宣慰彭明辅统兵二千，俱会于松江"，"调宣慰彭荩臣帅所部三千人赴苏、松征倭"，"既又调保靖土兵六千赴总督军前"。万历二十五年（1597），东事棘，调永顺兵万人赴援。万历四十七年，"调（永顺）宣慰（彭）元锦兵三千人援辽，已半载，到关者仅七百余人"。彭元锦"以调兵三千为不足立功，愿以万兵往"。实际上"既而檄调八千，仅以三千塞责"。万历四十七年（1619），又"调保靖兵五千，命宣慰彭象乾亲统援辽"⑤。嘉靖征倭一役即调集了永顺、保靖土司兵一万四千人，万历征辽东所调又过万人，可见明代彭氏土司区内人口较唐代有很大增长。乾隆

---

① 《明史》卷310《土司传》，第7983页。

② 乾隆《永顺府志》卷4《户口》，第1页a。

③ 乾隆《永顺府志》卷9《土司》，第1页a。

④ 《新唐书》卷41《地理志》第1076页。

⑤ 《明史》卷310《土司传》，第7993—7994页。

《永顺府志》载，“土司时户口本系繁庶，改流迄今二十载，薄赋轻徭，休养生聚更为繁衍”[1]，称彭氏土司统治下“户口本系繁庶”，不知确实数量。但彭氏土司区的永顺、保靖、龙山三县乾隆二十五年（1760）在籍人口中土民和苗民口数243489，可作为土司区域改土归流前的人口参考，已是唐代在籍人口的十倍。酉水流域的地理环境主要是山地丘陵，彭氏土司统治区所属的今湘西土家族苗族自治州山地、丘陵占比91.8%，平地极少。[2] 乾隆《永顺县志》也称“永邑山多田少，刀耕火种，食以小米䅟子为主，稻谷多仰给永定卫、大庸所两处”[3]。在古代相对落后的经济发展水平下，能容纳的人口有限。《元和郡县图志》称黔中郡的环境：“今辰、锦、叙、奖、溪、澧、朗、施等州，实秦、汉黔中郡之地，而今黔中（按：指黔州）及夷、费、思、播，隔越峻岭，东有沅江水及诸溪，并合东注洞庭湖，西有延江水，一名涪陵江，自牂柯北历播、费、思、黔等州北注岷江，以山川言之，巴郡之涪陵与黔中故地，炳然分矣。”[4] 溪州所在的酉水流域是沅江的支流，是“沅江水及诸溪”之一，更是“隔越峻岭”。交通条件十分艰难，《太平广记·蛮夷四》载黔中一带：“多山险，路细，不通乘骑，贵贱皆策杖而行，其囊橐皆差夫背负……至则有一二人背笼而前，将隐入笼内，掉手而行。凡登山入谷，皆绝高绝深者，日至百所，皆用指爪攀缘，寸寸而进。在于笼中，必与负荷者相背而坐，此即彼中车马也。洎至近州，州牧亦坐笼而迓于郊。”[5]

但是，该地是连通湖南和四川、贵州地区的交通要道之一。《读史方舆纪要》称贵州“东连五溪”,[6] 指出酉水流域及其所在的

---

① 乾隆《永顺府志》卷11《檄示》，第26页b。

② 湘西土家族苗族自治州地方志编纂委员会编：《湘西州志》，湖南人民出版社1999年版，第139页。

③ 乾隆《永顺县志》卷4《风土志·习俗》，第3页a。

④ 《元和郡县图志》卷30，第735—736页。

⑤ 《太平广记》卷483，第3984页。

⑥ 《读史方舆纪要》卷120，第5240页。

沅水流域都是古黔中地与内地的往来通道。严耕望指出，黔中通湖南的通道主要取道沅江上游的辰水、无水、酉水向东，达于辰州。[①]酉水是湖南通往巴、黔地区的一个通道。秦国在濒临酉水的里耶置迁陵县，就是作为通过酉水从巴入楚的重要中继站。因此在秦到唐代，中原政权在此设治统治时期，人员的出入往来当不少，但史无详载。

三　科举：宗族势力的延续

雍正年间大规模改土归流后，酉水流域的最高权力群体土司被迁往各省市安插，永顺土司除让彭肇槐回江西吉水原籍安插外，其弟彭肇模一家亦迁徙常德，在彭肇模死后，其妻、子又回到了永顺。[②] 桑植土司向国栋安置河南，保靖土司彭御彬安置辽阳，[③] 酉阳土司冉广烜等迁往浙江仁和县。[④] 迁往各省市的土官群体是土司的嫡系，其支系依然分布在酉水流域的各个地方。酉水流域进入编户齐民与内地无异的流官管理之下。官员不再世袭，科举成为地区选拔官员的手段和方式。从上节可知，彭、向依然是今天龙山县的大姓。为了解改流后这一群体的变化，对同治十三年（1874）《永顺县志》的《选举志》所记载的人员进行一个统计分析。同治十三年距离改土归流雍正六年建县已经过去了 146 年，选择这一时期的记载，也能反映出发生的变化。

《选举志》有制科、军功、仕进和封荫四栏，总计有 60 个姓氏，262 人（见表 7－4）[⑤]。从表中可知，排在前面分别为彭、黄、向、陈、唐、王、张、田等，彭、向二氏在百余年之后依然占据在前面，彭氏制科有 10 人，军功 6 人，世荫 3 人，例捐有 12 人，可见，科举和财势并进，才是彭氏保持在前面的原因。黄氏排在第

---

① 严耕望：《唐代交通图考》第四卷《山剑滇黔区》，第 1285—1305 页。

② 乾隆《永顺府志》卷八《人物下・节烈》，第 2 页 ab。

③ 《清史稿》卷 512《湖广土司》，第 14214—14215 页。

④ 《酉阳直隶州总志》卷 14《土官志・酉阳司》，第 59 页 b。

⑤ 同治《永顺县志》卷 5《选举志》，第 2a—22a 页。

二，制科有 21 人，其中包括永邑唯一的一位进士黄晋洺，军功和例捐各 1 人。黄氏由外地迁来，在县志人物志记载：

黄天章，幼业儒，雍正乙卯（1735 年）奉母龙氏由沅迁永，业贩米，竭力孝养抚孤姪先龙，训以经义，孙光万，邑庠生。

黄光燦，恩贡生，官宁远县教谕，教育多有成就，其弟光曙以选拔官醴陵教谕，光炳以恩贡候选教谕，长子兆蘭由岁贡授善化训导，次子兆蕙以选拔授京秩，旋补浙江德清县知县，历任昌化天台等县知县，署海宁州知州，卓有循声。三子兆莲由岁贡铨安乡训导，四子兆葵由选拔候选教谕，主讲崇文书院，孙锡东咸丰辛酉选拔，畴康、福畊、祉璜皆举茂才，诗礼之泽流传数代代必数人，邑之以儒世其家者，无出其右人以比之。①

表 7－4　清时期永顺县选举人员分布一览（截至同治十二年）

	制科						军功		世荫	例捐		合计
姓氏	进士	举人	武举	恩贡	拔贡	岁贡	文职	武职		文职	武职	
彭			1	1	6	2	1	5	3	11	1	31
黄	1	1		4	6	9	1			1		23
向		1	4	1		3		2	1	4		16
陈				2	1	4	1	3		3		14
唐		1	3		3	2				2		11
王			3	1		3		2		2		11
张				1		3		5	1		1	11
田		1	2			3		1		3		10
杨			1	1		3		2		2		9
李			2	2	1	2				2		9

① 同治《永顺县志》卷 5《人物志》，第 30a、32a 页。

续表

	制科						军功		世荫	例捐		合计
萧			1	2		1	1	2	1	1		9
刘						1	1	2	1	4		9
宋					1	2		3	2			8
朱					1			1	3	2		7
涂				1	2	2						5
符				1		2				1	1	5
周		1		1			1					3
汤			1					1	1			3
卢				1		1		1				3
姚				1					1	1		3
熊				1		1	1					3
钟					1	2						3
左						2				1		3
谢				1		1					1	3
胡							1			1	1	3
高			2									2
罗			1					1				2
米						2						2
樊						2						2
秦									2			2
康						1				1		2
吴					1	1						2
杜				1							1	2
姜				1					1			2
龚				1				1				2
赵						1		1				2
楚								1		1		2
欧		1										1
覃				1								1

续表

	制科						军功		世荫	例捐		合计
能				1								1
孙								1				1
丁				1								1
史				1								1
郭				1								1
吕				1								1
屈						1						1
许						1						1
甘						1						1
余						1						1
毛						1						1
金								1				1
管								1				1
邱								1				1
戴								1				1
曹								1				1
潘										1		1
瞿										1		1
傅										1		1
程											1	1
舒											1	1
总计												262

可见黄氏一族通过科举成为永顺的显族，成为当地的乡绅力量，官至翰林的黄晋洺以母春秋高，回到永顺主讲灵溪书院，并同县令与众乡绅合议建恭生局嘉惠士民。[1]

---

① 民国《永顺县志》卷 28《人物志·文学》，第 12 页 b。

第二节　物资流动的方式

西水流域与内地的物资输出入主要途径有三个：一是贸易，二是朝贡与赏赐，三是赋税。

一　互市贸易

西水流域物资的流动主要是互补性的交流，赏赐中有很多是身份性物品，如官印、官服等，其他西水流域输出的是本地出产的特色产品，而输入的主要是本地短缺的物品。南朝萧梁政权伐荆州，界内诸蛮反叛，沈攸之使“五溪禁断鱼盐，群蛮怒，西溪蛮王田头拟杀攸之使”①。说明此时五溪地区与内地正常情况下存在鱼盐的贸易。彭氏据有溪州地区后，与内地贸易仍然存在，互市贸易仍是物资输出入的一个重要途径。马楚政权与彭氏所定的、刻于铜柱的溪州之盟，就约定“凡是王庭差纲，收买溪货，并都幕采伐土产，不许辄有庇占”②。宋代控制溪峒蛮夷的一个重要手段之一就是互市贸易。溪州彭氏在宋初即“纳牌归顺，许通市易”③。互市中西水流域从外输入的重要物资就是食盐。宋徽宗朝在“湖北建博易场，以盐折博蛮人物货。商贾蛮人，两获其利。渐次折博奔辏，所用盐货浩瀚。契勘诸州军见桩管旧盐不少，并是空沥干净好盐，从来不欲变转，恐害亭户煎纳。今若许充博易入蛮界，不与见贩地分相妨，其利有三：一可以招徕远人，二将久积旧盐变为物货，三不侵用客贩新盐，又不妨亭户煎趁年额”。“客人贩盐已到逐处，如转卖与溪峒人，亦合依前项节次指挥，贴纳四分见钱，批凿元引，方前去榷货务勘当。”“若般入溪峒转卖与蛮人，自合依政和二年五月五日元降指挥贴纳施行。”④《溪蛮丛笑》谈到宋代溪州贸易习俗，“互市逾

① 《南齐书》卷22《梁豫章文献王传》，第405页。

② 《溪州铜柱及其铭文考辨》，第36页。

③ 《宋会要辑稿》蕃夷五之八四，第9888页。

④ 《宋会要辑稿》食货二五，第6543页。

约，价偿未足，则劫去，省民或甲以乙代，名曰准把”[1]，这也说明了宋朝直辖郡县与溪州之间有互市往来。

表 7－5　　明代永顺保靖土产一览

地区土产	《大明一统志》卷 66《土产》，36a，37a	嘉靖《湖广图经总志》卷 17，第 1462 页	《永顺宣慰司志》卷 2《土产》
永顺军民宣慰使司	水银、丹砂、黄蜡、降香、麝香、石英、兰、马、野牛、猿、锦鸡、白鹇	铁、黄蜡、白蜡、黑铅、降香、化香、苧麻、斑丝紬、白斜纹绫、桃花锦、五谷	布类： 洞巾、挑花锦被褥、斑细、斑裙、绵布、苧布 竹木： 楠木、水桐木、柘木、黄连木、杉木、樱木、冬青木、椢木、水丝木、梓木、烟竹、羊竹、箭草竹 禽兽： 锦鸡、岩鸡、白鹇、竹鸡、野鸡、鹌鹑、斑鸠、尽眉、虎、豹、狸、野猫、竹鼠、野猪、茨猪、獾、豺、狼、山牛、山羊、兔、麂、麞、黄鼠狼、穿山甲 金石：红铜、墨石
保靖州军民宣慰使司	丹砂、水银（五寨长官司出）、黄蜡、降香、豹、熊、猿豺、獭、竹鸡、白鹇（宣慰司境出）	土麻布、斑丝、花䌷、五谷	

① 《溪蛮丛笑·准把》，第 5 页。

表7－6　　清时期酉水流域三县流通货物一览表

地区杂货	货物名称	来源
永顺县	黄蜡　桐油　蜂蜜　紫草　皮纸（以楮皮造）　石灰　洞酒　棉花　葛茶　靛　丝　木耳　铁炭	乾隆《永顺县志》卷4《风土志·物产》，第12页a
保靖县	黄蜡　桐油　蓖油　蜂蜜　棓子　紫草　皮纸（以楮皮造）　石灰　洞酒	雍正《保靖县志》卷2《物产》，第121页
	土绢　麻　麻布　棉布　五棓子　绿皮　烟　靛　漆　蜜糖　黄蜡　炭　剌炭　干粉　桐油　茶油　木油　菜油　芝麻油（俗名香油）黑油（以桐油渣炒熟转榨出之）苗巾　苗布　苗被　金石之属：石灰　煤炭　硃砂	同治《保靖县志》卷3《食货志》，第43b—44a页
龙山县	黄蜡　白蜡　苧麻　石羔　石灰　葛布　夏布　棉布　火麻布　五棓子　烟　靛　漆　蜜糖　有桐子、菜子、茶子、木子、麻子、芝麻各种油，纸有构纸、连四纸、草纸，炭　土绢有苗巾、苗锦，烰炭	嘉庆《龙山县志》卷9《物产·货之属》，第31页a、b

土司时期，外地的商人也允许进入土司辖区进行贸易活动。清朝改土归流后曾下令禁止勒令外地商人送礼的做法：“外来商旅送，宜并除也。查土司俗例，每逢年节，凡商贾客人，俱须土官、家政、舍把、总理等礼物，名曰节礼。倘有不周，非强取其货物，即抄掠其资本。夫贸迁有无，从古不废，土司如此，以致商旅裹足，财贸不通，今虽改流，而不肖土民仍踵痼弊，亦未可定，应速行禁革。”① 这里所言要向各级土官送“节礼”的商人主要是外来商人，

① 乾隆《永顺府志》卷11《檄示》，第23b—24a页。

这也一定程度反映了土司统治下商品经济观念和商品经济管理政策尚不成熟。土司土官没有通过政策形成与外来商人共同分利的制度，这限制了商品经济的发展，但区域内外的商业贸易往来始终存在，从表中所列土产货物就是用于对外输出交易的物品（见表7－5、表7－6），特别是一些外界需求旺盛的酉水流域特产，如大木、桐油等的贸易还比较兴盛。

二 贡赋和赏赐

朝贡和赏赐主要是彭氏据有溪州后与中央王朝间的物资交流。宋代通过正州辰州管理溪州地区事务，溪州土官首领交替，或有所诉求，会不定期向宋朝朝贡，同时获得回赐。明代有比较稳定的朝贡制度，基本维持三年一贡，朝贡误期甚至会受到明朝廷的责罚，如，“宣德元年，礼部以永顺宣慰彭仲子英朝正后期，请罪之。帝以远人不无风涛疾病之阻，仍赐予如例”[①]。明代，彭氏也因为应调外出征战，如苏松抗倭，征讨辽东，平定苗乱等受到朝廷的赏赐，或因进献大木等受到赏赐。宋朝不对溪州地区征收赋税，太平兴国八年“锦、溪、叙、富四州蛮相率诣辰州，言愿比内郡输租税。诏长吏察其谣俗情伪，并按视山川地形图画来上，卒不许”[②]。咸平元年，彭氏晢下州富州刺史向通汉“又言请定租赋，真宗以荒服不征，弗之许”[③]。但明代中央向永顺、保靖两土司征收秋粮。嘉靖二十一年，因酉阳与永顺以采木仇杀，引起地方骚乱，“免永顺秋粮”。嘉靖二十六年“免保靖秋粮”[④]。

酉水流域物产丰富，因特殊的地理环境，不少是外界缺乏的特产。武陵山区，“树木丰于稼墙，乃谋集股收买荒山广兴种植”，所种之树有五倍子、漆树、白蜡树、油桐、油茶树、柏树、杉树、橄树、椿树、枫香树、桐皮树、棕树、贵竹、水竹、墨竹、桑树、木

① 《明史》卷310《土司传》，第7992页。

② 《宋会要辑稿・蕃夷五》，第9880页上。

③ 《宋会要辑稿・蕃夷五》，第9880页上。

④ 《明史》卷310《土司传》，第7998页。

油树、桃树、李树、梨树、柑、批把、枣树、花红树、石榴树、核桃树、板栗、湖桑等，“五倍子、桐、茶、漆、蜡之利皆甚丰厚”①。植物可为栋梁、药材、食品，以及各种手工业原料：“草木畅茂，荒郊旷野，道路俱系羊肠小径，崎岖多险，兽蹄鸟迹，交错于道。山则有熊、豕、麝、鹿、豺、狼、虎、豹诸兽，成群结队，或若其性。水则有双鳞石鲫、莹唇诸色之鱼，举网即得，其味脆美。时而持枪入山，则兽物在所必获，时而持钓入河，则水族终致盈筐……真有取之不尽，用之不竭之慨……春来采茶，夏则砍畲，秋时取岩蜂、黄蜡，冬则入山寻黄连、剥棕。常时以采蕨、挖葛为食，饲蜂为业，取其蜂蜡为赋税之资，购盐之具。”②

西水流域很早就有水稻种植。南朝刘宋元嘉十九年（442），建威将军沈庆之讨伐五溪时，发现“蛮田大稔，积谷重崖，未有饥弊”，蛮得据山为阻，在山下为营难得取胜，便更换战术，在山上扎营围蛮，掳掠其牛马七百余头，米粟九万余斛。③《永顺小志》中就记载：“山农耕种杂粮，于二三月间，薙草伐木，纵火焚之。冒雨锄土撒种，熟时，摘穗而归，弃其总藁。种稻则五月插秧，八九月收获。山寒水冷，气候颇迟。”④ 本地所产茶叶自有特色，“峒茶，四邑皆产，而桑植为多，味较厚。土人不谙制造，柴烟烘焙，香气损矣”⑤。这些物品大多既是百姓生计之物，也是向外输出，以及土司征收，用于消费和上贡的物品。如土司时期土官向百姓征收黄蜡，“土官向日凡畜养蜂蜜之家，每户每年征收蜂蜜、黄蜡若干，令家政经管，迨日久弊生，每有无蜂之家，因其曾经畜养，俱令买备供给”。改土归流后作为陋政加以禁革。⑥ 黄蜡一直是土官土司上

---

① 光绪《古丈坪厅志》卷3《种植园记》，第24页a、b。

② 《山羊隘沿革纪略》，《容美土司史料汇编》（内部资料），1984年印，第490页。

③ 《宋书》卷77《沈庆之传》，中华书局1974年标点本，第1997页。

④ （清）张天如：《永顺小志》，（清）王锡祺辑《小方壶斋舆地丛钞》第六帙第三册，清光绪丁丑年（1877）南清河王氏铸版，第215页b。

⑤ 乾隆《永顺府志》卷10《物产》，第9b—10a页。

⑥ 乾隆《永顺府志》卷11《檄示》，第18b—19a页。

贡之物。

手工业品种最有特点的是土布，朱辅《溪蛮丛笑》记载："绩五色线为之，文彩斑斓可观。俗用为被或衣裙，或作巾，故又称峒布。"也就是乾隆《永顺府志》卷十《物产志》所载之"斑布，即土锦"。保靖溪布"粗者绩麻纺线或织手巾、花被，细者绣子挑花或挑小儿手袱衣裤"[①]。《龙山县志》也称："土妇善织锦，裙被之属，或经纬皆丝，或丝经棉纬，挑刺花纹，斑斓五色。虽较永、保二邑稍逊，然丝皆家出，树桑饲蚕。又有土布、土绢、峒巾，皆细致可观。"[②] 朱砂也是西水流域输出的一种重要特产。唐代记载的诸州杂物，即特产中就有"辰、溪州之朱砂，相州之白粉"等等。[③]《五溪蛮图志》记载溪州一带朱砂的产生情况道："丹砂，生深山石崖间，挖地数十尺始见。其苗及白石颗，谓之朱砂床。砂生石上，其块大者如鸡子，小者如石榴。颗状，若芙蓉头箭簇。连床者多似云母片可拆者。今有砂井，先以薪竹燔火爆石，然后可凿而取之。"[④] 西水流域还有铜铁等金属矿产，并早已得到利用。乾隆《永顺府志》载永顺府境内有铜、铁等矿：铜矿"一在永顺县，东南一百二十里，曰鱼涎口，一在永顺县东南一百四十里，曰石米溪。又桑植县东二十余里，曰黄垱峪，皆产铜"。铁矿"四县俱有。永顺县东四十里曰合虎溪、亚咱溪，东北三十里曰车溪，三十五里曰用加，保靖县曰蜡峒，曰大河溪，龙山县东三十里曰茨岩坪，南三十里曰牛栏溪，四十里曰茅坪，一百十里曰洗沙溪，东南一百二十里曰茄沙，东北三十里曰猛峒，西南二百一十里曰述必，桑植县曰黄连溪，曰破石，曰腰脐峒、牛乪岩、萆沙塔、冈居峪、大泉溪、宝溪，皆产矿"[⑤]。这些物产成为西水流域与外界进行商业交换，向朝廷进贡的主要物资。西水流域从其他地区输入的物资则主要是本地

① 同治《保靖县志》卷 2《舆地志 · 风俗》，第 68 页 b。

② 嘉庆《龙山县志》卷 7《风俗》，第 13 页 b。

③《唐六典》卷 20《太府寺》，清刻本，第 9 页 b。

④（明）沈瓒：《五溪蛮图志》，岳麓书社 2012 年影印本，第 110 页。

⑤ 乾隆《永顺府志》卷 10《物产》，第 15 页 a、b。

不能生产，或不能大量生产的产品，如食盐等。土司与朝廷的交往中，则身份性的物品，也是其渴望的，可资巩固其政治地位。

西水流域对外界需求最迫切的是本地无法生产的生活必需品——食盐。咸平五年，夔州路转运使丁谓曰："溪蛮入粟实缘边砦栅，顿息施、万诸州馈饷之弊。臣观自昔和戎安边，未有境外转粮给我戍兵者。"他解决的办法就是利用溪蛮对食盐的需求。"先是，蛮人数扰，上召问巡检使廷赏，廷赏曰：'蛮无他求，唯欲盐尔。'上曰：'此常人所欲，何不与之？'乃诏谕丁谓，谓即传告陬落，群蛮感悦，因相与盟约，不为寇钞，负约者，众杀之。且曰：'天子济我以食盐，我愿输与兵食。'自是边谷有三年之积。"所谓溪蛮也包括了溪州地区。宋朝廷也把盐作为回赐物品，如下溪州仕端朝贡，宋朝给其"加赐盐三百斤"，更把食盐作为处理民族关系的手段。[①] 早在南朝萧梁政府对五溪蛮人的惩罚，就是"禁断鱼盐"，导致了群蛮反叛。[②] 乾隆《永顺府志》载："宋咸平五年（1003），溪蛮入粟易盐，是时盐已难得。今苗地亦贵盐，凡买卖喜以盐为市。闻前土司皆零买川盐食之。改土后设专商，民免淡食矣。"[③]

食盐是广大民众和土司土官对外界的需求。对土司而言，从朝廷得到的还有身份性赏赐之物，包括官服、腰带、器币等。宋代咸平五年七月，"高州刺史田彦伊子承宝等百二十二人来朝，赐巾服、器币"。天禧二年，辰州通判刘中象受诏召下溪州彭儒猛至明滩歃血要盟，"赐冠带、缗帛"。富州刺史向通汉朝贡，获赐"袭衣、金带、鞍勒马，并其子光泽以下器币有差"。向通汉"既辞，又赐以袭衣、金带"。天圣初，宋朝廷给彭儒猛"赐以盐二百斤，彩三十匹"[④]。天圣六年，宋廷又赐捉杀得贼人罗万强的溪峒

---

① 《宋史》卷493《蛮夷传》，第14175页；《宋史》卷496《蛮夷四》，第14178页。

② 《南齐书》卷22《梁豫章文献王传》，中华书局1972年标点本，第405页。

③ 乾隆《永顺府志》卷12《杂记》，第15页b。

④ 《续资治通鉴长编》卷101，天圣元年闰九月乙卯，第2339页。

忠顺州彭儒赞盐三百斤。[①] 明代正德十年，永顺致仕宣慰彭世麒因进献大木“赏进奏人钞千贯”。嘉靖六年，保靖土司“以擒岑猛功进九霄湖广参政，赐银币”。嘉靖三十三年，保靖宣慰彭荩臣因征倭“赏银币”。嘉靖四十二年，永顺土司彭明辅“以献大木功再论赏”，四十四年，“永顺复献大木，诏加明辅、翼南二品服”[②]。正德十三年彭世麒父子因献木之功，获“赐大红蟒衣三袭”，“赐诰命正一品服色”[③]。这些物品是朝廷对土司的政治承认，可借以巩固土司在其辖区的统治。

酉水流域主要输出本地特产。唐代溪州土贡有朱砂、黄连、黄蜡。《元和郡县图志》载：溪州“贡、赋：开元贡朱砂，黄连。元和贡朱砂一十斤，黄蜡二百斤”[④]。《通典》记载唐代溪州除了贡献朱砂外，还贡献茶叶，“贡朱砂十斤，茶芽一百斤”[⑤]。唐代溪州为正州，两税法也在此推行，征收的两税以外还加征朱砂、水银。贞元十三年（797），“黔中观察使奏：‘溪州人户诉，被前刺史魏从琚于两税外每年加进朱砂一千觔、水银二百驮，户民疾苦，请停，”得到采纳。[⑥] 在宋代（见表 7 - 7），下溪州刺史田思迁、奖州刺史田处达、古州刺史向通展等誓下州各州就以朝贡为主要形式与中原内地展开物资交流，朱砂、黄蜡、水银、溪布、马匹、黄连等特产，即“方物”一直作为贡品。明代，永顺土司也多次贡马。洪武元年（1368），“保靖安抚使彭万里遣子德胜奉表贡马及方物”，永乐十六年（1418），永顺宣慰彭源之子仲，“率土官部长六百六十七人贡马”，永乐二十一年（1423），保靖宣慰彭药哈俾遣人贡马，正德元年（1506），以永顺和保靖土司彭世骐从征有功，“赐红织金麒

---

① 《宋会要辑稿·蕃夷五》，第 9886 页。
② 《明史》卷 310《湖广土司》，第 7994 页。
③ 彭肇植：《永顺宣慰司历代稽勋录·忠毅公世麒》。
④ 《元和郡县图志》卷 30《江南道六·溪州》，中华书局 1983 年标点本，第 751 页。
⑤ 《通典》卷六《食货六》，中华书局 1988 年标点本，第 128 页。
⑥ 《旧唐书》卷 13《德宗纪下》，中华书局 1975 年版，第 386 页。

麟服，世骐进马谢恩”。正德二年（1507）永顺土司“进马贺立中宫”[1]。

表 7-7　宋时期南北江溪峒州朝贡物品一览

朝贡时间	州	姓名	朝贡品	资料来源
乾德四年（966）	南州	南州	铜鼓	《宋史·蛮夷传一》，第 14173 页
乾德四年（966）	下溪州	刺史田思迁	铜鼓、虎皮、麝脐	《宋史·蛮夷传一》，第 14173 页
开宝九年（976）	奖州	刺史田处达	丹砂、石英	《宋史·蛮夷传一》，第 14173 页
至道三年（997）	古州	向通展	贡珠及马	《会要·蕃夷七·历代朝贡》
咸平元年（998）	古州	刺史向通展	芙蓉朱砂二器、马十匹、水银千两	《宋史·蛮夷传一》，第 14174 页
咸平三年（1000）	高州	田彦伊	方物、兵器	《宋史·蛮夷传一》，第 14174 页
咸平四年（1001）	上溪州	彭文庆	水银、黄蜡、虎皮、花布	《宋史·蛮夷传一》，第 14174 页；《会要·蕃夷七·朝贡》，第 9942 页
景德三年（1006）	高州	高州诸名豪百余人	水银、蜡烛、麝香、黄连、土布、花席、花幕	《会要·蕃夷五》，第 9882 页

① 《明史》卷 310《土司传》，第 7995 页。

续表

朝贡时间	州	姓名	朝贡品	资料来源
景德三年(1006)	富州	向通汉	贡名马、丹砂、银装、剑槊	《会要·蕃夷七·朝贡》,第9944页
景德四年(1007)	南州	蛮龚允进等	白布、班布、犀角、麝香、朱砂、黄蜡、虎皮	《会要·蕃夷五》,第9883页
大中祥符二年(1009)	叙、显、云三州	衙内指挥使舒宝、舒富、向由	水银	《会要·蕃夷五》,第9883页
大中祥符五年(1012)	洛浦峒、磨嵯峒	洛浦峒刺史田仕琼、磨嵯峒主张万钱	各溪布三百匹	《会要·蕃夷五》,第9883页
大中祥符六年(1013)	五溪蛮	蛮向彦胜、田进戎等	水银	《会要·蕃夷五》,第9884页
天禧二年(1017)	富州	刺史向通汉	贡名马、丹砂、银装剑槊、兜鍪、锦牌	《会要·蕃夷五》,第9885页
天圣二年(1023)	武宁州	教练使吴知福等	溪布	《会要·蕃夷五》,第9886页
天圣三年(1024)	上溪州	赵君佐	溪布、虎皮	《会要·蕃夷七·朝贡》,第9949页
天圣五年(1027)	下溪州	彭仕端	名马	《宋史·蛮夷传一》,第14178页
天圣六年(1028)	下溪州	彭仕端、彭仕义	溪布	《会要·蕃夷七·朝贡》,第9950页
天圣七年(1029)	波州	波州田政聪、田政迁	水银	《会要·蕃夷七·朝贡》,第9950页
庆历五年(1045)	施州	溪峒蛮田忠显	土布、黄连	《会要·蕃夷七·朝贡》,第9952页
元祐元年(1086)	龙赐州、监州	龙赐州彭允宗、知监州彭士明	溪布十五匹	《宋史·蛮夷传一》,第14180页

续表

朝贡时间	州	姓名	朝贡品	资料来源
元祐四年（1089）	保静州、渭州	知保静州彭儒武、押案副使彭仕贵、知永顺州彭儒同押案副使彭仕亮、知渭州彭师聪、押案副使彭仕顺	溪布	《会要・蕃夷七・朝贡》，第9961—9962页
元祐四年（1089）	龙赐州、监州、吉州	知龙赐州彭允宗押案副使彭允金、知监州彭仕明押案副使彭儒勇、知吉州彭儒崇	溪布	《会要・蕃夷七・朝贡》，第9962页
元符二年（1099）	保静州、永顺州、渭州	知保静州彭儒武、押案副使彭士贵，知永顺州彭儒同、押案副使彭士亮，知渭州师聪、押案副使彭汝顺	各溪布一十五匹	《会要・蕃夷七・朝贡》，第9963页

明代土司承担赋税，朝廷征收永顺、保靖土司的秋粮折银缴纳："向来三土司，每年秋粮共银二百八十两，永顺一百六十两，保靖九十六两，桑植二十四两，皆由土司交纳。虽有秋粮之名，实不从田亩征收。永顺则名火坑钱，民间炊爨，每一坑征银二钱二分；保靖则名锄头钱，每一锄入山纳银三五钱不等；桑植则名烟火钱，与火坑相等，所交秋粮即于此内量行拨解。"不按田亩占有情况征税。改土归流之后，永顺一府秋粮仍然是征收白银二百八十两，但重新申报登记田亩，由"有司照册确查，按田肥瘠分别升

科，以完此额赋，如有隐漏者，照例究治，一切杂派私征，严行禁革”[①]。不论唐代溪州，还是明代永、保土司缴纳给朝廷的赋税数量都甚少。明代交给朝廷的秋粮折银也不过区区 280 两，仅具有政治归属的象征意义。

三 采木

明代彭氏土司输出的主要物品是大木，其中主要是楠木。历史上，楠木分布区遍及今湖北、湖南、四川、重庆、贵州、云南、浙江等南方地区，而以西南地区为丰富。湖南的楠木主要集中分布于常德、永顺、泸溪、保靖、大庸、桑 植、吉首、凤凰、花垣等地，其中同属酉水流域的松桃、秀山、酉阳等也是楠木分布区。乾隆《永顺府志》载，“永、保、酉阳诸司皆献大楠木数百株”[②]。可见整个酉水流域都是出产楠木的地区。蓝勇研究指出，先秦时期，楠木分布地区的北界可能达到秦岭北坡地区和河南南部地区。唐宋时期，由于建筑、造船等大量砍伐和使用，“江南地区的楠木资源已日见枯竭，中南地区的楠木资源开始被开发利用”。唐代，五溪蛮地区仍是楠木分布十分广阔的地区。朱辅《溪蛮丛笑》说到“蛮地多楠”。经过唐宋时期的不断开采，到明代清初，中南地区的楠木也已经开采殆尽。明清时期实行的以楠木为主的采办“皇木”，主要的采办地区为西南地区。[③] 明代从永乐到崇祯，共进行了二十次大规模的皇木采办，大楠木、杉木的采办主要在川、黔、湘三省，湖广则主要是酉水流域的土司区。明朝前期，由中央派专官督办，各地方官员采办。明后期，令各省总督、巡抚督办，直接委派府州县采办，同时还召商采办，同时也鼓励土司进献大木，朝廷给予土司嘉奖赏赐。明代在永顺土司区，今龙山县境设置采木场，经洗车溪运输，进入酉水，出沅江，而抵京城。[④]

---

① 乾隆《永顺府志》卷首《上谕》，第 9a、b—10a 页。

② 乾隆《永顺府志》卷 10《物产》，第 12 页 b。

③ 蓝勇：《历史时期中国楠木地理分布变迁研究》，《中国历史地理论丛》1995 年第 4 期。

④ 蓝勇：《明清时期的皇木采办》，《历史研究》1994 年第 6 期。

西水流域的采办大木，主要是酉阳土司区和永顺土司区。嘉靖二十一年，“酉阳与永顺以采木仇杀，保靖又煽惑其间，大为地方患”[①]。可见两土司都在积极采办大木，以至于发生对大木资源的争夺。酉阳采办的大木必从酉水经永顺、保靖土司区运入沅江，但不由永顺土司负责。龙山采木场和漫水卯洞采木场的大木既有当地商人采办，也有外地商人。其中有利益的分歧，“节年以来，做木、定山、倒米尽由永顺，而出银砍山必资辰商。前项木植俱至黄家村分拨，故辰商之木，永顺不得而与者，容或有之，未有永顺之木而或不与辰人者也”。但是，进山寻木、大木运输必须借助永顺土司土官。如，卯洞采办头号大木，“据永顺报运，而本府木商并无应者。盖以头号大木，非千人之力不足转移，而家长之所聚雇不过三四百人而止。况其暂时短觅，又皆土人，临期索价，动难号召。出自土官，则片纸倩千人立就，不籍粮资，期日可集。此家长、商人之所以垂涎厚利而卒归之永顺也”[②]。特别是经过长期采伐，大木已经稀少，无当地土官民户帮助，很难寻觅，“始知深林密箐，重溪绝壑，人迹罕到，比之平原旷野周览易遍者，大为不同。各该木户人山，止凭家长躧报，而家长亦未尽知。又必诱买土人指示，土人亦未亲见。重复辗转，捕户领引。矧先年采办已竭，间产一二，乌道窍远星散，又兼粮运艰远，工程浩大，价不及费。况已报在官，无水泛徙，则人力莫施”[③]。保靖土司虽然没有采伐职责，但也具有保障大木运输之责，雇募人力，“保靖宣慰彭荩臣受国恩，罔思报效，既无采办之劳，应为协济之举，合支木价官银肆百两给发该司，令其买米一千石，遣人运至卯洞，听本职验无糠谷，方与收受。仍委官催督，就于木价销。庶事之出诸该司者，亦易为力。而米之得于卯洞者，大为有济”[④]。

---

① 《明史》卷310《土司传》，第7993页。

② 《卯洞集》卷2《论木政劄》，谭庆虎、田赤校注，湖北人民出版社2011年标点本，第33—39页。

③ （明）徐珊：《卯洞集》卷2《报采木劄》，第30—32页。

④ （明）徐珊：《卯洞集》卷2《论木政劄》，第33—39页。

采木形成了明朝官府、永保土司、采办商、家长和民户的合作和分利关系，“某地之山有木，某山之木可用，全在家长，商人不得而知也”①。本地土官凭借熟悉大木资源的地点而获取利益。采办商通过当地购买价和官府支付价格，获得利益。龙山、卯洞一带采木“总计山场壹拾叁处，大约合用银贰万余两”②。“今其长二丈者，可以七八十两或百两给之。自二丈以上，则又递加如前。是官府以五百两之价，可得十丈二号之材，而商人者，以二丈之木又得官府七八十之价，上下两利，大为有益。”③ 家长、民户和商人还可以获得官府的奖励，“晓谕诸夷商民，如报大木围壹丈伍尺以上者，赏银拾两，定则外添助人夫二百名；壹丈叁肆尺者，赏银伍两外，添助人夫壹百或壹百伍拾名。续据土民向奇并砍山家长辈覃廷仪报到，在于地名桐溪汉躧砍坚实围壹丈肆尺伍寸壹根，壹丈壹尺壹根，当即赏银拾两。及巡检范岳、木户杨景、李汉、萧鹤、吴经密访，家长宋英銮采报壹丈伍尺壹根，当赏宋英銮银拾两，并与酒食花红。迎奖招诱，以致夷汉人民次弟来报，犹恐空朽虚费，俱令砍倒剷削成材，验实方与迎赏”④。湖广巡抚陆杰因采办大木有功，获“赏银三十两，纻丝二表里”，巡抚湖广都御史车纯也因此获赏“银二十两，纻丝一表里”⑤。

大木的采伐、拖运、筑坝需要大量民夫。“雇夫盘缠，一面分量本商多寡及其资力大小，或分头独缆，或两三共采，俱出情愿，已经分认外，俱限明年三四等月，尽从大溪听候水泛漂洞。”“除洗车溪并漫水木植及搭步桥、板枋拖徙水次，俱付簰夫守候蓼水，驾辰交验。复又先令暂雇人夫，分头入山兴工。”⑥ 卯洞之木“候九月蓼水徙驾，以听三运之数”。洗车溪木，“八月初五陆期至水次，玖

① （明）徐珊:《卯洞集》卷2《论木政诸劄》，第26—29页。
② （明）徐珊:《卯洞集》卷2《报采木劄》，第30—32页。
③ （明）徐珊:《卯洞集》卷2《论木政劄》，第33—39页。
④ （明）徐珊:《卯洞集》卷2《报采木劄》，第30—32页。
⑤ （明）徐珊:《明世宗实录》卷281，嘉靖二十二年十二月甲戌，第5464—5465页。
⑥ （明）徐珊:《卯洞集》卷2《报采木劄》，第30—32页。

月水可并运也”[1]。常常遇到滩河险远，“无水漂徙”，或大木拥塞。[2] 就需要筑坝。“山木至小溪则束手听水。间有徙坝，亦至大溪而止。一年大水不过三次，所以漂洞为难，经年不出为是故也。”“前项大木，俱令缘溪造厢拖运，无令候水。”于是在运木的小河上修筑堤坝，“一至大河，筑坝壅水，以便徙运”，“某溪至某洞若干里，合用徙坝若干处，填写工程亦如前法”。“仿效北江滚牛之法，编成大篓，填以土石、茆草，量其阔狭、多寡用之。中留一豁，如闸口之状，相度高下远近，亦如置闸之法。”[3]

明朝不仅在彭氏土司区采伐大木，同时积极鼓励土司进献大木。永顺土司在明朝和清初多次进献大木。《明史》记载了多次永顺土司进献大木，正德十年，永顺致仕宣慰彭世麒“献大木三十，次者二百，亲督运至京，子明辅所进如之”。十三年，彭世麒再“献大楠木四百七十，子明辅亦进大木备营建”。嘉靖四十二年，永顺土司彭明辅“以献大木功再论赏”，四十四年，“永顺复献大木”[4]。京城万寿宫遭火灾，“永顺致仕宣慰使彭明辅、其子宣慰彭翼南，各以献大材济急用”[5]。《永顺宣慰司历代稽勋录》称正德十三年的献大木是“祖孙采进大木”[6]。此外，还有多个年份进献大木的记载：正德七年，永顺土司彭世麒“父子自备帑金，采进合式大木七百余根奏献”[7]；嘉靖二十二年永顺土司宗舜“进献大木二十根”[8]；嘉靖四十三年永顺宣慰彭翼南以进大木，获“赐大红蟒衣三袭”“大红飞鱼服三袭”[9]。清朝改土归流前，永顺土司仍继续进献

---

① （明）徐珊：《卯洞集》卷2《论木政诸劄》，第26—29页。

② （明）徐珊：《卯洞集》卷2《论木政劄》《报采木劄》，第30—39页。

③ （明）徐珊：《卯洞集》卷2《论木政劄》，第33—39页。

④ 《明史》卷310《土司传》，第7994页。

⑤ （明）沈德符：《万历野获编补遗》卷1《列朝·圣谕门工》，《万历野获编》，中华书局1959年标点本，第793页。

⑥ 彭肇植：《永顺宣慰司历代稽勋录·忠敬公明辅》。

⑦ 彭肇植：《永顺宣慰司历代稽勋录·忠毅公世麒》。

⑧ 彭肇植：《永顺宣慰司历代稽勋录·忠庄公宗舜》。

⑨ 彭肇植：《永顺宣慰司历代稽勋录·忠贵公翼南》。

大木。康熙二十二年，永顺土司彭廷椿“遇盛朝营建太和殿，采进楠木五十四根，寻蒙藩宪发库银一千两采取，力不能捐合式六十八根，公父子两次督率五十八旗人夫，亦皆发运交辰州河”[①]。

到改土归流时，大木已经砍伐几尽。酉水流域代之而起的另一最主要输出物资就是桐油。桐油在土司时期，已经被广泛使用。明人沈瓒记载了溪州土司时期油桐种植和利用情况：“油桐，高丈余，春暮开花，萼黄褐色，实大如孩拳。寒露至，摘之堆庭中，取其仁榨油，可用以涂船涂屋及各种木器皆佳。”[②] 大木的输出，深刻地牵动了参与大木砍伐、运输各环节的酉水流域社会多个阶层和群体。而桐油取代大木的最大输出品地位，不仅影响更为深刻，而且更为长远。改土归流后，外地商人大量进入，而桐油为造船、建筑等广泛需要，进一步刺激了油桐种植。油桐种植成为酉水流域民众的重要生计。在乾隆时期的《永顺府志》中，就有对油桐这样的记载：“桐油，山地皆种杂粮，岗岭间则植桐树，收子为油，商贾趋之，民赖其利，以完租税，毕婚嫁，因土宜而利用，此先务也。”[③] 不仅催生了众多经营桐油的大小商人，还促进城镇市集的繁荣，普遍而深入地影响到酉水流域社会体系最末梢——种植油桐的普通民众。同时，桐油贸易带动和伴生了诸多商品的贸易，酉水流域物资的输出入进入一个新的阶段。

第三节 摆手堂、土王祭祀与地方信仰

走在酉水流域境内的大街小巷上，很少看到家族祠堂。乾隆《辰州府志》记载，“郡中故族鲜明以前者建宗祠修谱牒”[④]。《施南

① 彭肇植：《永顺宣慰司历代稽勋录·廷椿公》。

② （明）沈瓒：《五溪蛮图志》，岳麓书社 2012 年标点本，第 116 页。

③ 乾隆《永顺府志》卷 10《物产》，第 10 页 b。

④ 乾隆《辰州府志》卷 14《风俗考》，第 5 页 b。

府志》也载“虽土人之家亦无祠堂”[①]。被列为世界文化遗产的老司城遗址现存完好的彭氏宗祠，据成臻铭研究，认为几经兵燹焚毁，兴盛时期的“忠孝承先，启佑后人”的家庙已废，现为彭氏后人于清末民初修建的宗祠，由于彭氏失势已久，崇宗敬祖的功能不再强烈，除了见证土司制度的兴衰外，也仅剩下了象征和展示的功能。[②]民国时期永顺知县曾镜心赠匾“永言保之”悬挂祠中，[③]土司彭弘海的德政碑矗立堂上，18 位泥塑的土王神像环堂而坐（见图 7－1）。18 位土王神像也提示着这一宗祠是集家庙与地方权威为一体的不一样的祭祀体系。潘光旦为说明湘西北土家族和巴人的渊源关系，对白帝天王信仰做了详细地考证，认为白帝天王为土家族的信仰，乾隆《永顺府志》对白帝天王的看法有误，是修志人的认识不清。而一同调查的汪明瑀则认为自宋以来，土家族对白帝天王的信仰日渐衰弱，取而代之的是对土王彭公爵主、田好汉和向大官人的信仰，这正是彭氏的高明之处，一方面接受土家族的习俗，维系他的统治，一方面又笼络土家族当时有势力的田向两个首领来支援他，并且建立土王庙，庙内亦是供奉三位神仙，这三位神仙就是彭公爵主、向大官人和田好汉。[④]《永顺府志》记载：

> 白帝天王之神，不知从何出，苗人尊奉之。乾（乾州）绥（永绥）等处皆然。今永属四县（指永顺、龙山、保靖、桑植），苗寨亦多，苗俗无异，然未闻有其庙者。盖以此地原系土司之地，土势盛而苗势微也，永顺之吴著祠，亦无确据，至今报赛不绝。[⑤]

① 道光《施南府志》卷 10《典礼》，第 2 页 b。

② 成臻铭：《土司城的建筑典范》，民族出版社 2014 年版，第 294 页。

③ 民国《永顺县志》卷 8《建置志・祠庙》，第 4 页 a。

④ 潘光旦：《湘西北的“土家”和古代的巴人》，载彭继宽选编《湖南土家族社会历史调查资料精选》，岳麓书社 2002 年版，第 40、126 页。

⑤ 乾隆《永顺府志》卷 12《杂记》，第 14 页 b。

图7－1　永顺彭氏宗祠及土王神像（2007年田野调查所拍）

宗教信仰是对现实生活的反映，就如周一德利用苗民对白帝天王的敬畏来设计平定苗民的叛乱，利用土人对溪州铜柱的认同来化解改流的矛盾。酉水流域的地方信仰要在产生过程中才能了解其内涵。

一　官方认可和国家制度下的祭祀体系

《永顺宣慰司志》记载了司治内外的11座神庙，其中9座常见于官方所列祭祀系统。又分属于佛教、道教和国家制度下的祭祀系统。2座属于地方所特有的祭祀系统，在这11座神庙中，其中两座在西水岸边，分别为八部大王和伏波庙。

表7－8　　永顺宣尉司治内外的神庙系统

寺庙	敬奉神	地点	祭祀情况
玉极殿	玉帝	司治东南二里	
崇圣殿	玄帝	司治东南二里	
水府庙	上崇三官 下崇许祖	司治东南龙洞前	
观音阁	观音大士	石佛山	
城隍祠	城隍大王	在五显	
福民庙	五谷神		每年正月十五日传调合属军民于鱼渡街，州上摆列队伍，以伺亲临点阅。后躬诸本庙参谒令巫人卜筶一以祈当年之丰熟一以祈合属之清安，至十月十一仍照前例报答本年丰稔宁谧岁以为常
社令坛		在司治东南那乃浦岸	每年遇春秋二社，稚牛以祀
稷神坛	稷神	在锡帽山前	每年祈祀其神，常有人见穿红袍戴乌幞头
伏波庙	新息侯伏波马王	会溪	
八部大神	八部大神	前江之西岸凹内	每年正月初一巫祀试白水牛以祈一年休祥和
吴著祠	老吴著送	司治左半坡街	

杨庆堃认为宗教对中国的影响无处不在，在中国多神崇拜的传统中，人们为不同的目的向不同的神明祈祷。并根据功能的不同将寺庙分为六类，分别为社会组织整合和福利、普遍的道德秩序、经济功能、健康、公共空间和个人的福利、寺院和尼姑庵。[①] 表 7－8 中属于佛教系统的观音阁，位于老司城南灵溪河西岸望乡台的山腰，乾隆《永顺县志》载：观音阁在司治南三里，以祀观音大士，其山名石佛山。[②] 乾隆《永顺府志》记载大士像为铜铸，土司彭翼南所建。[③]

在来凤境内的酉水上游沿岸有仙佛寺摩崖造像，龛内残余有“咸康元年五月”字样，后专家依据造像确认最早的摩崖造像为初、盛唐时期。[④] 可见佛教于东晋年间就已传入酉水流域。佛教宣扬灵魂不灭、生死轮回观念，主张以忠孝仁信为本的孝道，提倡“立身行道，永光其亲”，观音寺在保靖乡村就有 3 座（表 7－9）。

道教系统有玉极殿、崇圣殿，是保存至今的祖师殿建筑群。祖师殿传修建于后晋天福二年（937），乾隆《永顺府志》崇圣殿条记载：“在旧司城东南有玉极殿，二像俱系铜铸，土司彭翼南建。”[⑤] 据考证即在祖师殿所在位置。[⑥] 嘉靖十年（1531），致仕宣慰使彭世麒祖孙四代带领官舍把总一行人就在祖师殿立铸造洪钟，愿“皇风清穆，圣寿长更”，祈求“官长安荣，封疆永固”，属境“康宁俗美，岁丰民安，物阜谨意”[⑦]。乾隆《永顺县志》载：“圣英殿在司治雅草坪前，都督彭元锦建，以祀关帝，其山名廻龙。五显祠在司治圣英殿后，武宗正德间建，以祀五显灵官。”[⑧] 民国本《永顺县

---

① 杨庆堃：《中国社会中的宗教》，四川人民出版社 2016 年版，第 7—9 页。

② 乾隆《永顺县志》卷 3《祀典志》，第 27 页 a。

③ 乾隆《永顺府志》卷 5《寺观》，第 39 页 b。

④ 来凤县政府 2004 年第六批全国重点文保单位推荐材料，《仙佛寺摩崖造像》，2007 年调查所得。

⑤ 乾隆《永顺府志》卷 5《寺观》，第 39 页 a。

⑥ 湖南省文物考古研究所等编：《永顺老司城 上》，科学出版社 2014 年版，第 581 页。

⑦ 《祖师殿大钟铸文》拓片，存放在吉首大学人文学院资料室。

⑧ 乾隆《永顺县志》卷 3《祀典志》，第 27 页 a。

志》载："五显祠在司治圣英殿后，武宗正德间彭明辅建，以祀五显灵官。案，灵官不知何时人，惟道家常称之。……明成祖时，道士周思得行其法于京师，成祖闻之，亲祷灵官，有求辄应。遂命设像致祭，列入祀典，是为崇奉之始。……盖亦神道设教之意也，故土司亦立专祠祀之"；"土司城隍庙在旧司城，废。案，故址荒不可见耳"①。城隍在明代是官方正式设像供奉的神祇，土司地区属于自治，并没有官方所封的城隍神以供祭祀，就如民国本县志所说盖亦神道设教之意设祠供奉。道教是在吸收各种原始宗教、民间宗教、神话传说的基础上，逐渐形成了自己的神仙谱系，并不断地与地方宗教融合形成具有地域特色的宗教文化。道教宣扬养生术、长生术及修道成仙的修炼思想，而老司城地区本身就具有重巫术信鬼神的丰富土壤。道教与土家族原始宗教结合在一起，并融入早期的宗教从业者"梯玛"的职能范围中。"梯玛"意为敬神的人，民间称之为"土老司"或"土老师"，是土家族地区早期文化的传播者与保存者。"梯玛"没有正式的经书，主要靠主持民间宗教仪式，操持民间生育、治病、婚丧、生产、娱乐等活动为生。土家族地区原始宗教中神灵庞杂，其特点是以祖先崇拜为中心。但自汲取道教文化元素后，道教神占了相当大的比重，并居于主神地位，这在土老师作法时张挂的神像图中有明显的体现：神像图中部略下处，为土家族二位远祖神像；二祖神之上，基本上为道教神；神像图最上端为"三清"，上清灵宝天尊居中，其左为玉清元始天尊，右为太清道德天尊（即太上老君）；稍下中为玉皇大帝、天、地、水、阳四常、王母、神将、雷公、雷母，其左为南斗六星男神，右为北斗七星女神，这些皆为道教神像；图像下层为地狱图景，当是受佛教影响。从整个神像图明显可看出土家族敬祖与道教、佛教信仰间的相互渗透与影响。②

① 民国《永顺县志》卷8《建置志·祠庙》，第1b—2a页。

② 钱安靖、汤清琦：《论土家族原始宗教的巫师与巫术》，《宗教学研究》1996年第2期。

表 7-9　　明清时期保靖县寺庙分布

寺庙	分布	地点	所在都
名宦祠，乡贤祠，武庙，文庙，崇圣祠，社稷坛，先农坛，风雨雷电山川坛，雩祭坛，厉祭坛，吕祖庙，城隍庙，龙王庙，水府宫，火神庙，马王庙，三义宫，轩辕殿，五圣宫，天王庙，傅公祠，药王殿，婆婆庙，鲁班庙，真人庙，昭忠祠 ，观音阁，玉宸宫		县城内外	城内周边
天后宫		在县西滥泥湾	一名福建会馆
浙江宫		在县西北坝溶	一名浙江会馆
万寿宫		在县西十字街	一名江西会馆
社神庙	6 座	三都有两座一在王家庄，一在他沙乎	一、三、四、五、十一都
伏波庙	9 座庙	普戎，结咱乎，溪州，梭多坪，拔麦，陇畞乎，马路坪河岸，马湖，昂东	一、二、三、十五十六都
文昌阁	5 座	在梭多坪，大妥，比耳，但家寨，昂东	三、十一、十二、十四、十六都
天王庙	3 座	一在水荫场 ，一在那洞，在印山台	四、六都
关帝庙	3 座	在葫芦，卡棚石盘山，在黄土坡	六、十、十五都
八部大王庙	2 座	在手扒洞，利乎大坝	十二、三都

续表

寺庙	分布	地点	所在都
彭公庙	5座	一在江口，一在新庄，一在陇�乎，一在棋布，在昂东	十四、十五、十六都
江西庙	3座	在茅沟寨永和场，里耶，芭茅寨	九、十二、十三都
百灵庙		桐木枯	一都
钟灵山寺		在龙溪塘	二都
太平庵		在太平庄	三都
灵佛庵		在陇东川洞	三都
祖师殿		在锡天坪楠木山	四都
观音寺（庵）	3座	在吕洞山，在王家坑，踏梯后山	七、十、十四都
廻龙庵		在乾溪（甘溪）	九都
佛爷殿		在香火山江西庙	九都
天台寺		在卧党天台山	十都
清风寺，白云寺，离尘寺		与天台山连岭	十都
东岳庙，天堂庙，善林寺，廻龙寺		里耶	十二都
尖山寺		在落里乎	十二都
三元宫		在水田坝	十二都
禹王宫		均在芭茅寨	十三都
白云寺		在茅坝	十四都
百灵山寺		在白岩山	十四都
兴隆庵		下临大河	十四都

续表

寺庙	分布	地点	所在都
神农庙		均在大妥	十四都
二圣祠		在小石耶	十五都

资料来源：同治《保靖县志》卷六《寺观 祠庙》

在老司城已经发现早期的各种祠庙，道教成分就占了很大部分。明万历十五年，永顺宣慰使彭元锦铸铜炉立于将军山顶，铭文记载了彭元锦的赫赫战功和祈佑安宁长存的美好愿景。①

国家定制祭祀系统还有福民庙、稷神坛、社令坛和伏波庙，其中福民庙、稷神坛、社令坛都与土民的生活息息相关，从老司城的祭祀仪式来看，土司将祈福仪式与阅兵结合在一起，每年正月十五日，传调合属军民于鱼渡街州上，摆列队伍，以伺亲临点阅，后躬诣本庙参谒，令巫人卜筶，一以祈当年之丰熟，二以祈合属之清安。至十月十一，仍照前例，报答本年丰稔宁谧，岁以为常。农事生产关乎生计，对农事活动的祭祀一直延续，并经由土司将此仪式正式化，成为区域地方社会一种权力象征。《永顺县志》载："福民庙在白砂溪前，土司建以祀五谷之神。"② 在弘治十五年（1502），永顺土司彭世麒还在施溶州重修了五谷神祠，并请时任辰州知府文树作记。③

稷神坛是专门用来祭祀农神后稷的神坛。《永顺宣慰司志》载："稷神坛在锡帽山前，原有坛。每年祈祀其神，常有人见穿红袍戴乌幞头。"祭祀农神也显示出多层次，并不仅是只有地方上层具有祭祀权力，土民也可以独立来进行对农神的祭祀，祈求来年的丰收。稷神坛并不在老司城的主城区，而是在老司城河西城区的锡帽

① 《老司城周边遗存调查报告》，第 208 页。

② 乾隆《永顺县志》卷 3《祀典志》，第 26 页 b。

③ 嘉靖《湖广图经志书》卷 17《辰州 》，第 54b—55ab 页，书目文献出版社 1991 年影印本，第 1516 页。

山前面，不是由土司召集主持的大型的祭祀活动，而是“常有人见穿红袍戴乌幞头”，在梯玛主持下举行祭祀稷神的仪式。

社令坛是专门用来祭祀土地神的神坛，简称为“地坛”。《礼记·祭法》曰：“共工之霸九州也，其子曰后土，能平九州，故祀以为社。”秦汉以后，民间的社神就成为乡间的土地神。韩愈就有一首诗：“白布长衫紫领巾，差科未动是闲身。麦苗桑含穟生葚，共向田头乐社神。”[①] 每个乡镇几乎都有土地神，《太平御览》在介绍古代楚地风俗竹卜就记载“《荆楚岁时记》曰：秋分以牲祠社，其供帐盛于仲春之月。社之余胙，悉贡馈乡里，周于族。社余之会，其在兹乎？此其会也。掷教于社神，以占来岁丰俭，或拆竹以卜”[②]。可见以族为单位的民间社神祭祀早已有之，有春秋两季祭祀。既是娱乐活动，也是对来年丰收的祈福。《永顺宣慰司志》载：“社令坛在司治东南那乃浦岸。每年遇春秋二社，椎牛以祀，原无祠。”在溪州则以牛为祭祀牲畜，春秋两季都进行。在“社日”举办椎牛活动，时至今日，仍有“社巴日”“社日”和“社场”，某些区域仍保留着重大节日举办“椎牛”活动的习俗。

伏波庙是专门用来祭祀伏波将军马援的庙宇，马援因忠贞为后人所敬重，征五溪蛮死于沅水，死后为神，被五溪人民奉为司水之神，保佑出行平安，多设在溪流交汇处，在今湖南沅江流域多有所见。作为沅江支流之一的酉水，亦分布有伏波庙。万历《慈利县志》就有“峒中尊崇马伏波神将”的记载。[③] 在保靖也有多达9座伏波祠。（见表7－9）

二　摆手堂与土王祭祀：作为社区共同体的寺庙与神灵

中央王朝一直是将“形成一套伦理道德与行为准则，在相同国家制度和道德规范下，中心区域形成共同的文化基础，造成相同的

---

① （清）彭定求等编：《全唐诗》卷343，《全唐诗》第4册，中州古籍出版社2008年标点本，第1746页。

② （宋）李昉等：《太平御览》卷6，任明等校点，河北教育出版社1994年点校本，第657页。

③ 万历《慈利县志》卷17《獠峒》，第4页b。

民族心理，这既是中国统一的文化要素，也是国家在与周边民族国家相比较时，形成民族认同与共同的对外思想观念，由此构成中华民族的文化核心”①。彭氏土司也在复制着这一原则，打造以土司文化为核心的地方文化，以加强地域民族认同，做到等级有序从而有效的维持地域社会的稳定运行。摆手堂与土王祭祀的结合，则是土司在营造地方公共空间的同时，也将土司的权威潜移默化渗透到土民的节日活动中，实现了有效的社会整合。

地方特有的祭祀神灵首先是祖先神的崇拜，人民也因为共同的祭祀活动而加强认同。《永顺宣慰司志》载：“八部庙在司治前江之西岸凹内，古设庙以祀八部大神。每年正月初一巫祀，试白水牛，以祈一年休祥。”② 八部大神是这一地区的祖先神，土家族史诗《摆手歌》中有一节《洛蒙挫托》，就是关于土家族祖先“八部大王”与黄帝作斗争的神话故事。其内容大意是八部大王母亲喝了神赐茶叶，生下八个儿子和一个女儿，女儿做了黄帝娘娘，黄帝请她八个兄弟去京城修建房屋。黄帝见这八兄弟本领过人，要谋害他们。他们知道后，放火烧了黄帝的宫殿。黄帝惧怕八兄弟的神威，赐封他们为八部大王。③ 跳摆手舞时梯玛所唱的《梯玛歌》也追溯了祖先的来源：远古时代，毕兹卡共有八个部落，各个部落均有酋长、均有名字，有位老人把八个儿子遗弃在青龙山上，因龙哺乳、凤翼温，长成八个力大无比、武艺高强的汉子。他们捉虎像逮猫，拔树像扯草。从此，八个兄弟威震八峒，分别成为八个部落的酋长，为熬潮河舍、西梯佬、西呵佬、里都、苏都、那乌米、拢此也所也冲、接也飞也那飞列也，俗称“八部大王”。④ 每年正月初一举行祭祀八部大神仪式，专门拣选并椎杀白水牛作为祭品。《永顺县志》载；“八部庙在司治前江之西岸凹内，庙自古设，以祀八部大神，

① 韩昇：《东亚世界形成史论》，复旦大学出版社 2009 年版，第 4 页。

② 《永顺宣慰司志》卷 2《祠庙》。

③ 湖南省少数民族古籍办公室主编：《摆手歌》，岳麓书社 1989 年版，第 317—339 页。

④ 中国民间文学集成全国编辑委员会等编：《中国民间故事集成 湖南卷》，中国 ISBN 中心 2002 年版，第 192—193 页。

每年正月初一用白水牛以祈祥。”[①] 关于八部大王的神话有很多，但很显然，八部大王的崇拜是进入父系氏族社会的首领崇拜，而这种首领英雄崇拜的观念和记忆一直存在于这个区域社会中，随着社会的变迁不断赋予新的内容。

吴著祠，明朝、清朝和民国时期的方志多有记载。《永顺宣慰司志》载：“吴著祠在司治左半坡街，建祠以祀古之士老吴著送。”[②] 这则史料表明，祭祀吴著送的吴著祠建造于老司城内罗城南门外的半坡街。乾隆二十八年刻本《永顺府志》载；“永顺之吴著祠，亦无确据，至今报赛不绝。倘托以神奇，著之编简，岂仅赞襄司命，不几近于鳖令杜宇之说乎?”[③] 嘉庆二十三年版《龙山县志》载：“相传吴著冲为人准头高耸，上现红光，必多杀戮。家人知其然，以妇女数人裸体戏舞于前，辄回嗔作喜，土民所以有摆手祈禳之事。然当年彭瑊地因著冲为祟，立祠祀之，至今赛焉。殆所谓取精多而用物宏，其魂魄尚能为厉者与?”[④] 民国版《永顺县志》载：“吴著祠在司治左半坡，以祀古之土老蛮头吴著送。”“相传五代时吴著据此地，延江西彭氏助理，久之，彭氏得民心，将吴著逐死于洛塔，常为祟，彭乃立祠祀之。土人称为彭氏土地神，今祠尚存。”[⑤] 在这些文本关于吴著祠的书写中，反映了一个情况，彭氏是取代了吴著冲（“冲”土家语为首领之意）而成为地区的首领，祖先崇拜是原始宗教形态在土家人宗教意识中积淀的结果，千百年来一直是土家人最古老、最固定的信仰。祭祀祖先，告慰亡灵，已经成为土家人日常生活中最普遍的宗教义务。“土家族的祖先崇拜并不是一个完全自我封闭的系统，在多民族的文化交流中它在顽强地保持自身特色的同时其形式与内容也作了些适应性的变异，兼收并蓄了部分其它民族，主要是汉民族的文化因素。如祭祀家祖，是受

① 乾隆《永顺县志》卷3《祀典志》，第27页b。

② 《永顺宣慰司志》卷2《祠庙》。

③ 乾隆《永顺府志》卷12《杂记》，第5页b。

④ 嘉庆《龙山县志》卷16《艺文下》，第30b—31a页。

⑤ 民国《永顺县志》卷8《建置志·祠庙》，第3页b。

儒家文化影响后才出现的，其神龛供奉的主神牌是天地君亲师，副神牌则杂以儒教、佛教、道教等各路神灵，如‘九天司命太乙君’、‘观音大士’、‘神农黄帝’、‘四官大神’等等，却没有土家人自身信仰的‘八部大神’、‘向王天子’、‘彭公爵主’等祖先神灵。”①

八部大王和吴著祠都是在特有的地方进行祭祀，但是在每寨都有的公共空间却是摆手堂。乾隆十年（1745）永顺知县王伯麟编撰的第一本县志记载：“土俗各寨有摆手堂，每岁正月初三至初五六之夜，鸣锣击鼓，男女聚集摇摆发喊，名曰摆手，盖被除不祥也。”② 乾隆二十八年（1763）所记载的跳摆手舞祭祀土司情况是“土人度岁，先于屋正面供已故土司神位，荐以鱼肉。其本家祖先神位设于门后。家下鸡犬，俱藏匿，言王鬼在堂，不敢凌犯惊动。此即各寨皆设鬼堂，谓是已故土官阴魂衙署。每岁正月初三至十七，男女齐集，鸣锣击鼓，跳舞长歌，名曰摆手”③。时隔 55 年，嘉庆二十三年（1818）《龙山县志》记载：“土民设摆手堂，谓是已故土司阴署，供以牌位。黄昏鸣钲击鼓，男女聚集，跳舞长歌，名曰摆手。有以正月为期者，有以三月、六月为期者，惟董补、五寨、二里最盛。屡出示，禁之不能止。亦修其教，不易其俗而已。然其间有知礼者，亦耻为之。若附郭土民，此风久息，第堂址犹存。”④ 说明土司祖先祭拜已深入人心，并且还把活动的时间从正月扩展到三月、六月。民国十九年（1930）县志记载：“土司祠，阖县皆有，以祀历代土司，俗称土王庙，每岁正旦后元宵前土司后裔或土民后裔鸣锣击鼓，舞蹈长歌，名曰摆手。”修志时人对这一土俗感到不解，认为“县境土司祠皆庳陋狭隘，远逊丛林，即所塑像亦无金碧辉煌之侈，特相沿已久，故至今尚有蹈常袭故者”⑤。在原立于龙山县西湖乡却甲塞村摆手堂内辛巳年辰月所刻之的《创业垂

① 游俊：《土家族祖先崇拜略论》，《世界宗教研究》2000 年第 4 期。

② 乾隆《永顺县志》卷 4《风土志》，第 4 页 b。

③ 乾隆《永顺府志》卷 12《杂记》，第 17 页 a。

④ 嘉庆《龙山县志》卷 7《风俗》，第 3 页 a。

⑤ 民国《永顺县志》卷 8《建置志 · 祠庙》，第 6 页 a。

统》碑记载：

> 盖闻朝廷有宗庙、乡党有宗祠。庙也者，神之居宫室也，神也者，我撒卡三房众族之主也。自我彭公爵主历代建庙供养侍奉以来，数百有余岁矣。每岁逢三月，十五日进庙，十七圆散，男女齐集神堂、击鼓歌舞，名曰摆手，以为神之欢也。[①]

在摆手堂跳摆手舞的习俗一直沿袭至今，摆手舞也成为土家族的象征之一，被列入国家级非物质文化遗产名录。土王神与社神、五谷神、祖先神合祀为一体的祭祀活动以舍把节的活动传承至今，田家洞至今还沿袭春季社日前后举办舍把节（图7－2），各村轮流牵头举办，每年一次。

崖墓葬是中古时代武陵山区土家族先民的流行葬俗，在中古文献中屡有记载，酉水流域发掘的崖墓多出“天圣元宝”“崇宁重宝”等铜钱，年代为唐宋。1978年5月，湘西州文物队对永顺南渭州仙人棺崖墓进行清理，得宋钱、铜锛、银锛等物，经鉴定为宋人九品官吏墓[②]。南宋朱辅《溪蛮丛笑·葬堂》条中记载五溪蛮地区：“死者诸子照水内，一人背尸，以箭射地，箭落处定穴，穴中藉以木，贫则已。富者不问岁月，酿酒屠牛，呼团洞发骨而出，易以小函，或枷崖屋，或挂大木，风霜剥落皆置不问，名葬堂。”[③] 随着汉文化影响的日益深入，葬俗仪俗也受到它的影响。老司城土司贵族的砖石墓的形式、结构、装饰都采用汉族墓葬方式，体现出昭穆制

---

① 《创业垂统》碑现存龙山县文物管理所。碑文见王晓宁编著《恩施自治州碑刻大观》，新华出版社2004年版，第86页。

② 杨安位等编：《永顺县志》，湖南人民出版社1995年版，第472页。

③ 符太浩：《溪蛮丛笑研究》，第7页。

图 7－2　2016 年田家洞第 26 届土家族舍巴节

（笔者 2016 年所拍）

的风格，但也随处可见地域的特色。根据考古清理，整个老司城陵园的地表由墓葬封土、拜台、“八字”山墙、花带缠腰过道、南北神道及石像生、照壁等遗迹组成，在列与列之间的过道上有卵石铺成的道路，俗称“花带缠腰路面”，拜台间亦以此相连。卵石路面做工非常考究，具有土家族传统土家花带的“八瓣花”“四朵梅”连续图案，古朴、美观。对于土民来说，这种文化的传入还是很缓慢的，在乾隆十年《永顺县志》就记载有“重耕农，男女合作”，“死则环尸哭泣，且歌终日即葬，无丧服”[①]。乾隆二十八年的《永顺府志》仍记载“公媳内外宜有别也。查土司尽属筇屋穷檐，四围以竹，中若悬罄，并不供奉祖先。半室高搭木床，翁姑子媳联为一榻。不分内外，甚至外来贸易客民寓居于此，男女不分，挨肩擦背，以致伦理俱废，风化难堪。现在出示化导，令写天地君亲牌位，分别嫌疑，祈赐通饬，以挽颓风”[②]。在土民之中，仍然保持着积极的生死态度观，对祖先的崇拜也是建立在共同祖先的基础之上，随着流官的积极倡导和推进，正如学者所注意到的，为消除土司政权长期所建立起的权威正统性转为中央王朝的正统性，对已经深入土民生活中的摆手堂及有关活动加以禁止，[③] 并不断的化导，“令写天地君亲牌位”，强化王朝权威的正统性。

小　结

人口和物资的输出入是塑造酉水流域社会的重要因素。酉水流域人口并非简单的汉、蛮，或土、客二元，而是多元汇集，相互融合。从秦朝到改土归流，地广人稀的酉水流域一直是人口输入地区，但改土归流以前，由于经济发展水平、交通条件、土司政策等因素，人口迁入虽然持续不断，但数量有限。土著“蛮”族是作为酉水流域最基本、最稳定的群体，不断融合、同化迁入该地的外来人口，甚至包括外来统治集团。从而使历代迁入人口层累地融入土著文化，成为土民。改土归流后，同治时期修府志时人指出，“本郡四属土苗驯良畏法者多，其作奸犯科者皆客户”[④]。说此言者以贬抑的心理指责客民破坏原有秩序和稳定，但也说明了客民在文化、

① 乾隆《永顺县志》卷4《风土志》，第1b—2a页。

② 乾隆《永顺府志》卷11《檄示》，第25页a、b。

③ 谢晓辉：《联姻结盟与谱系传承——明代湘西苗疆土司的变迁》，《中国社会历史评论》第13卷，天津古籍出版社2012年版。

④ 同治《永顺府志》卷4《户口》，第5页a。

习俗、行为方式上与土著土、苗的差异。但在长期的历史发展中，正是不断进入的风习相异的客民，融入土著的世界，成为语言、习俗都迥异于故地的土民。改土归流后，统治体系、社会制度、经济格局都发生了巨大变化，外来人口迁入规模剧增，社会的演进方式及结构也逐渐发生巨大变化。物资的输出入也同样产生着或潜默，或直接的影响。物资的输出入常常伴随着社会文化、宗教、生活方式等的变化，带来社会身份、职业、生计的改变，从而塑造着该区域社会的形态。

武力是少数民族早期获得权威的手段，首领崇拜是权威确立的象征体现。嫡长子继承制以及土司入学的规定，是朝廷对土司地区进行有效的干预，而土司地区在接受的同时也呈现出地域的特色，如土王祠与彭氏祠堂的有效整合，摆手堂的普及与土王崇拜的普遍化。土司政权在建立起自己的统治权威时，并不是简单的照搬王朝的体制，而是有效的建立起适合地方传统的机制维系地方秩序的有效运转，在树立起权威的同时，也允许多元社会组织的存在，从酉水流域存在的多个祠庙遗址就可看出，土民思想表达的多种途径，而不仅仅只是土司专制。在土司治下，也有“渔户最悍，有警即充前锋。春夏间，士官观渔为乐，先截流聚鱼，俟士官酒酣，入水捕鱼。口啖一，手捕其二，跃岸称贺。土人善织丝。又尚布以苎麻。拭污不秽”，“自耕而食”；“永顺辖崇山。有驩 兜庙。土人修怨者。持牲酒往诅之”；“土官馈客，尝食外。禽兽野味凡百余种，而不可多受。以人贪廉，默为轻重”[①]。展现出生动的生活场景。在少数民族地区王朝化的过程中，我们也看到了大一统过程中处理少数民族地区问题的积极性，在给予地方自主的同时反而强化了地方对王朝的认同，而不仅仅只是地方与中央，蛮夷与华夏之间简单的二元影响过程，必须在具体的历史过程中分析事件对进程的影响。酉水流域区域社会及其老司城遗址所呈现的历史进程恰好为王朝与地方如何有效实现一体化做了一个很好的说明。

---

① （清）谈迁:《北游录》,《纪闻上 · 永顺保靖二司土风》, 第 332 页。

结　　语

位于武陵山区腹地的酉水流域，地处湘、鄂、渝、黔四省市边区，境内山峦叠嶂，溪壑纵横。酉水作为一条古老的河流，既是沟通中原与西南的一条通道，又是形塑这一地区文化的主要源泉，生活在这里的人群与此息息相关。早在五代时期，该地区就形成了以彭氏为中心的“誓下州”体系，直到雍正朝改土归流，彭氏地方政权在酉水流域核心地区稳定地存在了近八百年。从历史纵向轴上来看，自宋入明直到清初是酉水流域少数民族社会重要发展时期。在这一时期内，不仅形成了有自身特点的社会体系、文化风俗和生活方式的少数民族社会，而且随着中央王朝羁縻统治的不断强化、文化的接受和内化，这一区域群体形成的民族认同进而上升到王朝认同也不断增强，实现了该地区的长期稳定。

以溪州彭氏为首的六姓联盟誓下体系是酉水流域早期的地方政治组织，随着溪州之战溪州铜柱盟誓的树立，奠定了这一地区群体与王朝互动的地位。宋朝秉承因俗而治的思想，承认南北江既有的地方权力，灵活地运用溪峒之专条来治理西南溪峒地区，一方面将归顺溪峒纳入乡兵的管理系统，置土丁、义军，以代王师防守边徼；一方面又采取树其酋长、赐州额、赐名目、朝贡等措施，将溪峒社会权力机构纳入王朝统治的框架下。田氏一族因势发展自身的实力，不断以州额的形式拓展在溪峒的领地，同时又脱离溪州誓下盟誓的约束自成为一方领地的都誓首。这一互动既保存了民族地区社会结构的独特性，实现了生活在这一地区的群体从蛮到土的转变，促成了民族共同体土家族的最终形成，又有效地分化了溪峒势力，避免溪峒暂下联盟壮大威胁到王朝的统一，为元明清时期土司制度的实行和湖广土司格局的形成奠定了基础，增强了溪峒社会的王朝认同，而亦兵亦民身份的长期存在，也强化了这一地区族群格局的形成。使得这一群体成为有明一朝国家赖以挞伐的重要力量和中国文化多元政治一体的重要组成部分。酉水流域“溪州之盟”到以夷制夷的土司制度的转移，是中央王朝逐渐深化民族地区社会治理的结果，通过国家权力下沉，自治与控制的博弈、利益权衡和文化交融的整合，推动了酉水流域少数民族对自身的政治体系认同转移到国家形态下的认同，实现了民族认同与王朝认同的一致性。

溪峒自治社会是酉水流域的主要形态，旗甲制度是实现王朝与溪峒自治社会有效连接的地方控制体系。王朝通过控制土司土官来实现对民族地区的统治，以授牌印、额赋役、听征调和修职贡来实现对土官的控制，而土司土官在接受王朝向化的过程中，也将这一模式复制到溪峒社会治理的过程中，通过舍把与旗长的不同任命来实现家族土舍与溪峒头目有效地流通，在土司权力植入溪峒底层社会的过程中，也将溪峒社会的头目自治体系纳入王朝的向化的进程中，并带有地方特色。随着土司王朝代理人的取消，改土入流，这一群体以不同的身份进入王朝一体化，依然成为酉水流域社会的重要力量。

酉水是整个流域地区交通的主要通道，人员、物资、文化皆从酉水及其支流进出，酉水及其支流也构成了流域内部交通网络的基本框架。流域内的社会有赖于这一基本框架实现政治、经济整合，从而形成一个完整的社会系统，乃至政治行为体。酉水流域的城镇发展是以酉水河岸为主轴线，沿着支流向流域内陆纵深发展，形成了政治军事类与商业贸易类两大类型。政治军事类城镇围绕溪州彭氏政权的变化从下游与正州的交界处上溯沿支流向内陆延伸发展，以防御为主，周边辅以城堡关卡来拱卫政治治所的安全。而商业贸易类城镇主要分布在以水陆交汇处，处于交通要道，以方便区域内的货物集散为主。这些城镇是酉水流域社会运行的主要网络体系，物质、人口和文化的交流都围绕这一网络体系共同形塑着西水流域的溪峒社会。西水流域地广人稀，改土归流前一直都是人口需要输入的地区，自秦以来就有人口进入，呈现出多元汇集，相互交融的特点，土著“蛮”族作为西水流域最基本、最稳定的群体，不断融合、同化迁入该地的外来人口，使历代迁入人口累层地融入这一族群，成为这一区域社会的主要群体土民。

参考文献

一　历史文献

（一）史籍

（汉）司马迁：《史记》，中华书局1959年标点本。
（汉）刘珍：《东观汉纪》，《中国史学典籍基本丛刊》，中华书局2008年标点本。
（宋）范晔：《后汉书》，中华书局1965年标点本。
（晋）陈寿：《三国志》，中华书局1959年标点本。
（晋）常璩：《华阳国志》，汪启明、赵静译注，四川大学出版社2007年标点本。
（梁）沈约：《宋书》，中华书局1974年标点本。
（梁）萧子显：《南齐书》，中华书局1972年标点本。
（唐）李延寿：《北史》，中华书局1974年标点本。
（唐）魏征等：《隋书》，中华书局1973年标点本。
（唐）房玄龄等：《晋书》，中华书局1974年标点本。
（北魏）郦道元原注：《水经注》，陈桥驿注释，浙江古籍出版社2001年标点本。
（后晋）刘昫等：《旧唐书》，中华书局1975年标点本。
（唐）李林甫等：《唐六典》，陈仲夫点校，中华书局1992年标点本。
（唐）杜佑：《通典》，中华书局1988年标点本。
（唐）樊绰撰，向达校注：《蛮书校注》，中华书局1962年标点本。

（唐）李吉甫：《元和郡县图志》，中华书局1983年标点本。
（宋）欧阳修：《新五代史》，中华书局1974年标点本。
（宋）欧阳修、宋祁：《新唐书》，中华书局1975年标点本。
（宋）司马光：《资治通鉴》，中华书局1956年标点本。
（宋）李焘：《续资治通鉴长编》，中华书局1995年标点本。
（宋）李心传：《建炎以来系年要录》，胡坤点校，中华书局2013年标点本。
（宋）江少虞：《宋朝事实类苑》，上海古籍出版社1981年标点本。。
（宋）税安礼著、旧本题宋苏轼撰：《历代地理指掌图》4册，明刊本，载上海古籍出版社编《宋本历代地理指掌图》，上海古籍出版社1989年影印本。
（宋）曾公亮、丁度等：《武经总要》，明万历二十七年刊本。
（宋）乐史：《太平寰宇记》，中华书局2007年标点本。
（宋）王存：《元丰九域志》，魏嵩山、王文楚点校，中华书局1984年标点本。
（宋）欧阳忞：《舆地广记》，李勇先、王小红校注，四川大学出版社2003年标点本。
（宋）王象之：《舆地纪胜》，中华书局1992年影印本。
（宋）祝穆撰，祝洙增订：《方舆胜览》，施和金点校，中华书局2003年标点本。
（宋）陆游：《老学庵笔记》，中华书局1979年标点本。
（宋）朱辅：《溪蛮丛笑》，中华书局，1991年影印本。
（宋）范成大：《桂海虞衡志校补》，齐治平校补，广西民族出版社，1984年标点本。
（宋）彭百川：《太平治迹统类》，江苏广陵古籍刻印社1981年影印本。
（宋）曹彦约：《昌谷集》，文渊阁《四库全书》本。
（宋）胡宿：《文恭集》，中华书局1985年标点本。
（宋）郑獬《郧溪集》文渊阁《四库全书》本。
（宋）范仲淹：《范文正集》，《钦定四库全书荟要》，吉林出版集团有限责任公司 2005 年影印本。
(宋) 欧阳修:《欧阳永叔全集》,大东书局 [出版时间未详]。
(宋) 李昉等:《太平御览》,任明等校点,河北教育出版社,1994 年点校本。
(元) 脱脱等:《宋史》,中华书局 1977 年标点本。
(元) 苏天爵:《元文类》,上海古籍出版社,1993 年影印本。
(元) 刘应李原编,詹有谅改编,郭声波整理:《大元混一方舆胜览》,四川大学出版社 2003 年标点本。
(元) 孛兰肸等著:《元一统志》,赵万里校辑,中华书局,1966 年标点本。
(元) 周致中:《异域志》,中华书局 1981 年标点本。
(元) 苏天爵:《滋溪文稿》,陈高华、孟繁清点校,中华书局 1997 年点校本。
(元) 苏天爵编:《元文类》,上海古籍出版社 1993 年影印本。
(元) 朱思本撰,(清) 阮元原辑:《贞一斋诗文稿》,商务印书馆影印本。
(元) 黄溍:《黄溍全集》,王颋校注,天津古籍出版社 2008 年点校本。
(元) 柳贯:《柳待制文集》,四部丛刊景元本,上海书店 1989 年影印本。
(明) 宋濂等:《元史》,中华书局 1976 年标点本。
《明实录》,“中央”研究院历史语言研究所校印,上海书店 1982 年标点本。
(明) 李东阳等:《大明会典》,明万历十五年内府刊本。
(明) 李贤、彭时等:《大明一统志》,明天顺五年内府刊本。
(明) 廖道南《楚纪》,书目文献出版社 1990 年影印本。
(明) 张学颜:《万历会计录》,《北京图书馆古籍珍本丛刊》,书目文献出版社 2000 年影印本。
(明) 赵官:《南京稀见文献丛刊·后湖志》,南京出版社 2011 年标点本。

（明）郑若曾：《江南经略》，文渊阁《四库全书》本。
（明）解缙等辑：《永乐大典》，中华书局 1986 年标点本。
（佚名）《土官底簿》，商务印书馆 1935 年影印本。
（明）沈德符：《万历野获编》，中华书局 1959 年标点本。
（明）李化龙：《平播全书》，贵州省文史研究馆编《续黔南丛书 第 1 辑 上 》，贵州人民出版社 2012 年标点本。
（明）田汝成：《炎徼纪闻》，中华书局 1985 年标点本。
（明）王士性：《广志绎》，吕景琳点校，中华书局 1981 年标点本。
（明）朱国祯：《涌幢小品》，中华书局 1959 年标点本。
（明）张岳；《小山类稿》，林海权、徐启庭点校，福建人民出版社 2000 年点校本。
（明）沈瓒：《五溪蛮图志》，岳麓书社 2012 年标点本。
（明）徐珊撰，谭庆虎、田赤校注：《卯洞集》，湖北人民出版社 2011 年标点本。
（明）王守仁：《王阳明全集》，上海古籍出版社 2011 年标点本。
（明）李诩：《戒庵老人漫笔》，中华书局 1982 年标点本。
（清）张廷玉：《明史》，中华书局 1974 年标点本。
（清）顾祖禹：《读史方舆纪要》，《中国古代地理总志丛刊》，贺次君、施和金点校，中华书局，2005 年标点本。
（清）徐松等：《宋会要辑稿》，上海古籍出版社 2014 年标点本。
（清）毛奇龄著，杨东甫、杨骥校注：《蛮司合志校注》，广西人民出版社 2015 年标点本。
（清）伊桑阿等纂修：康熙《大清会典》，文海出版社 1993 年影印本。
（清）鄂尔泰等编：《朱批谕旨》，清乾隆三年内府活字朱墨套印本。
（清）高宗敕撰：《清朝文献通考》，商务印书馆 1936 年版。
（清）穆彰阿等修：《嘉庆重修大清一统志》，商务印书馆 1934 年版。
赵尔巽等撰：《清史稿》，中华书局 1977 年标点本。
《清实录》，中华书局 1986 年影印本。

（清）纪昀总纂：《四库全书总目提要》，河北人民出版社2000年标点本。
（清）魏源：《圣武记》，岳麓书社2011年标点本。
（清）顾炎武：《天下郡国利病书》，上海古籍出版社2002影印本。
（清）《职贡图 四册》，清乾隆十六至五十五年间彩绘绢本。
（清）王太岳：《四库全书考证》，王云五主编，商务印书馆民国25年铅印本。
（清）阮元辑：《九国志 云间志》，江苏古籍出版社1988年影印本。
（清）顾彩：《容美纪游》，高润身主笔注释，天津古籍出版社1991年标点本。
（清）张泓：《滇南忆旧录》，中华书局1985年铅印本。
（清）谈迁：《北游录》，中华书局1960年标点本。
（清）阮元校刻：《十三经注疏》，中华书局1980年影印本。
（清）彭定求等：《全唐诗》，中州古籍出版社2008年标点本。
黄怀信，张懋容：《逸周书汇校集注》，上海古籍出版社1995年版。
周绍良主编：《全唐文新编》，吉林文史出版社2000年版。
张兴文等注释：《卯峒土司志校注》，民族出版社2001年校注本。
马蓉等点校：《永乐大典方志辑佚》，中华书局2004年标点本。
曾枣庄、刘琳主编：《全宋文》，上海辞书出版社、安徽教育出版社2006年标点本。
王智勇、王蓉贵主编：《宋代诏令全集》，四川大学出版社2012年标点本。

（二）地方志

（宋）潜说友纂：《咸淳临安志》，浙江古籍出版社2012年影印本。
（明）薛刚纂修，吴廷举续修：嘉靖《湖广图经志书》，书目文献出版社1991年影印本。
（明）陈光前纂修：万历《慈利县志》，《天一阁藏明代方志选刊》，上海古籍书店1964年影印本。
（明）万士英修纂：万历《铜仁府志》，岳麓书社2014年标点本。
（清）佚名：《永顺宣慰司志》，抄本。

（清）王钦命、箫肇极等纂修：雍正《保靖县志》，成文出版社有限公司 2014 年影印本。
（清）席绍葆，谢鸣谦等修纂：乾隆《辰州府志》，岳麓书社 2010 年影印本。
（清）林翼池修，蒲又洪纂：乾隆《来凤县志》，海南出版社 2001 年影印本。
（清）蔡宗建修，龚傅坤纂：乾隆《镇远府志》，乾隆刻本，贵州省图书馆据南京图书复制 1965 年油印本。
（清）李瑾修，王伯麟增修：乾隆《永顺县志》，乾隆十年刻本。
（清）张天如：乾隆《永顺府志》，乾隆二十八年刻本。
（清）张天如：《永顺小志》，王锡祺辑：《小方壶斋舆地丛钞》第六帙第三册，清光绪丁丑（三）年（1877）南清河王氏铸版本。
（清）吉钟颖修：《鹤峰州志》，道光二年刻本。
（清）徐鋐修，萧管纂：《道光松桃厅志》清道光十六年刻本。
（清）王协梦、罗德昆：《施南府志》，道光十七年刻本。
（清）李勖主修，何远鉴纂：同治《来凤县志》，江苏古籍出版社 2001 年影印本。
（清）张金澜修，张金圻纂：同治《宣恩县志》，江苏古籍出版社 2001 年影印本。
（清）王鳞飞等修，冯世瀛、冉崇文纂：同治《增修酉阳直隶州总志》，巴蜀书社 1992 年影印本。
（清）缴继祖修，洪际清纂：嘉庆《龙山县志》，嘉庆二十三年刻本。
（清）段汝霖：《楚南苗志》，岳麓书社 2008 年标点本。
（清）严如熤：《苗防备览》嘉庆二十五年（1820）序［出版者不明］，早稻田大学图书馆藏书。
（清）魏式曾增修，郭鑑襄增纂：同治《永顺府志》，江苏古籍出版社 2002 年版。
（清）唐庚、董耀焜：同治《永顺县志》，同治十三年刻本。
（清）林继钦、龚南金修，袁祖绶纂：同治《保靖县志》，江苏古籍出版社 2002 年版。

（清）符为霖修，刘沛纂：同治《龙山县志》，台湾成文出版社有限公司 1975 年版。

（清）李瀚章、裕禄等编纂：光绪《湖南通志》，岳麓书社 2009 年版。

（光绪）董鸿勋:《古丈坪厅志》，江苏古籍出版社 2002 年版。

（民国）胡履新:《永顺县志》，民国十九年铅印本。

（民国）刘正学:《永顺风土志》，民国十二年铅印本

（民国）刘显世、谷正伦修，任可澄、杨恩元纂.《贵州通志》，民国三十七年贵阳书局铅印本。

（三）族谱碑刻

（清）彭肇植:《永顺宣慰司历代稽勋录》，嘉庆十二年修，永顺档案馆提供原件复印，吉首大学人类学民族学田野收集。

道光三年《彭氏源流族谱》，永顺档案馆提供原件复印，吉首大学人类学民族学田野收集。

南渭州《彭氏族谱》，2006 年刊印，吉首大学人类学民族学田野调查原始资料收集。

同治《冉氏忠孝谱》卷1 酉阳冉氏族谱续修委员会2010 年9 月重刊《冉氏忠孝谱》，成臻铭收集提供。

正德元年《昭毅将军思垒彭侯故室淑人向氏墓志铭》拓片，藏于吉首大学人文学院资料室。

正德二年《彭显英妻次室向氏墓志铭》拓片，藏于吉首大学人文学院资料室。

嘉靖元年《彭显英妻正室彭氏墓志铭》拓片，藏于吉首大学人文学院资料室。

嘉靖十年《彭世麒明故彭淑人刘氏墓志铭》拓片，藏于吉首大学人文学院资料室。

嘉靖十年《祖师殿大钟铸文》拓片，藏于吉首大学人文学院资料室。

嘉靖十一年《明故永顺宣慰使彭思斋墓志铭》拓片，藏于吉首大学

人文学院资料室。
嘉靖二十三年《明故怀远将军彭宗舜墓志铭》拓片，藏于吉首大学人文学院资料室。
隆庆二年《彭翼南永顺宣慰彭侯墓志铭》拓片，藏于吉首大学人文学院资料室。
康熙五十七年《向华夫妇墓碑资料》拓片，藏于吉首大学人文学院资料室。
康熙五十二年《宣慰彭弘海德政碑》拓片，藏于吉首大学人文学院资料室。

（四）档案

中国第一历史档案馆、辽宁省档案馆编：《中国明朝档案总汇 47》，广西师范大学出版社 2001 年版。
中国科学院：《明清史料・丁编》第 10 本，商务印书馆 1951 年版。
中国科学院：《明清史料・丁编》第 8 本，商务印书馆 1951 年版。
台湾"中央"研究院历史语言研究所编：《明清史料・辛编》上册，中华书局 1987 年版。
中共鹤峰县委统战部等编：《容美土司史料汇编》（内部资料），1984 年印刷。

二　今人论著

（一）著作

[美] 摩尔根：《古代社会》，杨东蓴等译，商务印书馆 1971 年版。
[美] 黄宗智：《华北的小农经济与社会变迁》，中华书局 1986 年版。
[法] 勒高夫等编，姚蒙译：《新史学》，上海译文出版社 1989 年版。
[法] 费尔南・布罗代尔著，唐家龙等译，《菲力普二世时代的地中海和地中海世界》，商务印书馆 1996 年版。
[美] 杜赞奇（Prasenjit Duara）著，王福明译：《文化、权力与国家 1900—1942 年的华北农村》，江苏人民出版社 1996 年版。

［美］施坚雅，史建云等译：《中国农村的市场和社会结构》，中国社会科学出版社 1998 年版。

［英］莫里斯·弗里德曼（Maurice Freedman）著，刘晓春译：《中国东南的宗族组织》，上海人民出版社 2000 年版。

［美］施坚雅（G. William Skinner）主编，叶光庭等译《中华帝国晚期的城市》，中华书局 2000 年版。

［日］冈田宏二：《中国华南民族社会史研究》，赵令志、李德龙译，民族出版社 2002 年版。

［芬兰］韦斯特马克著；李彬等译：《人类婚姻史》第 2 卷，商务印书馆 2002 年版。

［英］彼得·伯克著，刘永华译：《法国史学革命：年鉴学派，1929—1989》（历史学的实践丛书），北京大学出版社 2006 年版。

［美］维克多·特纳著，黄剑波、柳博赟译：《仪式过程：结构与反结构》，中国人民大学出版社 2006 年版。

［日］滨岛敦俊：《明清江南农村社会与民间信仰》，厦门大学出版社 2008 年版。

［挪威］费雷德里克·巴斯：《族群与边界》，商务印书馆 2014 年版。

［日］森正夫：《“地域社会”视野下的明清史研究：以江南和福建为中心》，江苏人民出版社 2017 年版。

谢华：《湘西土司辑略》，中华书局 1959 年版。

佘贻泽：《明史论丛 明代土司制度》，学生书局 1968 年版。

谭其骧主编：《中国历史地图集 第 6 册 宋·辽·金时期 编列》，中国地图出版社 1982 年版。

尤中：《中国西南民族史》，云南人民出版社 1985 年版。

《土家族简史》编写组编：《土家族简史》，湖南人民出版社 1986 年版。

谭其骧：《长水集（上）》，人民出版社 1987 年版。

郁贤皓：《唐刺史考》，江苏古籍出版社 1987 年版。

蔡少卿主编：《再现过去——社会史的理论视野》，浙江人民出版社

1988 年版。
姚蒙:《法国当代史学主流——从年鉴学派到新史学》, 远流出版事业有限公司 1988 年版。
吴永章:《中国土司制度渊源与发展史》, 四川民族出版社 1988 年版。
杨昌鑫编著:《土家族风俗志》, 中央民族学院出版社 1989 年版。
彭继宽、姚纪彭主编:《土家族文学史》, 湖南文艺出版社 1989 年版。
彭勃等辑录, 祝先注注:《历代土家族文人诗选》, 岳麓书社 1991 年版。
田荆贵主编:《中国土家族习俗》, 中国文史出版社 1991 年版
王承尧选注:《土家族土司史录》, 岳麓书社 1991 年版。
王承尧、罗午:《土家族土司简史》, 中央民族学院出版社 1991 年版。
田星六著, 丘陵等选注:《晚秋堂诗词选》, 岳麓书社 1992 年版。
吴永章主编:《中南民族关系史》, 民族出版社 1992 年版。
杨庭硕、罗康隆:《西南与中原》, 云南教育出版社 1992 年版。
李绍明主编:《川东酉水土家》, 成都出版社 1993 年版。
孟立军等:《嬗变、互动、重构——土家族文化现象研究》, 民族出版社 1993 年版。
杨安位:《永顺县志》, 湖南人民出版社 1995 年版。
张正明:《张正明学术文集》, 湖北人民出版社 2007 年版。
吴永章:《瑶族史》, 四川民族出版社 1993 年版。
彭武文著诠:《溪州铜柱及其铭文考辨》, 岳麓书社 1994 年版。
李星星:《曲折的回归四川酉水土家文化考察札记》, 上海三联书店 1994 年版。
刘志伟:《在国家与社会之间——明清广东里甲赋役制度研究》, 中山大学出版社 1997 年版。
李世愉:《清代土司制度论考》, 中国社会科学出版社 1998 年版。
邓辉:《土家族区域的考古文化》, 中央民族大学出版社 1999 年版。

费孝通：《中华民族多元一体格局》，中央民族大学出版社 1999 年版。
廖报白：《湘西简史 2 万年前—1949 年》，湖南人民出版社 1999 年版。
朱炳祥：《土家族文化的发生学阐释》，中央民族大学出版社 1999 年版。
段超：《土家族文化史》，民族出版社 2000 年版。
田敏：《土家族土司兴亡史》，民族出版社 2000 年版。
周绍良主编：《全唐文新编》，吉林文史出版社 2000 年版。
邓红蕾：《道教与土家族文化》，民族出版社 2000 年版。
罗志旧主编：《20 世纪的中国学术与社会·社会学卷》，山东人民出版 2001 年版。
刘芝凤：《中国土家族民俗与稻作文化》，人民出版社 2001 年版。
向柏松：《土家族民间信仰与文化》，民族出版社 2001 年版。
游俊、李汉林：《湖南少数民族史》，民族出版社 2001 年版。
张良皋撰文，李玉祥摄影：《武陵土家》，生活·读书·新知三联书店 2001 年版。
邓辉：《土家族区域经济发展史》，中央民族大学出版社 2002 年版。
方素梅：《近代壮族社会研究》，广西民族出版社 2002 年版。
石启贵：《湘西苗族实地调查报告》，湖南人民出版社 2002 年版。
彭继宽选编：《湖南土家族社会历史调查资料精选》，岳麓书社 2002 年版。
符太浩：《溪蛮丛笑研究》，贵州民族出版社 2003 年版。
凌纯声、芮逸夫编：《湘西苗族调查报告》，民族出版社 2003 年版。
石亚洲：《土家族军事史研究》，民族出版社 2003 年版。
李绍明：《再谈民族走廊》，“藏彝走廊历史文化”学术讨论会会议论文，四川成都，2003 年。
柴涣波：《武陵山区古代文化概论》，岳麓书社 2004 年版。
湖南省文物考古研究所湖南省考古学会编：《湖南考古 2002（下）》，岳麓书社 2004 年版。

龙庭生等著：《中国苗族民间制度文化》，湖南人民出版社 2004 年版。

王晓宁编著：《恩施自治州碑刻大观》，新华出版社 2004 年版。

陈恒、耿相新主编：《新史学》第 4 辑，大象出版社 2005 年版。

史为乐主编：《中国历史地名大辞典》，中国社会科学出版社 2005 年版。

田华咏主编：《土家族医学史》，中医古籍出版社 2005 年版。

艾训儒：《湖北清江流域土家族生态学研究》，中国农业科学技术出版社 2006 年版。

杨正泰：《明代驿站考（增订本）》，上海古籍出版社 2006 年版。

赵世瑜：《 小历史与大历史——区域社会史的理念、方法与实践》，生活 · 读书 · 新知三联书店 2006 年版。

周明阜等：《凝固的文明》，青海人民出版社 2006 年版。

郭红、靳润成：《中国行政区划通史：明代卷》，复旦大学出版社 2007 年版。

湖南省文物考古研究所编著：《里耶发掘报告》，岳麓书社 2007 年版。

彭兆荣：《人类学仪式的理论与实践》，民族出版社 2007 年版。

谭必友：《清代湘西苗疆多民族社区的近代重构》，民族出版社 2007 年版。

王焕林：《里耶秦简校诂》，中国文联出版社 2007 年版。

吴永章、田敏：《鄂西民族地区发展史》，民族出版社 2007 年版。

严耕望：《唐代交通图考》，上海古籍出版社 2007 年版。

王明珂：《羌在汉藏之间》，中华书局 2008 年版。

温春来：《从“异域”到“旧疆”——宋至清贵州西北部地区的制度、开发与认同》，生活 · 读书 · 新知三联书店 2008 年版。

张海鹏主编：《中国历史学 30 年：1978—2008》，中国社会科学出版社 2008 年版。

常建华等编著：《新时期中国社会史研究概述》，天津古籍出版社 2009 年版。

国家文物局主编:《中国考古 60 年 1949—2009》，文物出版社 2009 年版。
李良品、莫代山:《乌江流域民族史》，重庆出版社 2009 年版。
吴雪梅:《回归边缘——清代一个土家族乡村社会秩序的重构》，中国社会科学出版社 2009 年版。
萧洪恩:《土家族哲学通史》，人民出版社 2009 年版。
郑振满:《明清福建家族组织与社会变迁》，中国人民大学出版社 2009 年版。
韩升:《东亚世界形成史论》，复旦大学出版社 2009 年版。
陈心林:《南部方言区土家族族群性研究——武水流域一个土家族社区的实证研究》，民族出版社 2010 年版。
黄秀蓉:《历史时期土家族妇女生活与社会性别研究》，西南师范大学出版社 2011 年版。
管彦波:《民族地理学》，社会科学文献出版社 2011 年版。
石硕:《青藏高原东缘的古代文明》，四川人民出版社 2011 年版。
陈伟主编:《里耶秦简牍校释》，武汉大学出版社 2012 年版。
龙京沙、张小河、吴燕周主编:《老司城遗址周边遗存调查报告》，岳麓书社 2013 年版。
王明珂:《华夏边缘——历史记忆与族群认同》，浙江人民出版社 2013 年版。
杨洪林:《明清移民与鄂西南少数民族地区乡村社会变迁研究》，中国社会科学出版社 2013 年版。
曹端波等著:《贵州东部高地苗族的婚姻、市场与文化》，知识产权出版社 2013 年版。
雷家森:《老司城与湘西土司文化研究》，岳麓书社 2014 年版。
莫代山:《民国时期土家族地区土匪活动与社会控制》，重庆出版社 2014 年版。
瞿州莲、瞿宏州:《金石铭文中的历史记忆——永顺土司金石铭文整理研究》，民族出版社 2014 年版。
成臻铭:《土司城的建筑典范》，民族出版社 2014 年版。

周振鹤：《中国地方行政制度史》，上海人民出版社 2014 年版。
邹春生：《文化传播与族群整合——宋明时期赣闽粤边区的儒学实践与客家族群的形成》，中国社会科学出版社 2015 年版。
朱圣钟：《区域经济与空间过程——土家族地区历史经济地理规律探索》，科学出版社 2015 年版。
《史林挥麈：纪念方诗铭先生学术论文集》编辑组编：《史林挥麈：纪念方诗铭先生学术论文集》，上海古籍出版社 2015 年版。
鲁西奇：《长江中游的人地关系与地域社会》，厦门大学出版社 2016 年版。
杨庆坤：《中国社会中的宗教》，四川人民出版社 2016 年版。
张晋藩等编：《中国少数民族法史通览：侗族 海南黎族 土家族》第 10 卷，陕西人民出版社 2017 年版。

（二）出版资料

中央民族学院研究部：《云南土家族调查材料》，1955 年。
中央民族学院研究部：《民族问题研究集刊》第 1 辑，1955 年。
武汉大学中文系土家族文艺调查队，中央民族学院分院中文系土家族文艺调查队搜集整理：《哭嫁歌 土家族抒情长诗》，上海文艺出版社 1959 年版。
中国科学院民族研究所湖南少数民族社会历史调查组编：《湘西土家族苗族自治州永顺县凤栖寨调查报告》，1964 年。
中国科学院民族研究所湖南少数民族社会历史调查组编《湘西土家族苗族自治州龙山县草果社调查报告》，1964 年。
湘西土家族苗族自治州民族事务委员会编：《土家族历史讨论会论文集》，1983 年。
中国人民政治协商会议鄂西土家族苗族自治州委员会文史资料研究委员会：《鄂西文史资料》第 1 辑上，1985 年。
中国人民政治协商会议湖南省桃源县委员会文史资料研究委员会编：《桃源文史资料》第 1 辑，1985 年。
鄂西土家族苗族自治州事务委员会：《鄂西少数民族史料辑录》，1986 年。

刘长贵、彭林绪搜集整理：《土家族民间故事》，重庆出版社1986年版。

湖南省少数民族古籍办公室主编：《中国少数民族古籍土家族古籍之一：摆手歌》，岳麓书社1989年版。

湖南少数民族古籍办公室主编《中国少数民族古籍土家族古籍之二：梯玛歌》，岳麓书社1989年版。

向零等主编:《民族志资料汇编 第9集 土家族》，贵州省志民族志编委会，1989年。

刘黎光主编:《中国民间故事集成·湖南卷·湘西土家族苗族自治州分卷 上》，1989年。

中国人民政治协商会议湘西土家族苗族自治州委员会文史资料研究委员会编:《湘西文史资料》第32辑《酉水考略》，1994年。

田荆贵：《土家纵横谈》，湘西自治州政协文史资料研究委员会，1995年。

四川黔江地区民族事务委员会编:《川东南少数民族史料辑》，四川民族出版社1996年版。

湘西土家族苗族自治州地方志编纂委员会编:《湘西州志》，湖南人民出版社1999年版。

《中国少数民族社会历史调查资料丛刊》修订编辑委员会编:《土家族社会历史调查》，民族出版社2009年版。

湖南图书馆编:《湖南氏族迁徙源流》，岳麓书社2010年版。

湖南省龙山县志编纂委员会编：《龙山县志》，方志出版社2012年版。

田仁利编著:《湘西土家族苗族自治州金石通纂》，湖南人民出版社2015年版。

（三）期刊论文

《把历史的内容还给历史》，《历史研究》1987年第1期。

柴焕波:《老司城考古二十年》，《中国文化遗产》2014年第6期。

常建华:《中国社会史研究十年》，《历史研究》1997年第1期。

陈春声：《正统性、地方化与文化的创制——潮州民间神信仰的象征与历史意义》，《史学月刊》2001 年第 1 期。
陈絜：《里耶“户籍简”与战国末期的基层社会》，《历史研究》2009 年第 5 期。
成臻铭：《论明清时期的土舍》，《民族研究》2001 年第 3 期。
成臻铭：《明清时期湖广土司区的社会阶层与等级——以永顺宣慰司为例的历史人类学观察》，《吉首大学学报（社会科学版）》2006 年第 5 期。
成臻铭：《明清时期湖广土司自署职官初探》，《吉首大学学报（社会科学版）》2002 年第 4 期。
成臻铭：《舍把”辨证》，《民族研究》2002 年第 6 期。
成臻铭，张科：《湘黔滇古驿道开通对元代湖广土官社会的影响》，《青海民族研究》2015 年第 2 期。
成臻铭、张连君：《舍把身份初探》，《湖北民族学院学报（哲学社会科学版）》2001 年第 2 期。
程美宝、蔡志祥：《华南研究历史学与人类学的实践》，《华南研究资料中心通讯》第 22 期，2001 年 1 月 15 日。
邓辉：《论土家族土司制度下的兵制“旗”》，《中南民族学院学报》2000 年第 3 期。
费孝通：《盘村瑶族．序》，《读书杂志》1983 年第 11 期。
费孝通：《谈深入开展民族调查问题》，《中南民族大学学报（人文社会科学版）》1982 年第 3 期。
顾诚：《明帝国的疆土管理体制》，《历史研究》1989 年第 3 期。
胡挠：《关于羁縻珍州、高州及高罗土司的考证》，《中央民族大学学报（哲学社会科学版）》1983 年第 1 期。
湖南省文物考古研究所：《湖南永顺老司城遗址祖师殿区考古发掘报告》，《湖南考古辑刊》第 11 集，2015 年。
湖南省文物考古研究所：《湖南永顺县老司城遗址》，《考古》2011 年第 7 期。
黄柏权：《武陵民族走廊及其主要通道》，《三峡大学学报（人文社会科学版）》2007 年第 6 期。

蓝勇:《历史时期中国楠木地理分布变迁研究》,《中国历史地理论丛》1995 年第 4 期。

蓝勇:《明清时期的皇木采办》,《历史研究》1994 年第 6 期。

李荣村:《北宋西南边区高州田氏之东迁》,《“中央”研究院历史语言研究所集刊》1993 年第 1 期。

李荣村:《金石萃编溪洲铜柱记的两个问题》,《“中央”研究院历史语言研究所集刊》1981 年第 4 期。

李星星:《再论民族走廊:兼谈“巫山—武陵走廊”》,《广西民族大学学报(哲学社会科学版)》2013 年第 2 期。

李学勤:《初读里耶秦简》,《文物》2003 年第 1 期。

李亚、李英:《改土归流后酉水流域的市场网络》,《广西民族研究》2018 年第 6 期。

林时九:《从湘西民族地区考古发现看楚文化的影响》,《吉首大学学报(社会科学版)》1990 年第 3 期。

刘复生:《宋代羁縻州“虚像”及其制度问题》,《中国边疆史地研究》2007 年第 4 期。

刘志伟:《地域社会与文化的结构过程——珠江三角洲研究的历史学与人类学对话》,《历史研究》2003 年第 1 期。

罗庆康:《试析马楚政权对五溪“蛮”的统治措施》,《湖南教育学院学报》2000 年第 3 期。

马力:《北宋北江羁縻州》,《史学月刊》1988 年第 1 期。

钱安靖、汤清琦:《论土家族原始宗教的巫师与巫术》,《宗教学研究(社会科学版)》1996 年第 2 期。

史继忠:《说溪峒》,《贵州民族学院学报(社会科学版)》1990 年第 4 期。

田清旺:《田家洞长官司治所定位研究》,《中南大学民族学报(人文社会科学版)》2012 年第 2 期。

王朝辉:《试论近代湘西市镇化的发展——清末至民国年间的王村桐油贸易与港口勃兴》,《吉首大学学报》1996 年第 2 期。

王先明:《中国社会史学的历史命运》,《天津社会科学》1995 年第

5 期。
王学典：《近五十年的中国历史学》，《历史研究》2004 年第 1 期。
武沐、王素英：《元代只有土官之名没有土官之制》，《中国边疆史地研究》2015 年第 1 期。
谢晓辉：《只愿贼在，岂肯灭贼？明代湘西苗疆开发与边墙修筑之再认识》，《明代研究》2012 年第 18 期。
邢敏建：《从西水流域考古发掘看楚文化与诸民族的关系》，《民族研究》1997 年第 1 期。
［法］雅克·勒高夫，刘文立：《〈年鉴〉运动及西方史学的回归》，《史学理论研究》1999 年第 1 期。
晏昌贵：《里耶秦简牍所见郡县名录》，《历史地理》2014 年第 2 期。
杨念群：《中国历史学如何回应时代思潮（1978—2008）》，《天津社会科学》2009 年第 1 期。
叶显恩、邓京力：《我与区域社会史研究——访叶显恩研究员》，《历史教学问题》2000 年第 6 期。
尹宁：《都誓主论考》，《吉首大学学报（社会科学版）》2017 年第 6 期。
游俊：《土家族祖先崇拜略论》，《世界宗教研究》2000 年第 4 期。
张原：《“走廊”与“通道”：中国西南区域研究的人类学再构思》，《民族学刊》2014 年第 4 期。
张振兴、李汉林：《永顺土司归附明廷相关史料记载异同探微——以〈历代稽勋录〉为中心》，《中央民族大学学报（哲学社会科学版）》2015 年第 2 期。
周明阜：《湘西先秦考古文化的多元性建构探讨》，《吉首大学学报（社会科学版）》1993 年第 4 期。

（四）博士论文

代洪亮：《复兴与发展：学术史视野中的中国社会史研究（1980—2010）》，博士学位论文，山东大学，2011 年。
杜树海：《边疆建构与社会变迁：宋明以降中越边境广西左、右江上游流域的历史与记忆》，博士学位论文，中山大学，2011 年。
胡安徽：《历史时期武陵山区药材产地分布变迁研究（618—1840）》，博士学位论文，西南大学，2011 年。
瞿州莲：《改土归流前后湘西地区土家族基层组织的变迁研究》，博士学位论文，中山大学，2008 年。
李斌：《化外与王化：明清以降清水江流域的宗族与苗疆社会研究》博士学位论文，厦门大学，2014 年。
刘鹤：《抗战时期湘西现代化进程研究》，博士学位论文，湖南师范大学，2009 年。
龙先琼：《近代湘西的开发与社会变迁研究：从区域史视角观察》，博士学位论文，湖南师范大学，2011 年。
孟凡松：《郡县的历程》，博士学位论文，陕西师范大学，2009 年。
郗玉松：《改土归流后湖广土家族社会重构研究（1727—1911）》，博士学位论文，中南民族大学，2015 年。
谢晓辉：《延续的边缘——明清湘西苗疆的国家建构与文化表达》，博士学位论文，香港中文大学，2007 年。
游逸飞：《战国至汉初的郡制变革》，博士学位论文，台湾大学，2014 年。
张凯：《国家教化与土司向化——明清时期湘西北地区的制度与社会》，博士学位论文，中山大学，2016 年。
张万东：《明清王朝对渝东南土司统治研究》，博士学位论文，吉林大学，2016 年。
张振兴：《清代治理湘西苗疆研究》，博士学位论文，中央民族大学，2013 年。